ダグラス・ラミスの思想自選集

「普通」の不思議さ

萬書房

凡例

一、〔　〕は著者または訳者による注釈を示す。

一、「ラディカルな日本国憲法」の本文中［　］の内の語句は、訳者がとくに必要と判断して付した条文・訳文である。

一、本文中の肩書きは、とくにことわりのないかぎり、執筆当時のものである。

一、本書に収録した著作の初出はそれぞれ末尾に記した。それ以外を底本とする場合は、次に挙げるとおりである。「イデオロギーとしての英会話」：『イデオロギーとしての英会話』（晶文社、一九七六年）、「影の学問、窓の学問」「イデオロギーとしてのアメリカ近代化論」：『影の学問、窓の学問』（晶文社、一九八二年）、「ラディカルな日本国憲法」「ラディカルな民主主義」：『ラディカルな日本国憲法』（晶文社、一九八七年）、「自衛隊はカンボジアに何をしに行ったか」「イラクで考えたこと」「意見書『天皇制・君が代について』」「暴力国家」：『憲法と戦争』（晶文社、二〇〇〇年）、「要石」：『要石：沖縄と憲法9条』（晶文社、二〇一〇年）

まえがき

日本研究者でもなく英語の教師でもないのに、私は何十年も日本の大学で教えたり、文章を書いたりしてきた。なぜ日本に住み着いたか、とよく訊かれるが、その答えは日常会話の範囲で説明するには複雑で長すぎる。「まあ、いつのまにか……」としか言えない。

自分の国の外に住むことにはつらい側面もある。例えば、とくに住みはじめたころ、カルチャーショックに陥ることがある。私の場合、それはけっこうきつかった。いろいろな日本社会分析の本を読んだが、周りの人たちの行為や言葉が自然ではなく、「文化の型」のとおりに見えて、いやな気持ちになっていた。「ありがとう」と言ったら、相手が自動販売機のように、必ず「どういたしまして」と答えることが、不思議でしようがなかった。二年間住んで、だんだんとその違和感は消え、普通な気持ちで暮らせるようになった。かえって、大学へ戻るためアメリカへ帰ったとき受けたカルチャーショックが激しかった。こんな変な国だったのか、と思った。それが「直る」のにも、また一年かかった（まだ直っていないところもあるが）。

別の文化の人たちと接触すると、極端な愛国主義者や差別主義者や植民者の自分が出てくる場合がある。あるいは、「なんだ、あの人たちは普通じゃないか」と気づくこともある。私はどちらかといえば後者のほうだ。「日本、大好きでしょう?」と訊かれると、（失礼だが）「うう、まあ、普通です」としか答えられない。

しかし、自分の国の国境の外にいる人たちはだいたい「普通」だとわかれば、いろいろな結論は出てくる。戦争でその人たちを殺したくないし、植民地関係をつくりたくないし、独裁政権で弾圧してほしくないし、偏ったステレオタイプを押し付けたくもない。小田実は言った「人間みんな、チョボチョボや」。

この本に収録した文章にはいろいろなテーマがあるが、共通点もある。「普通」のことを別の角度から見ると「不思議」に見える、という点だ。自分が生まれ育った文化の外に住んでいた人間によって書かれたせいか、「外」という共通テーマもある。戦時中のアメリカから想像した「日本」(菊と刀)、戦後日本から想像した「アメリカ」(英会話の世界)、想像力の足りない、外にならない「外」(近代化論)、「外」でさえも想像できなくなる状態(影の学問)という文章がある。

そして想像するだけではなく、この戦争だらけの常識から一歩「外」へ出ようとする試みについての文章もあり(日本の平和憲法)、その疑問点についても書いている(PKO活動・要石)。疑問点があるとは言っても、自爆になりそうな戦争常識の「外」へ出る必要性について考えた文章もある(暴力国家、イラク戦争)。そして「内」にいても「外」にいても「人間みなチョボチョボや」であるなら、「自由と平等」な社会に暮らすのが、そういう人間に最もふさわしいだろう、という文章もある(民主主義論)。また、もし「お偉いサンは違うよ」と言われても、「いや、お偉いサンもみなチョボチョボや」と答える考え方についての文章もある(天皇制と君が代)。

最後の文章にはガンジーの思想を取り上げる。それはこの本をまとめるということではないが(そもそも、この本はまとまるものではないし)、自由、平等、産業社会、差別、戦争と平和、日本国憲法、暴力国家(そしてそのそれぞれのテーマの枠組みとなっている、植民地・被植民地の構造)など、この本に取り上げたテーマがまた出てくるので、「結論にかわって」になると思う。

〈ダグラス・ラミスの思想〉自選集「普通」の不思議さ＊目次

アメリカを想像する——

イデオロギとしての英会話

私は日本にやって来るまで「English conversation」（英会話）という表現を聞いたことがない。もちろん言葉の組み合わせは理解できる。しかし、日本で使われている「English conversation」はスローガンの特質を持っており、単に英語の言語で話すという意味以上のものを含んでいる。しばしば耳にする文章、「私は英会話の話し方を習いたい（英語の話し方と言うかわりに）」——"I want to learn how to speak English conversation."——は重複文である、と多くの英語の先生がナイーブに考えているが、実は重複文ではないのである。「英会話」は、単に言語訓練だけではなくて、世界観を提供するものなのである。「英会話」を習っているということは、英語の話し方を習っていることと同じではないのだ。*1

一九六一年に私がはじめて日本で英語を教えたとき、私はその仕事に当惑を感じた。それ以来、ときどき私は、外国語学校、会社でのクラス、そして大学で、英会話を教えた。けれどもいまだに、その仕事に当惑している。私は長い間、なぜ英会話のクラスが、そんなにも落ち着かなく、疎外感を感じさせる場所であるのかをわかろうとしてもがいた。

去年（一九七四年）の秋、三年間離れていた日本へ帰ってきた私は、東京の主要な外国語学校の会話クラスを訪問するに及んで、どのクラスの授業ぶりもほとんど完全にステレオタイプに当てはまるのを見つけた。白い壁には、ディズニィ・ランドのポスターがあった。ＯＬである五人の若い女性は行儀よく一列に並び、先生である一人のアメリカの女性が反対側に座った。彼女らは、そろって次のレッスンを合唱した。

A：Let's stop in the drugstore a minute.
ちょっとだけこの薬屋に入ってみましょう。

B：OK. I'd like to go in and look around. We don't have drugstore like this in Japan. We only sell medicine.
ええ、中に入って見てまわりたいものです。日本にはこんな薬屋さんはありませんよ。薬だけしか売っていませんよ。

A：Well, you can get medicine here, too. See that counter over there? That's the pharmacy department.
ええ、ここでも薬は手に入りますよ。向こうにあるカウンターをごらんなさい。あれが薬売場です。

The man who wears a white coat is the pharmacist.
白衣を着ている男性が薬剤師です。

B：Look at all the other things here, candy, newspapers, magazines, stationery, cosmetics.
ごらんなさい、ここには他にもいろんなものがあります。キャンディー、新聞・雑誌、文房具、化粧品。

In Japan we don't see such things at the drugstore.
日本では薬屋さんにそんなものを置いてありませんよ。

A：Shall we go to the soda fountain?
ソーダ・ファウンテンに行きましょうか。

B：What's the soda fountain?
ソーダ・ファウンテンて何ですか。

A：Well, most drugstores have a soda fountain where you can get ice cream, soft drinks, sandwitches, and so on.
そうですね、たいていの薬屋にはソーダ・ファウンテンがあります。そこではアイス・クリームやジュースやサンドイッチやその他のものを買うことができます。

B：OK. Let's go. I'm hungry. I'd like to get a hamburger and a milk shake.
じゃあ、行きましょう。私はお腹がすいています。ハンバーガーとミルクセーキが欲しいな。

この六人の人間が、浸透不可能な壁のごときものを隔てて、一生懸命に見つめあい、かくのごとき文章を繰り返しているさまを見ていると、この全体のシーンはシュールレアリスティックな性質を帯びてきた。一体全体、何時間というもの、この国では、虚構のアメリカの薬屋と、伝説的とも言える「本物」のアメリカン・ハンバーガーを調べ上げて時間を費やすのだろうか。この世の中には話すのに価することがまだまだあるというのに、本当の文化がどんなものか知る理由を持っているはずの人びとの前で、自国の文化の貧困をさらけ出さねばならないというのは、まったく十分に当惑ものである。けれども、薬屋、スーパー・マーケット、ドライブ・イン・ムービー、ハンバーガー・スタンド等々への数限りない訪問というアメリカの文化的荒地の描写に反駁するどころか、その描写こそ学生たちを英会話学校にひきつけるのではないかと、ひとたび思い至ったときに、その情況は真に屈辱的となるのだ。

しかしながら、残念なことに、ほとんどのアメリカ人教師は、実際に屈辱を感じないのである。外国人の仲間うちでは、英語を教えるのはとくにやりがいのある仕事とはされていないで、比較的に簡単な金儲けの方法とされている。数少ない先生がこの仕事を良心的に行おうと努力してはいるが、その努力は一般的に言って必要ないものとされている。何が必要であるかといえば、ただクラスに出席して何かしゃべっていればよい、というのである。あらゆる道義上の複雑な問題は、文化的優越の態度をとることで解決される。口に出してこそ言わないが、たいていの先生たちは、アメリカ人がいるところに一週間に一時間同席することは生徒たちにとってそれだけでお金を払うに足る特権である、と思っている。

一九六一年の夏、私は日本に数か月滞在したところで、金がなくなった。そのときある友人が、英語を教える仕事なら私にわけなくできると言った。私は、言語を教えるのに何の訓練もしていないし、日本語もよく話せないから資格がない、と反論した。私の友人は私のナイーブさを笑いとばした。「何の訓練も経験もいらないのさ」と彼は言った。「君は英語すら十分知らなくてもいいんだ。私はイタリア人やドイツ人やフランス人が、高等学校で学んだだけの英語を教えているのを知っている。人は言語を学ぶためにクラスへ通うのではなく、外国人に会う機会を持つためなのさ。君はクラスへ出かけていって、話したいことを何でも一時間しゃべっていればそれでいいのさ」

彼は間違いなく真実を話しているように私には思えた。そのとき私は日本語をほとんど知らなかったから、私の知り合いは英語を話せる人に限られていた。私が日本語を勉強していた大学には、ESS（English Speaking Society）があり、そのメンバーがあまりにも追従的な態度で私に近寄ってきたのに、私は辟易した。私はある人びとから、自分たちの「一生の夢」が「英会話」に精通することであり、行きたいところはロス・アンジェルスであり、一番好きな小説家はホーソン、詩人はロングフェローである等々と聞かされて、信じがたい思いを味わったことを覚えている。そのとき、私の知るかぎりでは（つまり日本語を知らない外国人が知ることができたかぎりでは）、これらの態度は日本の人びとを代表するものであった。ずっとあとになって「英会話」とESSの世界はサブ・カルチャーであって、日本の大学生活の特徴をなすものではないことを発見したのである。

私はまもなく、アメリカ人やヨーロッパ人がＥＳＳのメンバーから受けたご丁重な扱いは、外国からの客に対する単なる親密さではないということを学んだ。第一に、それは本当の意味で友人的ではない。人間を、友なる人間としてというより、一つの見本として扱う態度は、その上に友情関係を打ち立てる素材ではありえない。それと同じく重要なこととして、その態度はある種の外国人にだけとっておかれる態度であることも、私はまもなく学んだ。一九六二年に私は京都に移り住んだ。そして京都大学ＥＳＳが外国人学生のためのクラブを後援しているのを知った。私はその会合の一つに出かけていって、そこにいる外国人（そのほとんどは東南アジアからの外国人）が、苦々しい怒りの状態にいるのに出くわした。話によれば、ＥＳＳは外国人学生のためにキャンプ旅行を企て、そこでＥＳＳのメンバーはアメリカ人やヨーロッパ人に子犬のように（日本語でよく言う、金魚のふんのように）つきまとい、東南アジアから来た人びとをあたかも透明人間かのごとく扱った。私は、彼らが怒りに充ちた苦情をあびせたときに、ＥＳＳの代表者たちの顔に浮かんだ表情を決して忘れないだろう。ＥＳＳは、その外国人学生のクラブのメンバーが主にアジア人であるとは、明らかに考えてもみなかったのだ。彼らはこんなはずじゃなかったと思ったが、「正義」の原理にもとづいてそのクラブを後援しつづけざるをえなかったのは明白であった。そこで彼らは、これらの東南アジア人が透明人間になることを望むほかなかった。

もう一つ重要なことを、私がそのとき働いていた英語学校で一人の先生から教えられた。ある月給日に、この老紳士が私のところにやって来てやさしく告げた。「あなたは知るべきだと思うのですが、私はここにもう一五年も働いていて、あなたは三か月しか働いていらっしゃらない。それにもかかわらず、私の給料はあなたのよりも少ないのですよ。私は文句を言っているわけじゃないのですけれど、このことは、あなたが知っているべきだと思うのですよ」。そう言って彼が立ち去ったあと、私はそこでしばらく考えこんでしまった。私はびっくりし、そして混乱した。その人は熟達した言語学者であり、経験豊富な教師でもあった。私は自分のクラスの時間を、冗談や、来る途中電車の中で考えあげた話題をしゃべることでごまかしてきた。そんな私の給料がどうして彼より多くていいのであろう。私がこの質問をしたら、たいていの人は「外国人（白人を意味する）は住むのにお金がかかるから」だと言った。しかしこれは、差別の告発に対する本当の答えであるのか、それとも差別そのもののエッセンスであるのか。

論点をできるだけはっきりさせて言えば、英会話の世界は人種差別である。私は多くのまじめで賢明な英語の教師や学生、その人個人を中傷するつもりはない。私は英会話サブ・カルチャーの構造とイデオロギーについて話しているのである。雇用方式においてそれは人種差別であり、支払い方法において人種差別であり、その広告が人種差別であり、テキスト・ブックやクラスに蔓延するイデオロギーにおいて人種差別的である。

たとえて言えば、「native speaker」（生まれつき話す人）という考え方そのものも欺まんである。とくに営利を目的としている外国語学校は彼らの「native speaker」がご自慢であり、彼らを広告に使う。けれども「native speaker」という表現は、結果として「白人」を意味する暗号なのである。前に述べたように、ある「native speaker」は英語が母語ではないヨーロッパからやって来ているのである。反面では、英語は、フィリピンやシンガポールやインドでは公用語の一つであるけれども、これらの国々から来た人びとは、生まれつき英語を話す人としては雇われていない。彼らは言葉の才能を証明して、ときどき教師の口にありつくが、たいていの場合は試験もしないで拒否される。アメリカ人を雇うのを専門にしている学校では、白人のアメリカ人のみを雇うようであるが、これもまた人種差別である。日本では多くの人にとって「アメリカ人」という言葉は「白人」とほとんど同意語になっているが、実際には、アメリカ人の中には、あらゆる色の人が混じっている。とにかく、多くの日本の外国語学校では、白人でない人種の候補者を注意深くより分けて入れさせない。

日本の外国人社会ではよく知られていることだが、白色人種で仕事の資格を持っていないものでも手に入れることのできる仕事が三種類ある。一つは英語教師であり、もう一つは広告のモデルである。第三の可能性は、女性で、それをする勇気があれば、ストリッパーになることである。この三つの仕事に共通して言えることは、日本では、白い皮膚はそれだけで金を儲けることができるという事実である。ストリップ小屋の持主は、たとえダンスは踊れなくとも「外人ストリッパー」を見るために客は多額の金を払うことを知っている。デパートの支配人は、女性の洋服を売るには、ナチスが描いた天国の夢のごとき、ブロンドで青い目をしたマネキンを使わなければならないと知っている。TV広告社は、白色人種が商品を使っているのを見せるコマーシャルをつくることで売上を増すことができると知っている。*2

そしてあらゆる外国語学校はこの「native speaker」を教師にすることで儲けることができると知っている。(対照するために、朝鮮人や中国人や東南アジア人で、何らの仕事の資格もない人が、日本にやって来たときにどんな種類の仕事にありつけるか自問してみてほしい。そしてあなたの生涯で、白色人種が、日本でそういった類いの仕事に雇われたのを見たことがあるかどうか、自問してみてほしい。)

訓練と資格がないにもかかわらず、「native speaker」が好まれるのは、しばしば発音の見地から弁護される。東南アジア人は、アメリカ人の黒人がそうであるように、発音が悪いと言われている。「本当」のアメリカ英語を話すのはアメリカの白人である、と。

発音は相対的なものである。イギリスとアメリカの両方に多くの方言があり、変化があり、おのおのの国内でどれが「スタンダード」であるかは、力関係によって決められる問題である。「スタンダード」とは、つまり支配階級の言語である。同様に、フィリピンで発達した英語が「正しくない」と言うことは不可能である。もしイギリスが、アングロ・サクソン語とフランス語から新しい言語をつくり出し、アメリカが北アメリカでその言語から新しい種類の言語をつくり出したのであるなら、フィリピンも東南アジアで、その言語から彼ら独特の言語をつくり出せないわけがない。どちらの発音をあなたが勉強したいかを決めるのは、言語学的なことではなく、政治的なことである。それはあなたが誰と話したいかという問題である。

*

英語を勉強するのにはまったくすばらしい理由がある、と私が考えていることを明らかにしておきたい。英語は多くの国々の生来の言語であり、さらに多くの国々の重要な第二国語である。これにはもちろん、血なまぐさい歴史があるのは事実だ。それは第一に、大英帝国、そしてアメリカ帝国の遺産である。それにもかかわらず、英語はほとんど世界中のあらゆる国々で話される言語であり、あらゆるレベルでの国際的コミュニケーションや連帯を可能にする言語である。

多くの日本人が、アジア人やアフリカ人やヨーロッパ人と話すことができるようになりたいという望みを持って英語を勉強するのを私は知っている。しかしこの希望は英会話のテキスト・ブックやクラスには反映されていない。イギリス英語を強調する学派をのぞけば、英会話の世界では、理想的話し相手は、常に中産階級のアメリカ人である白人である。テキスト・ブックのどれでも、ちらりとのぞいてみれば、これは確実なことである。各レッスンの始めの退屈な小ドラマの中で、主人公の少なくとも一人は、常にアメリカ人である。さらに、話の場所は日本でなければ、常にアメリカである。貨幣は常にドルであり、度量衡は常にヤードでありフィートでありインチであり、薬屋には常にソーダ・ファウンテンがあるし、食料品は常にスーパー・マーケットで買われる。もし言語を勉強することが、いろいろな意味で旅であり、もし想像上だけでも自分が閉じ込められている社会からの脱出の欲望に誘発されているのなら、英会話のテキストはその欲望をアメリカに誘導し、焦点を合わせている。

英会話とアメリカの同一性の深さをはかるのは、私にとって困難である。しかし、私が確かに知っているのは、何国人であれ、白色人種が日本のどこかの裏道を歩いていて、遊んでいる小さな子どもたちに出くわすと、第一に彼らが叫ぶのは「ああ、外人だ」か、または、「ああ、アメリカ人だ」のどちらかである。次に彼らは、もし学校へ上がる年齢になっていたら、「I have a book.」「I have a pencil.」といったことを叫ぶのである。この小景は、ほとんど変化のないもので、[*3]英会話の基本的な要素のいくつかを、原始的な型でとどめている。第一に（ヨーロッパ人やカナダ人やラテンアメリカ人やオーストラリア人がイライラさせられることなのだが）これらの子どもたちにとって「外人」と「アメリカ人」とは同意語であるということだ。地理的によりも概念的に、「アメリカ」は「日本の外にあるもの」のための名前であり、それは日本文化の「代わりになるもの」なのである。さらに、この「アメリガイジン」の性質の中には、日本語をまったく理解しないという意味がたたみ込まれているから、数フィート離れたところで、日本語で「鼻が高いなあ」などと声高に話してもよい。もし彼らに何らかの受け答えをしたいならば「英会話」を使う――「I have a book.」「I have a pencil.」。ここで重要なのは、本や鉛筆を持っていようといなかろうとおかまいなしに、これらのセンテンスを持ち出すということなのである。つまり「英会話」の基本的性質は、内容はもうまったく関係がないということなのである。本も何も持っていないときに、「I have a book.」と言われても、答えようがない。文章は英語であるが、コミュニケーションを意図した試みではないのである。以前は、子どもたちは、応答が可能であるという点で本当のコミュニケーションである「ハーロー」とよく叫んだものである。今や「I have a book.」が聞かれるようになったのは、たぶん公教育の発展の結果であろうか。そして、もし子どもたちに何か話しかけてみたら、彼らはたいてい返事をしないで、お互いに叫び合う——「イーヤー、日本語話せる」。そして、ときにはふざけ半分にこわがって逃げていってしまう。

大人の英会話の世界は、もちろん、これよりもっと洗練されている。しかし、それは、そのイデオロギーがより隠されているというだけなのだ。もちろん大人たちは誰も、さまざまな国が存在することを認めてはいるが、舞台の背景とか小道具ぐらいにしか考えていない。他の国々が話題に上るのは、「公平さ」の現れであったり、会話をコスモポリタン風に味つけるためであるくらいだ。しかし、より深いところでの文化の分析は、二つの「本当」の国、つまり、日本とアメリカの比較という型をとる。言い換えれば、英会話の世界にカテゴリーとして存在するのは、日本とアメリカのみであり、他のすべての国々は、もし出てきても、それは非本質的なものとしてである。他の国々は外国ではあるが、アメリカは「外国らしさ」そのものであり、それを対極として、模倣、対比、あるいは両者の組み合わせによって「日本らしさ」がつくられてきたのだ。

大半のアメリカ人にとって、この態度は至極当たり前に受けとられる。なぜならそれは、自分たちの国が世界の中にどう位置するかについての彼ら自身の考えと、うまく一致するからなのだ。アジアにいるGI仲間には、アメリカを指すのに、「the world」という俗語がある。家からの手紙は「世界からの手紙」と呼ばれ、アメリカへ帰るのは、「世界へ帰っていく」となる。これはまことにおもしろい表現であり、そこにはアメリカ人のイデオロギー的自己像の投影が、まれに見る正確さで映し出されている。この考えでは、外界はアメリカほど「本物」ではない。外の世界の存在そのものは、水ましされた程度の低いものである。そこで起こる出来事は、それほど重要ではない。アジア――そこではアメリカ人にとってすべてがさかさまで、不確定で、不安定で、偶発的に見える。そういうアジアでは、この態度はとくに強く現れる。この混乱した、明らかに無意味とも見える騒乱に直面して、アメリカ人は、清潔で、秩序立っていて、合理的な自国のイメージを想い起こして安堵する。例えば、そこいらの町角の薬屋――そこには、買いたいものは何でもかんでもきちんと棚の上に並んでいる。そこには理解できるものがあり、何か「本物」で感覚にピッタリのものがある。つまり世界そのものがある。

言葉をかえて言えば、アメリカ人は自分の国を「普遍」だと見て、他の国々、とくにアジアや第三世界を「特殊」と見なす。日本の生活は日本のものであり、フィリピンの生活はフィリピンのものであり、ベトナムの生活はベトナムのものであるけれども、アメリカの生活は、生活そのものである。それは単に具体的な生活であるというだけではなく、生活という理念、この世で可能なかぎり普遍的理性の原理に近い生活なのである。たいていのアメリカ人は、自分の国で行われている生活様式こそ、世界の人びとが、もしその生活についての知識を持ち、選択の自由を与えられれば、必ず選ぶだろう理想の様式だという根強い信念を持っている。冷たい戦争の真っ只中の一九五〇年代に、アメリカでは、空軍が東ヨーロッパの上空を飛行して、シアーズのカタログを都市や街々にばら撒こうという提案がまじめになされたくらいだ。その考えによれば、東ヨーロッパ人たちがアメリカで買うことのできるすばらしい物を見るやいなや、彼らはソビエトのお偉方に嘘をつかれてきたのだと思って反乱に決起するであろう、というものであった。平和部隊は、ある部分これと同様の考えにもとづいて行われているもので、アメリカ青年が伝統的な村に現れるだけで、地元の人びとはすぐさま古い習慣を投げ捨てて、この青年のようになろうと一生懸命努力するであろう、というのである。アメリカの社会科学では、このナイーブで傲慢な考え方が、「デモンストレーション効果」という科学的客観性のマントをかぶって登場する。これらアメリカ人の学者によれば、第三世界の混乱は、植民地主義や帝国主義によってひき起こされたものではなく、彼らが言う「欲望の高揚にもとづく革命」によるものであり、それは「機械や、建築物や、設備や、消費物や、ショーウインドウや、うわさや、政府の政策や、医療政策や、軍事政策の実演などの近代的生活との接触や、マスメディアを通じてこれを知る」[*4]ことによってひき起こされるものであった。

このアメリカの態度は、占領の歴史のおかげで、日本ではとくに強烈である。日本についてこれといって何も勉強したことのないアメリカ人ですら、この占領の歴史的な記憶をあいまいながら持っている。彼らが「憶えている」のは、日本が近代的なデモクラシーにもとづいた国を適切に運営できないので、アメリカ人がその方法を教えるためにマッカーサーを送ったということである。

このような条件の結果として、アメリカ人は、アメリカと日本との関係を、先生と生徒といった関係に見がちである。この信念は意識的な意見の型をとるのではなくて、無意識的な前提条件の型をとる。つまり、このような意見は、意見としては否定する人でも、実際にはそれと同じ行動をとりつづける。非常に根深いところで、アメリカ人は、自分たちはすべてが正しい秩序に充ちた社会からやって来ていると信じているから、日本という領域に入るやいなや、彼らは自動的に、普通の市民から先生へと変身してしまうのである。彼らは、ときにこれといった資質によってではなく、先生文化に属するメンバーであるが故に先生なのである。したがって、自国ではゆめゆめ先生なぞになれないアメリカ人でも、ここでは容易になれるというのは当然のこととなる。彼らは本能的に、自分たちの役目は言語の先生ではなく、アメリカの生活方法の生きた見本になることだと理解しているから、言語学的訓練など必要としないのも当然のこととなる。そしてまた日本人が、アメリカの薬屋やスーパー・マーケットやドライブ・イン・レストランの構造と運営のあらゆる詳細を聞きたがっているのは、彼らにとっては当然のことなのである。なぜなら、これこそ、日本がそのうつし絵になろうとして努力し、まだ到達しえないでいる生きたユートピアの生活のすべての要素であるからなのだ。もし、この一連の態度が、多くのアメリカ人によって示される、いわゆる親密さの態度からは想像できないと言われるむきがあったら、軽蔑は、必ずしも薄情な態度を意味するわけではないということを想起してもらいたい。アメリカ人の間で、日本への旅がこれほど人気がある理由の一つは、彼らが突然の身分の上昇を楽しむことができ、生まれてはじめて階級的エリートとして取り扱われるからである（彼らは「私は日本を愛しています。なぜといって、あのサービスは、思いやりに充ちているからです」と言う）[*5]。

英会話の世界のイデオロギーは、これらのアメリカと日本の態度の組み合わせによって生まれたものである。このような情況においてのみ、テキスト・ブックやクラスでの練習で、アメリカの日常生活の些細なことにあきもせず停泊していられるのである。

言語レッスンがイデオロギーを含んでいるということが不思議に思われる読者は、戦前の国語読本「ススメ、ススメ、ヘイタイススメ」を思い出していただきたい。言語訓練の中のプロパガンダは特別な微妙さを持っている。つまり言語レッスンに集中しているから、プロパガンダ・メッセージは、論議したり疑問を感じたりすることなく、単にあるがままに受けとられてしまう。アメリカの「生活様式」を描写しているほとんどの英会話劇が、いろいろの店で日用品を買うように構成されているのが、そもすなわちアメリカのプロパガンダのエッセンスなのである。次に、私がテキスト・ブックからうつしとった「言葉の入れかえ練習」を考えていただきたい。

He is intelligent but he has no drive.
彼は聡明であるが意気を持たない。
He is intelligent but he has no money.
彼は聡明であるが金を持たない。
He is handsome but he has no money.
彼はハンサムであるが金を持たない。
He is handsome but he has no girl friend.

彼はハンサムであるがガールフレンドを持たない。
He is young but he has no girl friend.
彼は若いけれどもガールフレンドを持たない。
He is young but he has no ambition.
彼は若いけれども野心を持たない。

聡明さ、意気、金、容貌のよさ、ガールフレンド、若さ、野心——資本主義アメリカにおける成功の条件の完全なる羅列。結果としてこのレッスンが謳っているのは、「所有せよ、所有せよ、サラリーマン所有せよ」である。

*

誤解を避けるために言うが、私にはアメリカはたいへん興味深い国であるし、学ぶ価値が十分にある国だと思っている。アメリカは実験的な国であった。つまり新世界に、ヨーロッパが否定してしまった自由、正義、平等と、幸福のための条件をもたらす新しい種類の社会を創る真剣な試みの場所であった。この実験の創立原理を設定した男たちは、聡明で、学識のある人びとであった。そして、そうであるからこそ、この社会が約束したことを果たすのに一般的に言って失敗している点について、真剣に調べるべきなのである。
しかし、このことについて英会話の世界で学ぶことは、誰もできない。その世界に描かれている

「アメリカ」は、存在している国ではなくて、アメリカ人の英語の先生が存在を望んだ国であり、彼らの郷愁の国なのである。英会話の世界では、その国で今日なぜ、幻滅と無目的のムードがたれこめているのか、誰も学びはしない。なぜ、夜の街道が危険に充ちていて、なぜ、人びとは自己防衛のために武器を携えているのか、またはなぜ、政府官庁で最も急激にふくれあがってきたのは警察であるのか、誰も学びはしない。なぜ、たいていのアメリカの労働者が彼らの仕事はまったく麻痺状態と無感覚をもたらすものであると思い、なぜ、主婦の間でアルコール中毒と麻薬中毒が蔓延し、またなぜ、郊外では離婚率が結婚率より高いのか、誰も学びはしない。なぜ、多数のアメリカ人(たいていは有色人種)が苦々しい、希望のない貧困に打ちひしがれて生きているのか、なぜ、貧乏人の子どもたちは読み方も教えられないで高等学校を卒業するのか、誰も学びはしない。

さらに、アメリカについてこれらの問題が単に詳述されていないだけではなく、英会話の世界に現れた国のイメージは真実を見えにくくしている点が問題なのである。

本多勝一の『アメリカ合州国』を読んだ数人の英会話の学生は、彼の記述は彼らが学んだアメリカからあまりにもかけ離れているので、彼が嘘をついているにちがいないと思ったと、私に述べた。

＊

最後に、英会話がいかにコミュニケーションの障壁になっているかについて述べよう。もちろん英会話を勉強した人びとは、駅への方向を尋ねたり、買物の値段を聞くのは上手であるが、それは私が意味するコミュニケーションの種類ではない。いったいどうして英会話が障壁として作用するのかを述べるのは困難であるが、それは特定の内容を理解しはじめる以前に何かを感じさせられてしまうからだと言ったらいいかもしれない。一つの逸話を述べておこう。

五年前のある大晦日の真夜中、私は、金沢の寺の境内で、除夜の鐘が鳴るのを聴いて立っていた。冬の最初の雪は数時間降りつづき、新年はまったく新世界として、白く幻想的にその姿を現していた。私が巨大な鐘の荘厳な響きに耳をかたむけていると、一人の男がやって来てたずねた。「すみませんが、英語であなたに話してよろしいでしょうか」。複雑な考えが私の心を充たしたが、私は「もちろんですよ」と言うほかなかった。それから彼は、お定まりの質問のリストをあびせかけた。

「どこから来たか」

「日本にどれくらいいたのか」

「金沢で観光旅行をしているのか」

「日本食を食べられるか」

「この儀式がどういうことかわかるか」

彼の質問は、儀式のムードから私を押しのけ、鐘の響きから、冷たい空気の香りから私を押しのけ、通り抜け不可能な「鎖国」の壁の向こう側にまで押しのけてしまった。

彼の言葉は、「I have a book.」と同じくらい、情況にかなっていなかった。彼が言ったことはすべて、真実私に向けて言われたのではなかったし、彼はその答えに真実興味を持っていたわけでもなかった。彼はまったく私に話しかけたのではなく、私の存在がたまたま彼に思い出させた外人という、彼の心の中のステレオタイプに話しかけたのであった。私に話しかけていたのは、彼自身でもなかった。彼が暗誦した文章は型にはまったお定まりで、その文章と彼自身の性格、考えや感じ方との間に何らかの関わりがあると信ずるのはむずかしかった。それはむしろ、二つのテープ・レコーダーの間でなされた会話であった。

ついに彼が去り、私が不快がっているのをながめていた他の男がやって来て、やさしくほほえみながら日本語で私に言った。「ああいうふうに英語をしゃべる日本人は、日本のことを知らないんだから、あまり聞かないほうがいいよ」。私はとてつもない感謝の気持ちでいっぱいになり笑い出した。鎖国の壁は再び取り払われた。

典型的な英会話は、追従的で、陳腐で、特別に平坦で、一本調子で、話し手の同一性や性格のヒントすらないという特徴を持っている。

言語の心理学について研究した中尾ハジメは、私に次のように示唆した。すなわち、極端な場合には、英会話は、失語症に似た強迫性を持ちはじめ、本来話すことが持っているはずの、経験に立ち向かう能力が失われてしまう。中尾は、次のポール・グッドマンの言葉を私に紹介した。

「苦痛なまでの正確さで話し、情況や目的に合わせて言語パターンを決して変えない……強迫的な人は、また、失語症である。その人は言語を話すのではなくて、具体的な物体のように……言語を取り扱う。その人の文章はすべて辞書や文法の手引きからのステレオタイプでもある。もしその文章で失敗したり、あるいはまた生き生きした返答を受けたり、またその人の衝動的な要望がこの型にはまった言語の使用法には強すぎたりすれば、その人は破綻する」[*6]

興味深いことに、最も勤勉な英会話の学生がこの描写に一番近い。ほとんど誰もこの極度に疎外された話し方には到達しないが、たいていはかなりの人格変化——たぶん人格消失と言ったほうが適当であるような過程を経過する。日本語で表現される意気、ウィット、怒り、尊敬、愛情や型《かたち》の美は、英語ではコミュニケーション不可能なものであると思われるらしい。テキストは学生に不適当な「アメリカ人」の人格を要求し、お互いが不慣れな方法で話し合うことを要求する。しかしもちろんテキスト・ブックの中の人格は人間の性質を表現しない。つまりそれはアメリカ人の中産階級の人格のカリカチュアであり、ある種のあいまいで誇張したさりげなさのみを表現する。このあいまいなさりげなさは、友情や、家族の親密さや、他者に対する尊敬を表現しない。この空虚な人格の採用は尊厳に対する侮辱である。これこそ英語を勉強する際の最も重要な障害であり、とどのつまりプライドにかかわることとして、多くの人が英会話を完全に敬遠する遠因となる。それは明らかに、言語学的訓練によってのみ克服できる問題ではない。またこの問題の原因が、日本が島国なので外国人とつき合うのに慣れていないからなのでもない。要するに、英会話のイデオロギーの結果なのである。英会話というサブ・カルチャーの外側で英語を勉強した人、例えば、戦前に勉強した人びとや、アメリカに移民した人びとや、アメリカの基地や他の場所で仕事をしながら英語を話せるようになった人びとの英語はまったく違った性質を持つ。その上、英会話のイデオロギーを知っていて、それを意識的に拒否し、違った見地で言語を勉強した人びとはまた、もっと自然で、コミュニケーションしやすい英語を話す（これは文法や、発音その他の「正確さ」からはまったく別個のものであることを明らかにしておきたい）。英会話の世界から遠ざかれば遠ざかるほど、文化の障害は弱くなる。例えば、外国人がまれにしか見られない片田舎を私が旅するといつも感じるのだが、人びとは英会話の世界にいる人びとよりも、ずっと自然で開放的で、私に対する態度も尊厳に充ちている。私はいつも平等にとり扱われるし、人びとは私が人間であると観察できるから、私が何をしても、例えば日本食を食べたり、日本語で話したりしても仰天しない。同様のことが労働者階級の人びとについても言える。インテリや中産階級の人びとの間でも、最も自然な態度は、前に述べたように、英会話の世界からできるだけ遠のいていた人びとに見られる。

英会話の世界が有効な機能を果たすかもしれないということは理解できる。日本の人びとが西洋の粗雑さや侵略性の、打ちのめすばかりの攻撃から、デリケートな部分を守るために、自分たちの文化のまわりに硬質な壁を本能的に張りめぐらすのかもしれない。けれども多くの読者は、英語を話す訪問者が遭遇するほとんど唯一の日本は、英会話の世界であるということをご存じであろうか。彼らはサブ・カルチャーであるとは気づかずに、英語を話すサブ・カルチャーにどっぷりつかって生活し、彼らが日本のものであると思っている文化や、個性や、性質が、実は英会話のイデオロギーであると知らないでいる。これは一考を要することである。

けれども、私はこれを西洋からの訪問者とのコミュニケーションを改良するための訴えとして書いているのではない。彼らがどういうふうにとり扱われているかは重要なことではない。重要なのは、英会話のイデオロギーを破壊し、文化支配の言語として英語を考えるのを止め、英語をアジアと第三世界の連帯のための言語として考えはじめることである。[*7]

英語の勉強がこびへつらいの型から解放の道具へと変わったとき、日本人が英語を学ぶときに持つと言われる有名な「特別のむずかしさ」は霧のように消えうせるであろう。白色人種の先生だけを雇う外国語学校はボイコットされるべきである。英語を学びたい日本人は東南アジアの人たちと一緒になって、アジアのスタイル、文化、歴史、政策を反映するアジア系の英語をつくり出してゆけばよい。そしてそのとき、もしアジアへやって来たアメリカ人が、この新しい英語がわからないと文句を言ったら、彼こそ、外国語学校に送られるべきである。

【註】

＊1――「会話」が日本語で単に「話す」ということとまったく同じ意味なのかどうか私には確かではない。多くの国語の辞書では「会話」の第二の意味に「外国語でする談話」となっている。これは単に外国語会話の勉強の流行が会話という言葉そのものの意味に作用したとも言える。あるいは、会話は、新しくつくられた日本の言葉であり、たぶん明治時代に（「論争」や「演説」のように）日本語の中には存在しないと信じられていた話し方の様式

を表すためにつくられた言葉でありうる。この二つのうちのどちらがこの場合正しいのか私には、はっきりさせる資格がない。

＊2――サミー・デービス・ジュニアを使ってサントリーウイスキーを推薦する広告は、この点について論破するものではない。サミー・デービス・ジュニアは有名な芸能人であり彼の推薦が効果的なのは、彼が有名であるという事実にもとづいている。これに反して、TVコマーシャルに現れる白人の多くは無名のモデルであり、彼らの推薦が効果的なのは、彼らが白人であるという事実にもとづいているだけなのだ。

＊3――私の近所の一人の子どもは私が通り過ぎるたびに「またがいこつ人が来た」と叫んでいた。

＊4――Karl W. Deutsch, "Social Mobilization and Political Development," *American Political Science Review*, Vol. 15, No. 3 (Sept. 1961) p. 495.

＊5――同じことは日本人の東南アジア観光についても言える。私は最近、東南アジアへの旅行を広告しているテレビ・コマーシャルで日本の男性が「ウェーター」と居丈高に指を鳴らしているのを見た。

＊6――Paul Goodman, *Speaking and Language: Defense of Poetry*, p. 81.

＊7――観光客として、あるいは日本企業資本の代表として東南アジアへ旅行するのは、連帯とは何の関係もないということを明らかにしておきたい。

（初出●『展望』一九七五年二月、斎藤靖子訳）

ミニ解題

このエッセイは『展望』に掲載されて以来、何度も他の媒体に収録された。同じタイトルのエッセイ集だけではなく、『資料日本英学史2：英語教育論争史』から『宝島』まで、海賊版も含めてさまざまな形で出た。実証できないが、英語教科書産業に対しいくらかは影響を与えたのではないかと思う。少しずつ、学校の読解の教科書には、アメリカとイギリス以外の国々の存在と、世界人口の過半数を占める有色人種の存在が取り上げられるようになってきた。

近所の高等学校が使っている読解の教科書に目を通すと、たしかに四〇年前のものよりよくなっている。例えば、以前は避けていた社会問題を取り上げている。しかしその中身は、社会問題の原因はたいてい南の国の人にあり、解決しようとしているのは北の国の人だというパターンだ。例えば、小学生のときからアフリカの水の問題が気になり、ウガンダで井戸を掘るNGOを組織したという、カナダの青年の話が載っている。これはすばらしい話だが、ウガンダの苦しみはイギリス植民地時代とイギリスが支持したイディ・アミン独裁の時代に原因がある事実には触れていない。ヤシ油産業がボルネオの森林を破壊しているという話もある。「一九七〇年代から人々はお金を得るため木を倒している」と。人々？　ボルネオのヤシ油プランテーションは巨大な多国籍企業だ。森林破壊は、その木を倒している貧しい労働者のせいではないだろう。同じように、「オマンの人々が」世界遺産だった動物保護地域を犠牲にし石油産業の拡大を選んだ、という話もある。ところがオマンは絶対王政で国会も政党もない国だ。そしてその石油会社の持ち主はオマン政府とオランダのシェルである。「オマンの人々が」何も選んでいないのは明らかだろう。等々。

英語教育のイデオロギーは変わったが、なくなっていない。

日本を想像する――

『菊と刀』再考〈パートⅡ〉

なぜ今か

なぜ出版から半世紀以上たった今、『菊と刀』を再び取り上げるのだろうか。

一つの答えはその影響力の大きさにある。一四〇万部もの日本語訳版が売られたと言われている。[*1]これは恐らく、日本における社会科学の研究書の中ではナンバーワンのロングセラーであろう。[*2]「西洋人」による日本社会に関する最も優れた研究と言われたこともある。[*3]また、日本研究者の間で「恥の文化」と「罪の文化」について議論を起こしたし、このような議論により、恥の文化、罪の文化といった二つの用語が日常の日本語の表現として日本の一般社会においても定着した。さらに、戦後日本人論の分野全体において、『菊と刀』は基礎的な研究となり、モデルともなった。それはつまり、ここでの議論が常に一般に認められているというわけではないにしても、実際のところいわゆる「日本人論」と呼ばれる言説全体は『菊と刀』によってつくられたフレームワークの中で行われているということである。

『菊と刀』の大きな影響は、それ自体が再考される十分な理由である。しかし、さらに重要な理由は、この本の影響が大部分において有害であるということである。つまりこの本が文化的誤解の主たる源となっているのである。それは単に日本文化の誤った像を提供するだけでなく、近代国家制度の支配下にある複雑な工業化社会における、「文化」とは何かについての誤った概念を提示しているのである。

『菊と刀』が根本的に誤解にもとづいていると指摘するのはなんら新しいことではない。こうしたことは熟練した手腕と鋭さをもって、民俗学者（folklorist）の柳田国男が、この本に関する論文集で一九五〇年に指摘している。[*4] 柳田はベネディクトの誤った日本像が彼女自身だけのものではないことについても論じている。むしろそれは日本の知識人により保持され海外に伝えられた誤った自己像の反映であるという。

柳田によると、

其の〔つまり「武士」スタイルの考え方に対する先入観〕結果がたまたま「菊と刀」のような生眞面目な著作上に現はれたのだから、その筆者は責めるわけには行かぬのみか、むしろこちらの弱点を気づかせてくれたことに御礼を言はなければすまぬのであった。[*5]

柳田はベネディクト自身の考え方ではなく、彼女がある一定のタイプの日本人学者や知識人の判断を信用したということを批判した。そしてこの文脈において柳田は、私がのちに論ずるように、ここで鋭い考察をしている。

少し困ったことには、この本の著者などは、あまりにも通訳者の言ふことを信じきって居る。*6

今回ルース・ベネディクトを取り上げるには、さらなる理由がある。今日の人類学は（とくにアメリカにおいて）興味深い危機を迎えている。この分野の創設期の人類学者は、彼らが「客観的な観測者」であるという神話を積極的に支えてきた。彼らの文化的な描写は、その観測が「科学的方法」のフィルターを通したものであるから、古くからある、旅するジャーナリストのものとは違い、科学者のように人類学者も個人的、文化的偏見から自由なのである。彼らの文章から、その文化がどのように「現実に存在したか」を読み取ることはあっても、著者の「意見」を読むことはないという自信があった。さらにマーガレット・ミード（Margaret Mead）は、ボアズ（Franz Boas）派では物事は計画的に行われているので「どんな研究も繰り返す必要はない」*7と言っているほどである。このような非凡な能力をマリノフスキー（Bronislaw Malinowsky）は「民族誌学者のマジック」と呼んだ。今日、この神話は論駁されている。この論駁の一部は、どんなテキストも文化的な生産物である、つまり、テキスト以前の具体的な現実にぴったり対応したり正確に描いたりする、客観的で科学的なテキストなどない、というポストモダンの学者の議論に拠っている。人類学のテキストは、それが描こうとする文化と同じぐらい、文化的な人工物である。こういった洞察に加えて、人類学者が「まだ手をつけられていない」土着の文化といった伝統的な研究対象を使い果たしているということも重なり、多くの者が人類学的テキストそれ自体を研究の対象として注目したのである。*8

より深い注意を、テキストだけでなく、その著者に向けるという傾向は、二つの人類学的スキャンダルによってさらなる刺激を受けた。一つはマリノフスキーが『西太平洋の遠洋航海者』（"*Argonauts of the Western Pacific*"）という代表作のために実地調査を行っているときに書かれたという彼の日記の出版である。その中で彼は、自分の研究している人びとに対する敵意と軽蔑の、きわめて民族誌学者のマジックに反するような感情をあらわにした。彼は首尾一貫して彼らを「黒ん坊」と呼び、あるときはコンラード（Joseph Conrad）の『闇の心』*9の有名な一節を繰り返すことさえした。

原住民への私の全感情は、決定的に"*Exterminate the brutes*（獣は皆殺しにせよ！）"に向く傾向がある。*10

二つ目のスキャンダルはデレク・フリーマン（Derek Freeman）の、ミードの著名な仕事『サモアの思春期』（"*Coming of Age in Samoa*"）を再検討した『マーガレット・ミードとサモア』（"*Margaret Mead* and Samoa”）による。この研究をするにあたって当時二三歳の大学院生だったミードは、実際にサモアに行き、多数の一〇代の少女に彼女らの性について聞き取りをした。そして、サモアの文化はアメリカよりも性に対して解放されていると結論づけ、この根拠にもとづいて、いかにアメリカ人が社会における性教育を改革してゆけばよいかというアメリカ人向けの説教で締めくくる本を書いた。

フリーマンはミードの描いたサモア人の態度がいかに実際のものと異なるか証明し、ミードの誤った像がどこから来たものなのか説明した。実際サモア人は性に関して語ることに対し大変臆するところがあり、ミードが「非常に困惑させる話題をこのようにかつてないほど厳密に調査することに固執した」とき、少女たちは作り事を頼みの綱にし、「尋問する者を、椰子の木の下の軽い恋愛についての作り事の寓話で楽しませたのだ」[*11]。少なくとも、サモア人自身がそういうふうに説明しているらしい。私は、性に対するアメリカ人の態度を啓蒙し、解放しようというミードのプロジェクトはとても魅力的で価値のあることだと確信している。さらに、より自然な性への態度を持つと言われる社会を例として取り上げる方法は有効である。彼女は多くのアメリカ人に健全な自己批判にかかわる契機を与えることができたのである。唯一の問題は、こういうことは現実に存在するサモア人とは何の関係もないということである。

人類学的テキストはますます、偏見のない観察者による客観的な一つの文化の記述としてではなく、文化と個性の両方を持つ人類学者と、人類学者が研究してきた文化の間との出会いの結果として研究されるようになってきている。これは、こういったテキストが間違っているとか無用のものだと言っているわけではなく、ただ、これらを違った方法で読む必要があるということなのである。『サモアの思春期』は例えば、アメリカ文学として重要な作品であり、これは、リベラルな戦間期アメリカ知識人の文化、ボアズ派の人類学の文化、そしてマーガレット・ミードの個性についての洞察を提供しているのだ。

『菊と刀』はこの新しい文脈で取り上げるのには理想的な作品である。ところが日本の学者は依然としてこれを独立した「地域研究」としてとらえ、日本文化が「的確に」あるいは「不的確に」記述されているかどうかを論じる傾向がある。[*12] 一方でアメリカの学者は、恐らく判断を下すには日本文化に関する知識が十分でないこともあり、ベネディクトの他の作品に注目して『菊と刀』を避ける傾向がある。[*13] 私は『菊と刀』に関する予備研究を何年か前に行ったが（それゆえこの論文が「パートⅡ」なのであるが）、それはこのような人類学における新しいトレンドが出現する以前のことである。[*14] そういった意味で、文化的／歴史的テキストとしての『菊と刀』に関する研究はまだなされていないのである。

弱点にもかかわらず、どのように『菊と刀』は有効だったのか

今まで論じてきて明らかなように私は、『菊と刀』を客観的な社会科学として取り上げ、この点について正確だとか、あの点について正確でないとか論じるのは間違いであると思う。むしろ解か

れるべきミステリーは、なぜ、いったい、この作品が評判になり影響力を持ったのかという点である。前述したように、これは社会科学の本としては、一九五〇年に柳田国男や和辻哲郎によって、あるいはその後も他の批評家によって徹底的に反論されてきている。しかしなぜ、用なしになり、歴史的な骨董品としての適当な地位を与えられなかったのであろうか。

その答えは、当然、非常に役立つ本であったということにある。しかしこの利用価値は、社会科学の研究としてではなく政治文学としてである。ずいぶん昔、人類学ができる前から他者としての他国（another country）を詳しく描くことは時代に歓迎された政治理論の方法であった。つまりその方法とは、ある社会を違う角度から眺められるような「視点」を確立し、そうすることで政治的な自己認識を豊富にし、自己批判を可能にするようなやり方である。プラトンの国家、アリストテレスの理想的なポリス、ローマ人の神話化されたスパルタのイメージ、アウグスティヌスの神の国、マキアヴェリの神話化されたローマのイメージ、モアのユートピア、スウィフトの創り出したガリバーの旅する国々、ルソーの自然状態……すべてこうした他国のイメージが、母国を支配する精神、特質、原理に気づかせる機能を果たしている。そしてこのような機能を果たすにあたっては、他国が現実の場所である必要はない。プラトンやモアにとっては彼らの理想的な共和国が可能であることのみが必要なのである。ルソーにとっては自然人が理にかなっていて、スウィフトにとっては彼のさまざまな国が想像可能であり、アウグスティヌスにとっては、想像不可能でも、彼の神の国が発言可能なものであることだけが必要なのである。

多くの人類学者にとって政治的教育はそれほど隠された意向ではなかった。人類学者の研究の多くは、読者が他の社会に関する人類学的知識からどんな「教訓」を引き出すかという公然の、あるいは暗黙のメッセージを含んでいた。何がいつも気づかれないのかというと、教訓を与えようという欲望が必然的に研究者の描写を整理する方法に影響するということである。ミードのサモアの例では、自分の見出したことを教訓的にまとめようという熱意があまりにも明らかで、それが暗黙裡にインフォーマントに伝わり、その結果、彼女たちは協力的にミードが聞きたいことを話した。もちろんこれほど露骨な例というものもほとんどないのだが。

政治的教育者であろうという意図はベネディクトの研究でも明白である。これを疑う方には『文化の形』（*"Patterns of Culture"*）の最終章を一読することを薦める。そして、クリフォード・ギアツ（Clifford Geertz）によると、

ベネディクトを、ゴーラー（Geoffery Gorer）、ミード、アレクサンダー・レイトン（Alexander Leighton）やローレンス・フランク（Lawrence Frank）などのような人の裏の意図を考えずに、しかしスウィフトやモンテーニュ（Montaigne）、ヴェブレン（Veblen）やギルバート（W. S. Gilbert）を考慮して読むべきだと主張することは、彼女の言わんとしていることの一種の読み方をすすめることになる。『菊と刀』は、『ガリバー旅行記』が子ども向けの本ではないのと同じで、涙なしの魅力的な科学的政治読み物ではないのだ。*15

ギアツは明晰に『菊と刀』を主にアメリカについてのスウィフト的風刺作品として分析したが、これがどのように日本社会と結びつくのかということには、おそらく彼が日本を視野に入れていないからであろうが、あまり言及していない。しかし彼が、『菊と刀』は、人類学研究書としての欠点にもかかわらず、政治文学の作品として強力な影響はあったと見なしていることは正しいと言える。

敗戦にまさに最適な国

『菊と刀』は、学術的用語において戦後日米関係におけるパラダイムを築いた。日本を、アメリカが負かしそして占領するのに最も適した国であると描き／発明した。そして同じように重要なことだが、アメリカを、日本が負かされ占領されるのに最も適した国であると描き／発明した（この本の理解のためには、これが日本に「ついて」であるのと同様にアメリカに「ついて」であることをわかっておくことは必須である。そしてその二つの像はどちらも歪められている）。この本は日本人にとって、アメリカに負かされたということが日本に起こりうることの中でも実にベストなことであり、彼らはこの敗北に感謝すべきである（そして現実には感謝しているのである）と言っている。さらにこの敗北は、単に軍事力による偶然ではなく、一種のヘーゲル的必然性を持ち、日本が自由へ到達するための唯一の希望である、と言うのだ。というのは、ベネディクトによれば、日本文化には自由の概念や精神、解放の原理、さらには何の原理も含まれていない。これが「恥の文化」として日本を描くという意味である。恥の文化は、人は原理によって行動しないが、むしろ彼らが他人にどのように映るか、あるいは名誉となるか恥になるかによって行動するというものである。一九四六年の時点ではこの理論は便利であった。というのはまさに、世界を前にして恥じている日本が、外部からの、つまり米国からの原理を輸入して、自らを進んで変えるということを意味するからだ。（これはアメリカ史における位置としても大変興味深い。つまりデイビッド・レイズマン（David Reisman）らが“*The Lonely Crowd*”を通してアメリカが「内部志向型」であることから「他人志向型」に方向転換しつつある、言い換えれば「罪」の社会から「恥」の社会へ変わる時期であると指摘する直前の時期で、ベネディクトは米国をまさに「罪の社会」のモデルであると描写してしまった。）

これらすべては礼儀正しくそして寛容なトーンで書かれた。しかし、問題はトーンではなく内容である。ベネディクトの日本に関する判断はこの質問に対する答えに見出せるであろう。なぜ日本はこの戦争をしたのか。彼女の答えは経済にも政治にも無関係であった。日本の論理は、市場や資源、投資のはけ口や安い労働力を求めるというようなよく知られた植民地的、帝国主義的な列強の論理ではなかった。あるいは権力や栄誉、歴史的な中心的地位を求めるようなありきたりの専制政治の論理でもなかった。さらに彼女は、日本はドイツのように異常な政治的病理に陥ったのでもないと言う。彼女はどこにもファシズムや全体主義、あるいは他の似たような概念は使っていない。というのは、こうしたいかなる概念との関連性を認めることも、日本の行動が一般的な「西洋的」

な道理——つまりまさに、むしろ何の変哲もない古いタイプの帝国主義の極端な例である——によって理解可能であるということを認めることになるからである。しかしベネディクトは、日本の行動というのが「西洋」で知られるどんなものともまったく異なるものであり、これを「西洋人」が理解するには、彼女の「民族誌学者のマジック」、つまり人類学的手法によってのみだと主張する。

ベネディクトは、日本の戦争行為を、国際関係や日本の政治的危機からではなく、むしろこれを「文化問題」[*16]として説明した。この戦争は日本文化それ自体の必然的な現れなのだ。軍国日本とは彼女にとって単に「日本」——昔からの日本、そして外部から変えられないかぎりこれからもずっとそのままでありつづける日本——なのである。

私の、この主題で以前に書いた論文の中で、ドイツについては同時代でもこのような描かれ方はされなかったのではないかという考えを示したが、これは誇張であった。あるナチズム批評はナチズムをドイツ文化の深い根から説明しようとした。しかしいずれにせよ、それはベネディクトにとってのドイツ理解ではない。『菊と刀』の解釈者は、ベネディクトが日本に関する研究をしていたとき、戦時情報局に提供するドイツに関する研究も執筆していたということを見落としている。このドイツ研究と『菊と刀』との対照ほど著しいものはない。ドイツ人捕虜に関するイギリスの調査を彼女が分析したところ、二〇代後半の男性のみが堅実なナチであるという。「ナチ体制は……二五歳以下のグループを、現在二五~三〇歳の人びとのようにナチ化するのに……失敗した」[*17]。それ以上の年齢層に関しては、理由が明らかなので、三〇歳以上の年代が比較的ナチ化されていないということに関して論じることは不要である。ヒトラー体制がまだあれほど短くしか存続していないため、違った社会秩序で育ったより高い年齢層が丸ごと残っているという事実はドイツの未来を見積もる上で非常に重要である。*[18]

日本に関するベネディクトの理論には、「教化の失敗*[19]」（あるいは成功）という概念はない。「ナチ化」にあたる言葉、「異なる社会秩序」が近い過去に存在したという提言もない。ドイツのナチズムが、一時的で、事情によってドイツ文化と結びついた一過性の現象であるとする一方で、日本の軍国主義は日本文化そのものだと言うのである。それは太古の昔から存在し、教化を強いることからは程遠く、「自ら進んでそれを感受」したのだと。*[20]

このような差別的な扱いは人種偏見によるものだろうか。人種主義がベネディクトの意識の奥底である役割を果たしているともとれるが、彼女の理論においては何の役割も果たしてはいない。ルース・ベネディクトは熱心な反人種主義運動家であり、――とくに自分の文化の型に関する理論において――人類学を人種差別の理論に対する決定的な反論と考えていた。さらに、人種理論はもはや時代に合わなくなっていた。日本人は殺されてしかるべきだという、アメリカ側の戦時中のプロパガンダには適していたのだが、日本人は変えられるべきだとする戦後占領期のイデオロギーには不適切であった。人種的偏見は、行動は人種によって決定され、それゆえ偏見の対象となるものは根本的に変化する能力が欠けているというのだから。ベネディクトの仕事は、占領改革期に適した偏見を提供したと言える。つまりそれは、文化的偏見である。そのメッセージとは、①日本文化は変えられなくてはならない、②アメリカ占領の強制力によってこそ変えられうる、というものである。ベネディクトの「文化の型」は寛容の理論として評価される。ただし、『菊と刀』の場合はそうではない。

アメリカにおいてわれわれは、講和条約を厳格にすべきか、寛大にすべきか、ということについて、果てしない議論を繰り返してきた。真の問題は、厳格か、寛大か、にあるのではない。問題は、多すぎもせず、少なすぎもせず、古い危険な侵略的性質の型を打破し、新しい目標を立てるのにちょうど適当した量の、厳格さを用いることである。*21

型はどこから来たのか

『菊と刀』には「日本文化の型」という副題がある。これまでで明らかなように、私のここでの論点は「実際に存在している日本文化」がこの本の中で描かれている型の唯一の由来ではないということである。それでは他の出所はどこなのであろうか。少なくとも五つが思い浮かぶ。それらは、

①西洋人の、アジアへのステレオタイプ。つまり「オリエンタリズム」。エドワード・サイード（Edward Said）の『オリエンタリズム』は西洋人がヨーロッパから東方を見たときに持つステレオタイプを分析した。これは基本的にはヨーロッパとアラブ／イスラム文化の遭遇にもとづいており、中国や韓国、日本についてはほとんど何も語っていない。『菊と刀』はその眼差しがアメリカから太平洋を西方へ渡っていくオリエンタリズムの古典として見るべきであろう。日本人を、最も変わっており、独特の文化を持ち、（「民族誌学者のマジック」を除いては）不可解であるような、また西洋とは「反対の」あるいは相容れないものとする『菊と刀』の視点は、アジアと北米大陸の西の端に到達したヨーロッパ文明域との遭遇、またとくに一九世紀後半から二〇世紀初頭にアメリカとカナダ西海岸で起こった中国人、日本人、そして韓国人排斥運動に深い根がある。

②戦勝国による敗戦（すべき）国の描写。以上で述べたように、この研究は戦勝国による敗戦国への視点にもとづいている。トーンは（一人よがりだが）寛容ではあるけれど、そのメッセージは日本文化に対しては寛容であるべきでないということである。そして再び、太平洋戦争の結果がまったく起こるべくして起こったこと、起こらなければならなかったこととして、この本は説明する。なぜなら、これが、すべての当事者が満足できる結果、だからである。

③詩や個人的な書き物に見られる、ルース・ベネディクトの個人的なものの考え方。

④一九四五年以前の日本政府、ことに軍国主義時代に促進された国家イデオロギー。
⑤③と④の間の媒介。ベネディクトの主な情報提供者。

はじめの二点について細かい説明は不要であろうし、三点目については私の以前の論文で分析してある。*22 ここでは限られた中ではあるが、最後の二つについて言及しておこう。

政府のイデオロギー

明治維新後、日本政府が政治的、経済的、技術的、文化的にも社会を再編していくのに骨を折ったことはよく知られていることである。ホブズボウム（Eric Hobsbawm）の『創られた伝統』（"*The Invention of Tradition*"）*23 の中では、日本についての分析はないが、確かに日本は古典的なケースとしてとらえられるべきである。明治のエリートたちは、義務教育、徴兵制度、制度的再編、さらに他の多くの教化、強制を利用して、列島に存在する多様な文化を、さらにのちには沖縄、韓国、台湾文化に対しても、東京の政府が直接に支配する一つの近代的国民国家に組織しようとし、すべての装置は新たに編成された天皇制の下で神聖化され、古い「武士」階級の倫理を近代化した「創造された伝統」により正当化しようとした。こうした物語は長い間日本近代史研究家にとっては主題の一つであり、これをここで繰り返す必要はない。この文脈において、政府によってつくり上げられ上から下へ広められた国家的倫理システムは、文化ではなくイデオロギーと呼ばれることが正しいのである。このような区別はルース・ベネディクトが戦時情報局で働く前に研究してきた土着の文化の中にはなかったが、日本の場合においてこの区別を考慮しなかったのは、彼女の犯した主要な間違いの一つである。このような間違いは、日本政府によって積極的に促進され、知ってか知らずか、多くの日本の知識人によって受け継がれたのだと考えれば納得がゆく。一九五〇年に柳田が指摘するには、

私達が自ら責めてよいことは、口で筆で日本を世界に説明しようとした人が、屡々無意識にうそを教えて居たということであらう。[*24]

それでもやはり、こうした「うそ」だけを彼女の情報源の一つと認識することは、彼女の分析の特性や詳細のすべてを完全に考慮したことにはならない。ベネディクトは、日本に関する英語のものは手に入るかぎりすべて読んだが、彼女の分析はそれまでのどんなものとも違っていた。副田は、彼女が新渡戸稲造の『武士道』を資料として使ったと思われる個所を一七箇所指摘しているが、[*25]それが事実だとしても、彼女の分析は決して新渡戸のものと同じではない。ベネディクトの研究の核は、つまり独特で「人類学的」なところは、日本が「恥の文化」を持っており、その価値システムの中心が階層的に秩序づけられた一連の義務に関する概念、つまり忠、恩、孝、義理などによって

成るという主張であるが、その用語は新渡戸の分析に出ていない。
以前に私は、一九四五年以前に文部省の権威の下で出版された修身の教科書にその答えがあると考えた。なぜならベネディクトはその翻訳を持っていたからだ。しかし、こういった教科書の研究によって問題がそう単純でないことがわかった。もちろん忠という言葉は出るのだが、忠義や忠君愛国といった語による使用頻度が高い。義務はもう少し頻度は落ちるが、主に納税や軍役といったとても近代的な行動について言及されるときに使われる。義理という言葉はまったく出てこないように見える。逆に教科書で言及されている他の多くの価値を表す言葉は、ベネディクトの研究には取り上げられていない。そしてこれらは、彼女の分析には当てはまらないのである。例えば、協力、慈善、公徳、進取、助合（助け合い）、自立自営、工夫発明など、その他にも多くある。

市井の人

これらの事実は、ベネディクトとこれらの教科書との間に媒介、つまり解釈者として介入する人がいるということを示唆する。ベネディクト自身、序文の中でこのことをほのめかしているが、その通訳がどういった人物だったのかはなぞにしている。

本書の中に述べられている事柄の理想的な典拠を求めるとすれば、それはいわゆる「市井の人」であろう。それは平凡人であろう。*26

ベネディクトが日本についての論文のために準備したノートは、現在ではバッサー大学図書館に保存されているが、この中で明らかに他と違う一冊がある。数十枚の黄色い紙に書きなぐってあるのは価値を表す日本語の分析であり、明らかに『菊と刀』の生まれた核となっている。例えば、

義務

忠義

孝

愛国心

任務、仕事をする義務（duty）

「義務に含まれる」

名を汚さない義務

（恩を受ける学生〈感謝という負債を負う〉）

すみませんの文字通りの意味：「これは終わりません」（私たちの恩はまだ終わっていない）（漁村で、私に鉛筆を売ってくれた女性はいつもすみませんと言った。（大きな

デパートではありがとうと言う）私は「何に謝っているのか」と聞いたりした。

道ですれ違う人：私の帽子が風で飛ばされる：彼がそれを返すと、私はありがとうではなくすみませんという。彼は私に恩を与えているが私は決して彼に恩を与えるとは思ったことがない。（彼は私を出し抜く）：突然に、そして、私は罪を感じる。[*27]

（訳者注：日本語のローマ字表記がある個所に下線を施して区別した）

など、数ページにわたっている。『菊と刀』の読者はこの洞察に見覚えがあることに気づくだろう。そして誰がこの経験を語っているのかと考えるだろう。その人の名はページの右上の端にある、ボブ。『菊と刀』の謝辞において唯一名前をあげられている情報提供者、ロバート・ハシマ氏である。私は東京で、一九九六年と九七年に、ハシマ氏にインタビューを行った。そのとき私は、「市井の人」のところを見せ、「これはあなたのことですか」と尋ねた。ハシマ氏はその一節を長い間眺め、そして笑って言った。「そうだと思います！」。もっと具体的には、彼は「ええ、彼女に情報を提供したかというかぎりでは、これは私からのものだと言えると思います[*28]」と答えた。

しかし違った意味では、ハシマ氏を「市井の人」と取ることは間違っているとも言える。ベネディクトの「市井の人」は、ある文化についてシステマティックに、あるいは学問的に学んだ者や解釈を持っている者のことではなく、単純にそこに属していたことによってある文化の習慣や価値を知っている人間のことである。情報提供者は生のデータを与えるものであるはずなのだ。解釈をするのは人類学者である。しかし明らかにハシマ氏は自分の解釈を持っていた。

ロバート・ハシマ氏は米国で生まれ、一九三二年に、一三歳のとき、両親とともに日本に渡ってそこで学校に入った。当時の彼は日本語がまったくわからなかった。また、この時代の学校制度を支配していた政府の愛国主義的イデオロギーや軍国主義についてもほとんど知らなかった。

ハシマ氏　私はこういうのとうまくやっていかなくてはと思いました。あの教育勅語はご存じではありませんか。

ラミス　存じています。

ハシマ氏　私たちはそういったものを覚えさせられましたね。そしてもちろん、言わされるのですが、地獄のような時間ですよ。しかし、おわかりの通り、とにかく暗記しなくてはなりません。だけどみながそうしていたから、反抗したい思いはなかったように思います。私は徐々に慣れ従って、こういう人びとと戦おうとしても意味はないこともわかったし、だから彼らと調子を合わせようとしました。[*29]

しかし、「こういう人びと」と同調してゆくことはそれほどやさしいことではなかった。

ハシマ氏　来てすぐのころはよく言い返したものでしたが、なんですか、罰として立たされて「生意気」と言われ、殴られて、お茶を注がされたり、そんな感じでした。[*30]

ベネディクトのノートに以下のような興味深い話がある。

ボブの師範学校の試験の問題：夫と妻の間の和について書かせる。彼はうまく書いたが、「それらはすべて皇室繁栄のための忠のためである」というところを省略して、0点になる。[*31]

ハシマ氏はそのイデオロギーに説得されなかったが（「……このシステムに関しては、私は気に入らなかった」）、彼は生き残るためにはこうしたことを身につける必要があると思った。彼はこれ――日本語――をマスターし、広島師範学校を卒業した。そしてしばらくの間、修身の授業を含め、実際に教鞭を取った。「二四歳という若さで、なぜあなたはそう聡明なのですか」と尋ねると、彼は「師範学校に行ってたわけですから……」[*32]と答えた。

ハシマ氏はパールハーバーの直前に米国へ渡っており、収容所に入れられた。そこでジョン・エンブリーに会った。エンブリーは彼に戦時情報局の仕事を紹介し、ハシマ氏はそこでルース・ベネディクトに会った。

そして私は（部屋に）入り、レイトン（Alexander Leighton）に到着を報じると、レイトンは私をベネディクトのところへ連れて行きました。ああ、彼女は『坊ちゃん』を読んでいましたね。彼女は自分の研究課題（アサインメント）が日本であることを私に告げました。『坊ちゃん』を読んでいたことを思い出しますね。（ここでハシマ氏は、坊ちゃんが氷水のお金を彼を侮辱した教師へ投げ返す場面を話す。）ベネディクト博士はなぜだか理解できなかった。そのわけを私は彼女に話し、義理とか恩とか、そういうのがここから始まる。ああ、それで彼女はレイトンのところへ行ってハシマが欲しいと言ったのです。*33

これらすべての証拠から、ハシマ氏が一九三〇年代の軍事イデオロギーとルース・ベネディクトとの間の鍵となる媒介であったという結論が明らかとなる。しかし、ハシマ氏は単なる情報提供者ではなかった。彼は、私がすでに指摘したように、解釈者でもあったのだ。彼にとってティーンエイジャーとしてはじめてこの国に来たことや、軍国主義以前の日本の記憶がないことから、学校で習ったことは「一つのイデオロギー」ではなく、日本そのものであった。彼はそれを好まなかったが、ベネディクトもそうであったように、それを学ぶことは彼の「研究課題（アサインメント）」であり、彼はそうした。しかし、彼の表面上の受容（「私は徐々に慣れ従って……」）と彼の詳細な「日本文化」の知識の下で、このインタビューは拭い去ることのできない彼の深い疎外感を浮き彫りにした。このような疎外感は私とのインタビューにも表れている。

ハシマ氏　……だから、今日でさえも、若い人はとくに変わってしまったけれど、歳をとれば、この型に人は戻るように思う。そして私が思うには、ああ、日本が変わるためには言語と歴史を変えなければならないなと思うのです。

ラミス　どうやって歴史を変えるのですか。

ハシマ氏　そう、それが問題なのです。だから彼らが民主主義の話をすると、それはアメリカで言われるような本当の民主主義ではない。なぜなら、物事がすべて拘束的だからです。いつもそういう問題が出てくる。

ラミス　なるほど、それが言語に組み込まれているわけですね。

ハシマ氏　言語、生活、歴史など……。なぜ彼らはチャンバラのテレビ番組を見続けるのか。そう、そういったことです。こうしたことが、国民一般に義理とか恩、人情を教えているのですよね。

ラミス　あなたの言う言語を変えるというのは、構造を変えるということですか。

ハシマ氏　日本語を除いてしまえばいいのです。日本語という言語を！

ラミス　そして何を話す？

ハシマ氏　英語に変えてしまえばいいのです。

ラミス　つまり、不可能だと。

ハシマ氏　ええ、不可能ですね。変わらないでしょう。[*34]

内部の者としての豊富な情報と、根源的な疎外感とのコンビネーションがハシマ氏をベネディクトの米国戦時情報局の「研究課題（アサインメント）」への理想的な情報提供者にした。もちろん彼は決してベネディクト唯一の情報提供者ではないが、彼は一種の基準、彼女が他からの情報をテストするときの拠り所となったようである。

ハシマ氏　しかし、ああ、彼女は他の多くの日本人とも話をしていましたよね、日本に住んでいた……。それで、私にも尋ねたのです。そして彼女は（私を）信頼して、私は、たぶん今日では罪の意識を感じていますが。そうですね、彼女は他の人たちが言ったことについて私の意見を求めたね。彼女は、もし私が違うと言えばそれを変えたり、何とかしたかもしれない感じでしたが、ああ、とにかく、私の意見をかなり信頼していたようでした[*35]……。

一九五〇年の柳田が、『菊と刀』の文書以外になんの証拠もないとしながらも、ベネディクトは明らかに、彼女の通訳に非常な信頼を置きすぎていたと書いたが、彼は実に非凡な洞察力を持っていたのであった。

《謝辞》尾川直子氏の本論のための資料収集に感謝したい。

【註】

＊1——副田義也『日本文化試論：ベネディクト『菊と刀』を読む』(*An Essay on Japanese Culture: Reading Benedict's The Chrysanthemum and the Sword*)（東京：新曜社）、五頁。

＊2——祖父江孝男「『菊と刀』——日本文化の型——ルースベネディクト」"*The Chrysanthemum and the Sword—Patterns of Japanese Culture*—Ruth Benedict"（青少年問題二〇巻、一九七三年二月）、一三頁。

＊3——南博『日本人論——明治から今日まで』（東京：岩波書店、一九九四年）、一六六頁。

＊4——柳田国男「尋常人の人生観」（民族学研究一四巻四号、一九五〇年）。C・ダグラス・ラミスによる訳 "*Yanagita Kunio's Critique of The Chrysanthemum and the Sword* (an annotated translation)"（津田塾大学『国際関係学研究』二四号、一九九八年三月）、一二五〜一四〇頁を参照せよ。

＊5——Ibid., Lummis tr., p. 132.（柳田、前掲論文、三一頁）

＊6——Ibid., p. 133.（柳田、前掲論文、三一頁）

＊7——Margaret Mead, *Blackberry Winter* (New York: Pocket Books, 1972), p. 138.

＊8——とくに George Stocking 編 "*History of Anthropology*" (University of Wisconsin Press) のシリーズを見よ。

＊9——Joseph Conrad, *Heart of Darkness*.（邦訳：黒原敏行訳『闇の奥』光文社、二〇〇九年）

＊10——Bronislaw Malinowski, *A Diary in the Strict Sense of the Term* (London: Routledge and Kegan Paul, 1967), p. 69.（邦訳：谷口佳子訳『マリノフスキー日記』平凡社、一九八七年）

＊11——Derek Freeman, *Margaret Mead and Samoa*: The Making and Unmaking of an Anthropological

Myth (Cambridge and London: Harvard U. Press), p. 290.（邦訳：木村洋二訳『マーガレット・ミードとサモア』みすず書房、一九九五年）

*12——例えば、副田前掲書。

*13——例えば George Stocking 編 *Malinowski, Rivers, Benedict and Others* に収録の "Vigorous Male and Aspiring Female: Poetry, Personality and Culture in Edward Sapir and Ruth Benedict", "History of Anthropology", vol. 4 (Stanford: Stanford U. Press, 1986) を見よ。

*14——C・ダグラス・ラミス著、加地永都子訳『内なる外国：「菊と刀」再考』（東京：時事通信社、一九八一年）：*A New Look at The Chrysanthemum and the Sword*（東京：松柏社、一九八二年）

*15——Clifford Geertz, "Us/ Not—Us: Benedict's Travels" in Geertz, *Works and Lives: The Anthropologist as Author* (Stanford: Stanford U. Press, 1988), pp. 102-128.

*16——Ruth Benedict, *The Chrysanthemum and the Sword—Patterns of Japanese Culture* (Boston: Houghton Mifflin, 1946), p. 5.（長谷川松治訳『定訳　菊と刀（全）』現代教養文庫、社会思想社、一九六七年、九頁）

*17——Ruth Benedict, "*German Defeatism at the Beginning of the Fifth Winter of War*" (Office of War Information, 1943), p. 1.

*18——Ibid., p. 6（"British Source B 426, Sept. 22" を引用）

*19——Ibid.

*20——Op. Cit. Benedict, C&S, p. 315.（ベネディクト、前掲書、三六六頁）

*21——Ibid., pp. 299-300（強調部分を加えた）（ベネディクト、前掲書、三四八頁）

*22——Op. Cit. Lummis

＊23——Eric Hobsbawm and Terence Ranger, eds. *The Invention of Tradition* (Cambridge, New York, Melbourne: Cambridge U. Press, 1983).（邦訳：前川啓治・梶原景昭訳『創られた伝統』紀伊國屋書店、一九九二年）

＊24——Op. Cit. Yanagita, p. 16.（柳田、前掲論文、三〇頁）

＊25——Op. Cit. Soeda, pp. 98-99.

＊26——Op. Cit. Benedict, C&S, p. 16.（ベネディクト、前掲書、二二頁）

＊27——Ruth Benedict Papers, Vassar College Library Special Collections.

＊28——Robert Hashima Interview, 16 October, 1996.

＊29——Ibid.

＊30——Ibid.

＊31——Ruth Benedict Papers, Vassar College Library Special Collections.

＊32——Op. Cit. Hashima, 1996.

＊33——Ibid.

＊34——Robert Hashima Interview, 14 Jan., 1997.

＊35——Ibid.

（初出●『国立歴史民俗博物館研究報告』第九一集、五二一－五三六頁、二〇〇一年三月）

●ミニ解題●

なぜ ルース・ベネディクトの『菊と刀』について批判的な論文を書いたかというと、それはその本の影響を自分の意識から追い払うためだった。

日本に住みはじめたとき、その本を読んで、感動した。それは日本社会を理解する鍵だと思った。その鍵を持つと、日本社会に住みやすくなるだろう、と。ところが、住んでみると、鍵を持っていると思うこと（思い込むこと）があまりいいことではないと、だんだんとわかってきた。それは優越感（みんながわかっていないことを、私はわかっている）につながるだけではなく、鍵を持っている以上、その社会は分析対象になり、住むところでなくなる。鍵を持っている（と思い込む）人は、その社会に入れなく、ずっと外にいる。周りの人たちは同僚ではなく他者、あるいはロボットのように見える。ベネディクトの分析はとくにそうである。彼女が考えた「日本社会」は「アメリカ社会」の正反対であり、永遠の他者である。そして日本文化を尊敬しているふりをしながら、実は差別している。そのような「日本人論」を通して日本を見れば、日本列島に住んでも日本社会に住めないのだ。

そう思って、この論文を書き、心の中の『菊と刀』を壊した。いいセラピーだった。

「外」を想像する——

影の学問、窓の学問

何年も前になるが、私はＳＦの話として、宇宙の反対側のどこかにある惑星に移住するため、地球から送り出された宇宙船の話を聞いた。その惑星に至る道のりはあまりにも遠いので、千年もの年月を要した。出発のときに乗った人びとの子孫だけが到着するというわけだ。宇宙船は数千人の人間を収容でき、糧食や設備も千年間は大丈夫という巨大な金属性の球体だった。食糧を生産し廃棄物を処理するシステムから、子どもたちを教育する学校、死んだ人のための墓、病む人には病院、健康な人のための仕事まで完備し、おまけに地球文明に関する完璧な記録まで積んでいた。乗船者が文化的歴史を喪失しないためだ。つまりは人類の文化が独立した存在として機械の中に密封され、自給自足しながら宇宙を飛んでいたのだ。

しかし、あらゆる科学技術の粋をもってしても、宇宙での生活は耐えがたいものであることが判明した。最初の乗船者はみな自ら志願した英雄的精神を持った人びとだったが、教育を通して次の世代に同じレベルのヒロイズムを育成するのはしょせん無理だった。出発地点からも目的地からも気の遠くなるほど遠く離れ、虚無の只中で一生を過ごすことに、多くの人びとは到底我慢できなくなったのだ。規律の問題がますます大きくなってきた。反乱が続発し抑えきれなくなった。宇宙船の社会秩序は崩壊の危機に瀕した。

飛ぶ都市の統治者たちは最後の手段に訴えることにした。人びとがもはや自らの状況について真実を知るに足る強さを持っていないと思われたので、真実の代わりに神話を与えようと考えたのである。彼らは新しい宗教と新しい宇宙学をつくりあげ、そこで鋼鉄製の宇宙船こそ全世界であり、その中に住む人間たちのために神が創り給うたものなのだと教えた。ここはもはや「宇宙船」ではなく宇宙そのものだった。「外部《そと》」という言葉は抹殺された。子どもたちが「この壁の向こう側には何があるの」などと聞こうものなら、恐怖心の固まりとなった母親に、罰あたりの口をきいたかどでひどく怒られた。地球に関する書物、宇宙船の航行の記録などはすべて一部屋に収められ、宗教の奥儀を秘めたものとして、最高位の聖職者しか見ることができなくなった。宇宙船が人間の手でつくられた〝もの〟にすぎないことを想起させるような技術書とか修理の手引きといった類いのものも封印され、新しい宗教の原理に従って書物はすべて書き換えられた。

こうした書物の註解を基盤としてまったく新しい「学問」、新しい宗教の原理を微に入り細に入り解説する学問が出現した。内部《うち》の学問、つまり「外部《そと》」という言葉を撤廃してしまった学問である。

この宇宙船には図書室の他にもう一つ鍵のかけられた部屋があったが、いかにも深い神秘につつまれ、その部屋があることすら口に出すのがはばかられた。一人の若い男が持ち前の好奇心と向こう見ずから、この部屋の中に何があるのか見たいという欲望を抑えきれなくなった。両親や友人や聖職者にいくら頼んでも耳を貸してもらえず、そのたびに相手は驚きあきれるか叱責を加えるかの繰り返し、はては村八分にされ、反感と哀れみの入りまじった扱いを受ける身となってしまった。とうとうこの若者は他人に頼らずにやろうと決意し、鍵を盗み出して部屋に入った。

その部屋には窓があったのである。

窓を通して若者は外部《そと》を見た。暗黒の宇宙を見、銀色に光る星を見たとき、彼ははじめて自分が置かれた状況を理解した。自分が生まれた世界がすべてではなく、無限の宇宙の一部にすぎないのを覚ったのだ。自分の生きる世界は虚空を飛びつづける鋼鉄製の宇宙船であり、人間の手でつくったものでしかなく、住民はすべて嘘で固めた宗教によって何もわからなくなっているのを知った。もちろんこの若者がすべてを完全に理解したわけではないが、それでも大発見にはちがいなかった。内部世界ではあらゆる事柄が説明可能で、不可解なことなどありえなかった。「不可解」そのものの発見は彼に恐怖を抱かせたが、えも言われぬ歓喜も与えた。夢うつつで長い間窓の外を見つめていた若者は、突如、自分の見たものを他の人たちに教えたい欲求にかられ、部屋を出た。

その結果は彼にとってまったく予想外だった。見たことを表現しうる言葉はとっくの昔に失われてしまったし、聴くほうにもそれを理解する概念が皆無だった。人びとはあっけにとられて若者の顔を見つめていたが、やがて警察がきて彼を逮捕した。

偉い聖職者たちはこの若者をどう扱うべきか、長い議論を交わした末に、彼は気狂いであり社会の落伍者であると断定した。彼の語る真実が気狂いのたわごとと受けとめられ、それを口にすることで社会からいみ嫌われるならば、人びとの心をつかむ宗教の力はいっそう強まるだろうと、聖職者たちは踏んだのである。若者は宇宙船の中を自由に歩き回るのも、禁じられた部屋に入り窓の外を眺めるのも、人びとに自分が何を見たか話すのもすべて許された。彼を笑い者にしたりあざけりの言葉を浴びせる人もいたし、子どもに向かって「ほら、タブーを破るとあんなになるんだよ」と言い聞かせる人もあった。

誰も耳を傾けてくれないとわかると、若者は禁断の部屋に引き込もり、暗黒と星とを見つめ、自らを慰めて暮らした。それでもときには孤独に耐えかね部屋を出て宇宙船をほっつき回っては、話し相手を探し求めるのであった。大人には馬鹿にされるだけだったので、彼は子どもたちを相手に話しはじめた。やがて熱心な弟子ができたが、またもや社会秩序に対する脅威となってしまった。子どもたちが〝星〟について語り出したからだ。高僧たちは若者を自由にしたのは間違いだったと気づき、彼を再逮捕し、人民の敵として死刑に処した。

読者はすでにおわかりだと思うが、この話はプラトンの洞穴の神話を現代に置き換えたものに他ならない。一生を洞穴の中で過ごし、壁に映った影しか見られない人びとのことを想像してみたまえ、とプラトンは言う。そこでは人は、影が「全世界」であると考え、影の学問といったものを発展させ、影の現れ方に示される秩序とかその間の関係といった事柄を語る専門家となるだろう。影から目を引き離して洞穴を見回す人を想像してみたまえ、とプラトンは続ける。まず彼は光の眩しさに目がくらみ、混乱に落ち込むだろうが、やがて状況を把握し、他の人たちが見ているのは影でしかないことや、その影がどうしてできるのかを理解するだろう。洞穴の出口に通じる道を歩み、陽光の中へ足を踏み出すのが、彼にとっていかに苦痛かを想像してみたまえ。最初は彼の目には何一つ見えないだろう。そしてだんだんと大地や木々や空や太陽そのものまで見えてくるのだ。彼が洞穴へ戻り、人びとに自分の見たものを説明しようとするとき、彼に何が起きるかも考えてみたまえ、とプラトンはさらに続けて言う。彼の語る言葉は他の人には何の意味も持つまい。あげくのはて影の学問に対する興味だけでなく能力も失い、暗闇でつまずいた愚か者にしか見えなくなるだろう。彼があくまで仲間を旧《ふる》い知識から解放しようとするなら、結局は殺されてしまうだろうとプラトンは言う。

言うまでもなくプラトンの師であるソクラテスは、「青年を退廃に導いた」としてアテネ人によって死を宣告された。

昨年（一九七七年）の夏、アメリカの政治学者が集まったある学会で、私は一人の学者が、ソクラテスに対する死の判決は正当化されると論じた研究発表を聞いた。しかしそんなことを論証するのに学者である必要はないのだ。社会的有用性の立場（その他どんな基準があるだろう）からすれば、この判決は当然正しかったのである。真実より神話のほうが社会秩序を維持しうることはもはや疑問の余地はない。イデオロギーと社会的規範こそ今日の産業社会を存続させているものなのだ。プラトンは、洞穴の外に出れば、秩序と慈愛に富む真実の世界があると約束したけれども、宇宙船の比喩のほうがずっと正確かもしれない。壁の向こう側にあるのは冷たくて暗く、非人間的で無限な、しかも沈黙に満ちた宇宙だけかもしれない。

現代の学者がこうした考えに立っても驚くほどのことではない。ある意味で私はその学者の勇気は認める。今日たいていの人はソクラテスを無罪として、つまり無力な人間として救済するだろう。「彼はとても正直なよい人で頭もよかった。そんな男を殺すなんて非道な話ではないか」。こうしてソクラテスは牙を抜かれ、彼の教えの持つ熱情とか怖ろしさは忘れられ、〝教育のある〟人たちが当然知っているべき人名リストの中に加えられてしまう。○×式の試験問題に彼の名が出てくるのも想像できる。

ソクラテスはギリシア人であった。（○）
彼は有名な哲学者だった。（○）
彼は『共和国』の著者である。（×）
彼は「アテネの青年を堕落させた」かどで処刑された。（○）
彼は告発通り有罪である。（×）

ソクラテスは影の学問における一つの影になるわけだ。

しかし、ソクラテスは有罪であると考えたかの学者は、それ以上のことを知っていた。ソクラテスが提起した系統立った疑念がいかに危険なものであるかをその学者は知っていたのであり、ソクラテスの描くヴィジョンが影の学問、すなわち彼女の専門にとっては脅威であることもわかっていたのだ。大方の人よりもソクラテスについて理解が深かったので、一生懸命に論文を書き上げ、もう一度ソクラテスを葬ったわけである。

私は大学教師の職についているが、毎年、自分が加担している犯罪性は、いささかの善をもってしても追いつかないのではないかと考え込んでしまう。大学の社会的役割とは何なのだろう。学生はわかっているが口には出さない。日本やアメリカの大学の二年生に、何を勉強しに大学に来たのかと質問すると、決まって「まだ決めていません」と答える。何かを学ぶ情熱があるから大学へ来たのではなく、大学にいる間に何か関心の持てる分野を見つけたいと考えているのだ。しかもたとえ見つからなくても大学を止める理由にはならない。大学にいる本当の理由は、学生たちの口から直接に語られることは決してないが、心の底では無意識のうちに理解されている。今日の資本主義社会では、大学は社会階級を選別する一種のメカニズムなのである。大学へ行けば何かを学ぶかもしれないし学ばないかもしれない。だが問題はそんなところにあるのではなく、四年間を終わればもう労働者階級にすべり落ちずにすむと、ほとんど確信を持てるところが重要なのだ。手を汚さず生活費を稼ぐ必要がなくなるのは、ほとんど確かである。

支配階級はなぜ、官僚機構の末端に人を入れる際、大学教育の有無を基準にするのだろうか。医学とか法律、技術といった分野の職業であれば、高等教育が実用的知識を与えるというのもうなずける。しかし高等普通教育が官僚たる者にとって何の役に立つのか。それは主として規律であると私は思う。大学を卒業した人間について確実にわかっていることは何だろう。その人間が平均以上の知識や知性を持っているかどうかはわからないし、持っていない場合もよくあるが、ただ確かなことはその人が一六年間も固い木の椅子に座って、その道の権威が世界について説くのを聴き、何もかも覚え込もうとしてきた事実だ。そして彼ないし彼女は社会の中でよい地位を得たいがために、進んで青春を投げうち、真の勉強とか学問とはおよそ関係がないとわかりきっている受験勉強に邁進したのも確かである。軍隊で典型的な訓練方法は、まったく意味のない命令（木の枝にしがみつけ）とか、できるはずのない命令（二つ以上のことを同時にやれ）を与えるやり方だ。肝心な点は、命令の内容と服従の問題とはまったく無関係であって、兵隊には考えたりせず服従することだけを教えるところにある。日本の受験問題は不合理でナンセンスだと人はこぼすけれど、学識とか知性をはかるのが目的であってはじめてこの批判は成り立つ。受験問題が、思考を放棄した盲目的服従（官僚制においては有用な性質）を測定するのが目的であれば、これほど優れた制度はない。

　教育制度が服従を教え込むもう一つのやり方がある。たいていどの授業でも、例えば社会学の授業でも学士課程の学生たちは社会学は教わらない。授業の内容は、社会学という学問の分野が存在し、それを把握するのはきわめてむずかしく長い年月を要し、学生たちには理解できないが、世の中にはこの分野に造詣が深い社会学者と呼ばれる人たちがいるというところまでだ。同じことが歴史学、政治学、経済学、文化人類学その他について言える。言い換えれば、学生たちは有識者になるためというよりむしろ「知識を怖れる人」になるべく教育されるわけだ。学生たちは、これらがどれもきわめて重要な研究テーマであって、社会の上のほうには各分野についての専門家がおり、この人たちの意見は尊重すべきであることを学ぶ。知的エリートに対する服従を教え込まれるわけだ。

英語の educate「教育する」という言葉はラテン語の ex ducere（エクス・デュケーレ）つまり「導き出す」から来ている。プラトンの洞穴のイメージは昔の西欧の教育伝統では大きな影響力を持っていた。しかし日本とかアメリカのような官僚社会（とくにこの二か国をあげるのは私自身の教師体験があるからだが）では、全般的潮流はその逆で、人びとを洞穴の奥へ奥へと追い込み、想像力を広げるよりむしろ幅狭く制限する傾向が強い。教育は「社会化」として再定義され、社会の既成の価値観を次の世代に植えつけるものとなったのである。七〇年の万博の際、「完全に内部から造られた都市」というパビリオンがあった。残念ながら私は見にいかなかったのだが、パンフレットに載った写真を見ると、ボール型のものがいくつも管でつながれ、分子の模型そっくりだった。全体が一つの穴でその中に「都市」がある。都市の中ではトンネルを通って好きなところに行けるが、「外部《そと》」というものはない。これを設計した人はさすがだと私は思った。これこそ官僚社会の建築による完璧な表現に他ならない。官僚社会に一歩踏み込むと、どこでも好きな所へ行けるが、にもかかわらずその内部《なか》にいるのだ。会社にいても、ゴルフ場、キャバレー、海外出張、どこへ出かけてもその内部《なか》にいる。家にいてさえもだ。「内部《なか》」ではない場所などどこにもない世界なのである。

官僚的世界において「学問」と呼ばれるものの大半は、その世界の一部なのであって、その世界を是認し、正当性を与え、人びとを適応させるように訓練するという社会的機能を持つ。こうした目標を達成するために、極度の専門化《マイクロスペシャリゼイション》とか価値にとらわれない学問という神話、教科書に則った教育といった方法が用いられる。

極度の専門化は官僚化の精髄である。官僚的な組織化とは実際には仕事の分割であって、ある仕事に携わる人たちが、受持ち以外のことは何もわからず、全体の意味とかスケールを知る必要もないようにすることなのだ。これは働く人たちの精神や知能を狭めはするが、仕事を片づけるにはとても能率的なやり方である。学問の超専門化も同じ効果を持つ。社会について考えなくても、都市に住む家族の社会学の大専門家に十分なれるし、あるいは世界史とわざわざ関連づけなくても、一六世紀英国の王権の研究者になることもできる。第二次大戦中にアメリカで行われたマンハッタン計画は、言うまでもなくその最たるものである。そこでは何百人もの最高級の科学者たちが、何年もの間、自分たちが原子爆弾を製造しているのだとも知らずに勤勉に働きつづけた。

価値にとらわれない学問という神話も、とくにアメリカの場合は、やはり学問の官僚化の一部である。学問を疎外された労働に変えてしまうのだ。苦情を持ち込まれた官僚が、「私を責めないでください。与えられた仕事をやっているだけなんですから」と弁解するのは、彼の仕事は倫理的な（あるいは非倫理的な）次元の性質のものではないと言っているわけではなくて、その次元は彼ではなく彼が雇われている機構にかかわると主張しているのである。学者が自分の個人的価値観と研究とは別だと言うのも、ほとんどこれに近い。彼の研究は重大なイデオロギー的偏見に満ちているかもしれないが、その偏見は彼から出てきたのではなく「その分野」全体に帰属するもので、そこでは彼は単に一人の専門家《スペシャリスト》にすぎないのだ。私がカリフォルニア大学の大学院でとっていたあるゼミで、米国の選挙のデータを研究していたとき、学生の一人が突然、大声をあげた。「でも、もしこれが本当なら、民主主義など不可能じゃないですか。基本的自由なんてどうしてありうるのですか。この問題を議論しないのですか」。ゼミの教授はアメリカの最も著名な行動科学者の一人だったが、その学生の顔をのぞき込んでこう言った。「それは政治学のクラスで論ずべき問題ではないよ。君がそんな問題に頭を悩ませているなら、牧師のところへ行きたまえ」。他の学生たちはゲラゲラ笑い出し、当の学生は真赤になって黙ってしまった。政治の現実についての根本的な問いは取り上げない――これが「価値にとらわれない学問」なのだ。ソクラテスを殺せ。われわれ自身の中にあるソクラテスを殺してしまえ。

真の学問の精神を破滅させるもう一つの方法は、教科書依存の教育である。教科書の勉強はカップヌードルを食べるようなものだ。カップヌードルはほとんど食べ物そのものの味がするので、それを飲み込むことで食べている気持ちになって、数週間続けても自分が飢死しつつあるのに気づかないなんてことがありうる。教科書をいくら勉強しても、洞穴の出口に近づく歓びとか苦しみなどおよそ味わうことはない。むしろちょっと面白くなりかけたり退屈したりを繰り返すのが普通だ

——壁にうつる影ばかり学んでいるとこういう気持ちになる。

米国の大学の中には、一九六〇年以前に書かれた書物を一冊も読まなくても、例えば政治学の学士課程修了の免状をくれるところがある。この分野の古典など読まずに政治学の学位をとることもできる。プラトンやホッブズ、マキアヴェリ、ルソーあるいはマルクスについての知識は、教師たちの受け売りか、さもなくば教科書に要約されたものを読んで得たものだ。この種の無意識な思想統制は考えてみると実に恐ろしい。窓そのものが影に変わってしまうのである。


大方の人にとって学問とは抑圧として感じるのではないだろうか。学校とか規律、権威への服従、自己を否定しひたすらコツコツとやらねばならない勉強などが連想される。学問に徹するとは、一種の自己疎外、日常生活とか直接的体験からの離脱を要求されるように思われる。事実、学者の多くは自分の研究分野と「現実の世界」を関係づけることなどほとんど考えていないし、研究を続けるのも一つには習慣からであり、一つには収入と声価をもたらしてくれるからである。生きることについて知りたい人にとっては、書物を読むより日々の体験から学ぶほうがましではないか。

しかし、日常生活は単に直接的体験の集成ではなく状況とのかかわりで起こるものである。日常的体験にのみ集中して人の実生活を理解しようとするのは、山で迷ったとき足許の大地を調べて自分のいるところを見つけようとするに等しい。あるいは地図を持っていれば、「関係ある」部分——つまり自分がいる地点——だけを切り取って、残りの「無関係な」部分は捨ててしまうようなものだ。どこにいるのか知りたいのだから、いない場所の地図など何の役に立つのだろうか。

だがおかしな話だが、それこそ知る必要のあることなのだ。「実生活」の意義を理解する場合も同じである。人の生活を知るとは、その人の置かれた状況を知ることであり、人がどの種の社会、文化、政治・経済構造、歴史的時点に生きているかを知ることに他ならない。子どもにはこれがわからないし、多くの大人たちも本当にはわかっていない。苦痛に満ちた衝撃、ときには個人として危機的状況を経験してはじめて見えてくるものである。

自分の文化に浸った実生活の規範こそ生活規範そのものであり、そこで施行されている法律は必要であると思い込み、神話の信憑性をいささかも疑わず、既存の政治・経済構造以外の構造など考えもせず、苦しみはついて回るものと思えれば安心していられる。ニーチェがかつて、真の教師が持つ秘密の動機はサディズムだ、なぜなら教えるというのは残酷な仕事だからと言ったのもうなずける話だ。教師あるいは学者は、外部《そと》へ通ずる三つの窓、すなわち過去へ通ずる歴史の窓、現在ある他の社会へ通ずる窓、そして純粋な理論の世界にある理想社会へ通ずる窓の守護者なのである。こうした窓を通して見るとき、人は自分の社会と違った原理で動いている人間社会を発見する。そこで目をそらさず勇気をもって見るならば、足許が揺れはじめる感じに襲われる。普遍的と思えたものが今や相対的なものとなったとき、人は怖れと歓びの入りまじった感情を持つ。なぜ歓びなのか。なぜならそれがわかってはじめて可能性という概念、物事は今あるままである必要はなく、別のものになりうるという考えが生まれるからであり、また同時に、真理を学ぶとき必ず一種の歓びが伴うからだ。

自己認識は望ましいと仮定しよう。仮定するというのはそれを実証するすべはないからである。自己認識の値打ちを実用性に照らして立証しえないのはわかりきっている。人びとに知らせないほうが有益な場合は多いし、自覚しないほうが有益な状況すらある。自己認識が価値であるなら、それ自体として価値がなければならない。

個々人は社会的、文化的存在であるから、自己を認識するには、自分が属する社会、文化を理解する必要がある。人はその歴史の一点で育ち、教育されるのであって、状況の只中に存在しているのだ。経験がどういう意味を持つかは、すべてその状況の性質から来る。自己を認識しようとすれば、状況の性質を理解しなければならない。

ある文化の自意識は、歴史的記憶、他の文化との違いの認識の中に伝えられる。文字を持たない文化では、創世神話や近隣の部族との相違を語る口伝が、その文化の自己認識にとって不可欠なものとしてある。その民が集積した知恵、文化、歴史を次の世代へ伝えることが口伝の最も重要な機能の一つである。口で伝えるところから、文字を持たない人びとは、文字文化の人間には及びもつかない記憶力を発展させる。

文字文化では記憶の大半は書物の中に収められる。文字を読み書くことで新しい可能性が開ける。記録をそのまま保存できるので、公式の口伝者に頼らずにすむ。最初の文書にあたればいいわけだ。そのおかげで世界はだいぶ居心地が悪くなる。というのも口伝者は、今の文化や人びとの価値観に合うように記録を調整して語ってくれるが、昔の書物や記録はそのままの形で残り、読者にとってまったく無縁に感じられる場面も多くなるからだ。その反面、文字は新たにエリート支配の可能性をもたらす。本の執筆や出版は常にエリートの手で行われ、書かれた歴史が口碑にとって代わるにつれ、歴史的記録を保存する仕事は普通の人たちからエリートの手に移る。歴史の記憶は祖父母から伝えられるだけでなく、教師やはるか遠くの都会に住む歴史の権威が書いた書物によって教えられるものとなったのである。しかし民から民へ伝えられる伝統や知恵が、学者の書く歴史と並行して生きつづけることもあるだろう。

こうした中で「学問」は解放と抑圧の両方の可能性を持つ。古代の昔から、自由を押しつぶそうとして、そして学問を脅威と見た支配者たちは、この学問の解放の可能性を見通していた。紀元前二二一年に中国を統一した秦の始皇帝の丞相であった李斯《リシ》の上奏はその典型的なものである。

「史官（記録官）の所蔵している書籍のうち、秦の記録でないものは、みな焼きすてましょう。博士がその官職として主掌しているもののほか、天下においてあえて儒家の詩書や諸子百家の書を所蔵しているものがあれば、ことごとく郡守のもとへさしださせて、すべて焼きすてましょう。あえて詩書について論じ合うものがあれは、死刑にして屍を市中に棄てましょう。むかしのことをいいたてていまを誹るものは、一族皆殺しの刑にいたしましょう。……禁令がくだされてから三十日たっても書籍を焼きすてないものは、黥《いれずみ》の刑をほどこして城旦《じょうたん》（徒刑、毎日築城の労役に服す）といたしましょう。……もし法令を学びたいと思うものがあれば、官吏を教師といたしましょう」

（『史記』上、野口定男訳、泰始皇本紀第七）

「進歩」イデオロギーに染まりきった現代社会では、伝統は抑圧的なものと定義されている。しかし伝統が完全に姿を消したらどれほど抑圧的であろうか。歴史的記憶から切り離されれば、政府が教えてくれること以外は知りえないことになる。李斯がのぞんだ世界がより現代的、能率的になったのが、オーウェルが『一九八四年』で描いたモデルである。そこでは人びとは過去や自分たち自身や外部の世界について、プロパガンダで伝えられる以外、何一つ知らない。彼らを力で抑圧する必要はもはやない。反抗について考えることすらできなくなったからだ。反抗とか批判は、現状以外のあり方を知っていなければ考えつかない。「かつてはこうではなかった」とか「他の国々では違う」とか「こんなふうではない国のあり方を考えられる」といった考えを持つ必要がある。しかし「学びたいと思うものがあれば官吏を教師としなければならない」国では、こうした理解に達するのはむずかしい。官吏はこんなことは教えないからだ。

過去も含めて外部《そと》に開いた窓を失った人びとは、現存の社会、経済、政治形態、すなわち内部《うち》の権力に全面的に服従するしかない。そこには自己批判する能力も、公式の教義の良し悪しを判断する基準もない。人びとは自らの宇宙船社会の中で暮らし、それが全世界であると信じて疑わず、そうではない時代があったなどとは夢にも考えない。それでも人びとは「幸せ」かもしれないのだ。

しかし時代は李斯のときから大きく変わった。支配の原則は変わらないが、やり方はずっと手がこんできた。いわゆる「先進国」では、書物が焼かれることもないし、書かれたものはすべて、形式的には手つかずに残されている。まず最初に切り捨てられるべきは、民の伝統、常民の文化、歴史の記憶なのだ。今では子どもたちは世界について祖父母から教わりはしない。その代わりに義務教育制度の中で「官吏を教師として」何年間も過ごす。マスコミに取り囲まれているが、それは真のマス（大衆）のコミュニケーションではなく、エリートから大衆への一方通行でしかない。他の文化は「観光地」として教えられる。過去については、一つの自動的な不動の論理（近代化理論）によって現代に至った何かであって、もはや取り返しのつかないもの、現在を批判する価値基準にはなりえないものと考えるよう教え込まれる。さらに（とくに日本では）支配階級の歴史が歴史のすべてとして教えられる――例えば「日本の家制度」こそ「日本の伝統的倫理」だとされ、それが少数のエリートの倫理でしかなく、明治の支配者によって修正を加えられ、産業国家の建設に利用されたとは教えられない。映画では武士の英雄しか出てこない。農民は「背景」や「舞台装置」として立っているだけだ（だが彼らこそ読者にとって先祖ではなかろうか）。

そしてたいてい「伝統」は抑圧的とされ、過去の価値体系を現在にあてはめるのは「反動的」とされる。人びとがこれを信じて疑わないようになりさえすれば、もはや焚書の必要性はない。書物は棚ざらしになるか、さもなければ一風変わった好奇心の持ち主に読まれるか、受験のため、学者、「専門家」になって地位と賞讃を得るために使われるだけだ。何事かを学ぶために本を読むという考え方は失われたので、書物はもはや社会の秩序に対する脅威ではなくなる。外部《そと》へ通ずる窓ではなく内部《うち》の一部、影なのだ。宇宙船は昔よりはるかに大きくなった。中の設備も豊富になり楽しみの種類も増えた。しかし一個の宇宙船であることは変わらない。

「現代」社会では人民の自立した伝統は、義務教育とかマスコミ、実際の社会構造そのものの操作によって急速に姿を消しつつある。それ自身の生きた文化や伝統、記憶を持った民ないし階級の一員になれるならば、その人の自己理解は環境の一部として、日常生活の中に吸収されるにちがいない。しかし日本とか米国のような社会では、実生活の経験(あるいは公式の定義を与えられた「学問」)に依拠しても社会的自覚は生まれない。問題は実生活がプロパガンダに侵略されていることではなく、それ以上にむずかしいところにきている。「日常生活」そのものがプロパガンダとなりつつあるのだ。これは現実の大衆的反乱の過程ではっきりと出てくる。しかし学ぶことを通して発見し明確にしうることでもある。今日の状況では真理の探求そのものがラディカルなのだ。学問自体が反乱であり、反乱の現場こそ真に学ぶ場にふさわしい。私はラディカルな学問が民衆の運動の代替としてふさわしいと主張するつもりはまったくない。しかし今日の真に瞠目に価する現象の一つは、ラディカルな知識人と農民運動との、決して強力とは言えないにしろ本物の連合の世界的広がりである。この二つの文化において歴史的記憶がマスコミの世界に完全に飲み込まれずにすんだことが、両者が結びつく理由の一部になってはいないだろうか。

公式の学問ですら現代の教科書の範囲を越えて原典にさかのぼった時点では危険なものになる。宇宙船の支配者にすれば、次の世代をいかに図書室や窓のある部屋の番人に育て上げ、社会を支えている神話を真理が破壊するのを防ぐ仕事につかせるかに、何よりも心を配らねばならない。何年にもわたって規律を教え込み、忠誠心のテストを繰り返したあと、はじめてどちらかの部屋への入室を許すわけだ。同様に暗黙のうちに、つまり態度で上級への忠誠心を表すとか、支配エリートの知識人グループの一員になりたいという意向を示さない人が大学院に入る確率は無きに等しい。

しかし番人たちがいかに腐敗しきっていようと、図書室は図書室だし窓は窓だ。そこから学ぶべき真理は不変である。真の教師は、ラディカルであると同時に保守的な仕事をやらねばならない。現代社会とのかかわりではラディカルな力となる学問の伝統を守らねばならない。教えるべき心理が現代社会の不協和音にかき消されてしまうなら、マスコミや広告、ファッション、データ、〝情報〟、週刊誌、プロパガンダが次々と真理へ到達せんとする意志を妨げ、麻痺させるならば、そのとき私たちは変化に気づくことすらなく、オーウェルの世界に生きねばならないだろう。一九八四年はすぐ目の前にきているのだ。

学生に向かって歴史的、経済的状況を現実に即して語ると、彼らはよく怒り出す。裏切られたような顔で教師にこう切り返すのだ。「ではどうすればいいんですか。解決策もなしにどうしてそんな話をするんですか」。これまでずっと彼らの教育は、いつも最後に幸せが約束され、どんな問題も「進歩」が解決すると教えられてきた。教えられなかったのは、そのようなきまりを破ることである。しかし真の学者はそのようなきまりに縛られない。だからこそ真の学問には知性ではなく知的勇気が問われるのだ（入試でこれを試しはしないけれど）。私たちの宇宙船は航行を続けるかもしれないし、航路を見失うかもしれない。窓の外にはプラトン（あるいはマルクス）が描いたような秩序と真理と正義の世界が急速に近づいてくるのが見えるかもしれない。あるいは宇宙の虚無しか見えないのかもしれない。学問する者は前方にそのどちらがあるかを知らずに、カーテンを開け外を見ようとする。もしそこに虚無を見るならば、彼は引き返し、人びとに外を見なさい、この世界は虚空の只中に漂う人工の宇宙船だとわかるでしょうと告げるのだ。そしてもし人びとが、なぜこのように悲惨な、怖るべき知らせをもたらすのかと問うたら、彼は何と答えるべきか。答えはいくらでもある。自己を認識することで人間は強くなるかもしれない。社会に新しい概念——つまり可能性と共同行動——を生み出す力となるかもしれない。人びとが真の状況を理解すれば、苦境から抜け出す道も見出せるかもしれない。少なくとも希望のある方向へ一歩を踏み出せるかもしれない。このように彼は好きな答えをすればよい。その答えは、当たるかもしれないし、外れるかもしれない。しかしこれらは彼の第一の答えではない。学問をする者として彼はまずこう答えればよいのだ。「なぜなら事実その通りなのだから」と。

（初出●「思想の科学」一九七六年一一月、加地永都子訳）

●ミニ解題●

このエッセイにある宇宙船のイメージは、だいぶ前（つまり一九五〇年代）私が聞いたラジオドラマから借りたものだ。元の短編小説を読んでいなかったが、エッセイを書いてから、ある学生がその小説を教えてくれた。ロバート・ハインラインの作品（『宇宙の孤児』）で、私の記憶とだいぶ違うということがわかった。三〇分のラジオドラマにするために脚本家が書き直したはずだし、またこのエッセイのイメージに使うために私もその記憶をさらに作り直したのだろう。

しかし、その宇宙船のイメージは、影の学問と窓の学問との区別を把握するために役に立つ。エッセイの中、「外部へ通ずる三つの窓、すなわち過去へ通ずる歴史の窓、現在ある他の社会へ通ずる窓、そして純粋な理論の世界にある理想社会へ通ずる窓」があると書いた。現在、その三つの窓を閉めよう、あるいはなくそう、とする勢力がある。歴史は政府の都合によって書き直すものだと考える勢力が（日本の右翼だけではなく、いろいろな国にも）ある。産業資本主義経済が世界の隅々まで浸透し、消費主義とインターネットの影響によって文化の同質化が起こり、「他の社会」と言えるものが減ってくる恐れがある。そして、消費文化こそが理想社会だ！と私たちを説得しようとする勢力が成功すれば、三つ目の窓も閉まってしまう。

今こそ、窓の学問が必要だ。

進歩を想像する――

イデオロギーとしてのアメリカ近代化論

1

この二五年間ほど、米国の比較政治学の研究は、だいたいにおいて「近代化論」と呼ばれるいくつかの概念、比喩《メタファ》、モデルから成る一体系の中ですすめられてきた。「近代化」という全般的な表題の下に一つの科学的研究分野をつくり出そうとする努力に対して、莫大な資金とエネルギーが注ぎ込まれてきたし、その考えは実際、第三世界に関する研究を支配するまでになったのである。おびただしい数の本や論文がこのテーマに関して書かれた。近代化論の概念は大成功を収め、われわれの考えや理解の根本にまで浸透している。西欧以外の世界に目を向けるとき、あまりに多種多様な歴史、文化、言語、人間組織のあり方にとまどうが、そんなとき、この目も耳も奪う混乱に秩序をもたらすのが近代化の思想である。それはあらゆる社会を階級順位にあてはめることを可能にし、たいがい具合よく定量化した客観的やり方で比較しうる、一連の連続体を与える。その手さばきは非常に見事なもので、一理論であるとして考えられることのほうがめずらしいくらいである。つまり「近代化」をめぐる理論は数々出現したが、「近代化」そのものは理論ではなく事実として、社会の様相から直接に読みとれる何ものかとしてとらえられてきた。

しかしここ数年、この分野はある種の混乱と自信喪失につきまとわれているように見える。分かちがたく結びついていたはずのカテゴリーは、次第にばらばらになり、奇妙なひびきを持つ新しい組み合わせとなって現れつつある。「近代化」は発展と切り離され[*1]、政治的衰退という変則的な概念が再び取り上げられ[*2]、近代化と平等はどこかでつながるかもしれないというかすかな望みも、『人種支配の近代化[*3]』などとぎょっとする題名のついた南アフリカ研究書によって打ち砕かれた。さらに、この理論の核心である「伝統」と「近代」の間の連続体も不利を招いている。人類史上かつて存在したあらゆる類いの社会を、ただ一つを除きすべて「伝統」というカテゴリーにくることは、果たして真に科学的方法かどうかを問う著者が増えたためである[*4]。野蛮状態を表す婉曲語法[*5]は、書かれたものの中で長々しくねじれた一連の言葉となっているが（後進、未開発、低開発、開発途上、発展途上等々）、これに優柔不断とあいまいさへ向かう傾向をさら一歩進める言葉が、最近新たにつけ加えられた。「脱伝統」である[*6]。そしてマリオン・リーヴィの最近の学説、「近代化」の連続体の終局までいけば世界はどうなるかという推論は、ときに「この世の終わり」のレベルにまで行きつく悲観主義に満ち満ちている[*7]。

また、何人かのアウトサイダーによる優れた批評も出版されたが、そこでは近代化論は、イデオロギー的、自民族中心主義的、非実証主義的、的はずれ、非理論的、誤った理論等々、さまざまに攻撃されている。[*8] こうした批評から何が生ずるかは予測しがたい。近代化論に修正はきかず、これに代わるパラダイムを打ち立てるところから始めるべきだとするディーン・ティップスの主張は、たやすく受け入れられそうにない。[*9] 近代化論を打ち立てるべく注ぎ込まれた権力、近代化論を掲げる学会その他の機関や団体を考えれば、この理論を救うにはそれらに匹敵するだけの努力が払われるにちがいないと見てよいだろう。インサイダーたちの著作に見えてきた亀裂にしろ、アウトサイダーたちが率直にぶつける攻撃にしろ、いずれも中間的領域の理論のレベルに限定されてはおらず、基本的に原理原則を問題にしている以上、このことはとくに真実である。

近代化論が依って立つ、これまでほとんど検証されてこなかった前提のレベルに生じた危機は、深刻な事態になりうる。ことは比較政治学の分野に限られず、アメリカの社会科学全般に広がる可能性があるのだ。と言うのも、近代化論は個別の理論として存在するのではなく、社会としての世界と政治としての世界がどう組み立てられているかについて、われわれの最も根本的概念と系統的に関連しているからである。別の言い方をすれば、アメリカの社会科学が、第二次世界大戦以後の第三世界との対立の中で用いた様式《モード》としてとらえてはじめて、近代化論を正確に理解しうる。[*10]

しかし、この危機の持つ深刻さは、質的なものにもなりうる。近代化論を形づくっている中心的原理を慎重な検討の対象にしえなかったことは、この理論がもてはやされるための必要条件であった。なぜなら、筆者がこの小論で明らかにしようとするように、そうした検討はさまざまな不都合を引き起こすからである。この研究分野が依拠している基本的な比喩《メタファア》は、発想としても用い方としても筋が通らない。始めから終わりまで矛盾だらけの分野なのである。歴史とはあまりに隔たっているため、歴史研究という根本的カテゴリーを一貫して見分けがつかなくなるほどゆがめている。あまりに政治から隔たっているため、その語彙から一貫して政治という言葉を排除している。実証主義とはあまりに隔たっているため、世界を観察する能力を持たず、唯我主義に陥っている。「価値自由」の社会科学からはあまりにかけ離れているため、この理論が客観的であるという自らの主張こそが、この理論のイデオロギー上の力となっている。

なぜなら、近代化論が一つのイデオロギーであることはきわめて明瞭だからである。[*11] イデオロギーとしての力によってのみ、この理論は内側の矛盾やとっぴな考えにもかかわらず、これほど長い間、一体性を保ってこられたのである。あるいは別の言い方をすれば、こうした矛盾や奇想は決して科学的機能を発揮するものではなく、比較政治学における一切の真に科学的研究を遅らせる役割しか果たさなかった。それらはイデオロギー的機能との関連においてのみ意味を持つ。

誤解を避けるために指摘しておきたいが、近代化論が一つのイデオロギーだということは、必ずしもその理論の中で仕事をする研究者がみな、個人的動機においてもそのイデオロギーの唱導者であることを意味しない。知識の追求がますます産業化されるにつれて、平均的なパラダイム研究者はますます平均的官僚に似通ってくる。こうした状況では、ある人が個人的価値観と仕事とは別個だと主張するのは、真剣に受け止めるべきである。それは、自分はただ仕事をしているだけだという官僚の主張にきわめて類似している。科学的理論ないしパラダイムと言われるものがイデオロギー的か否かを、パラダイム研究者の個人的価値基準を調べ上げて決定するというのは、間違ったところを見ることになるだろう。ある軍隊が好戦的か否かを、兵士たちの動機づけを調べて決めるようなものだ。軍隊はその構造上好戦的なものであり、兵士たちはその構造の中で行動するかぎり、つまり兵士でありつづけるかぎり、戦争に赴く。同様に、近代化論が押し出すイデオロギー的力は、その体系の中に組み込まれており、この理論のパラダイム研究者がその体系の中で仕事をしつづけるかぎり、存続するであろう。

2

近代化論がこの世界についてまず何を主張しているかは、この理論の中心的用語である「近代化」とその帰結である「発展」という言葉の日常的な意味を注意深く見ることなしには理解できない。これはこの研究分野でほとんど注目されてこなかったレベルの分析である。近代化論はトーマス・クーンの言う意味ではパラダイムとしての資格を持たないかもしれないが、疑似パラダイムの特質はまぎれもなく持つ。*1 この分野の研究者たちはたいてい中間的な領域の理論に目を向けてきたし、他方、その活動を生み出してきたおおもとの世界論の主張は、彼らにはほとんど目に見えないままきた。「近代化」という言葉の日常的意味を詮索してもはじまらないと主張する声さえあった。なぜならそれは「一般から引き出された言葉によってつくり出された……技術用語」だからであり、「通常の意味と混同」されるべきではない。そういう通常の意味は「専門的立場から見て……恣意的ないし不適当と見なされる」にちがいないというわけである。[*2] だが、ある言葉の意味が否認されるとしたら、それを使う者はまず第一に何のためにその言葉を選ぶのか問わざるをえない。それは単に、専門的意味をもり込むための魅力ある空《から》の容器だったのか。ライシャワー氏は、この言葉の価値は「あいまい」で「不明瞭」なところだと言うが、このような言い方は何の役にも立たない。[*3] そのように言ったとたん、意味を欠くことが価値だとするなら、なぜまったく何の意味も持たない言葉を選ぶほうがましとはならないのか、という問いが返ってくるからだ。そのような言葉が選ばれていない以上、この言葉が選ばれたのは、のちに与えられた意味によってではなく、かつて有した意味によるのだと結論せざるをえない。

さらに、この理論の発生を促した行為、近代化論という領域をつくり出したこの世界に対する主張が、そもそも「近代化」という用語の採用を決めた決断の中に含まれていたことは、きわめてはっきりしている。この決定は、世界のさまざまな場所、さまざまな文化、さまざまな時代に起こるとてつもなく多種多様な出来事を収集し、すべて一つの「現象」と見なしうるやり方でまとめあげ、適切な単一の名前で呼ぶことができると主張することになる。この主張によって、全世界の出来事が秩序づけられ、この学問領域の研究活動を組み立てる難問をつくり出すのである。

「近代」という言葉が持つ第一の、明々白々な要素は、時間との関連であって、これはわれわれがこの言葉を使う際、その意味を持たせまいとしても不可能な点である。しかし、この言葉の特異なところは、それが「今日の」という表現とは異なる点だ。「近代」という言葉は、その対象を時間という連続性の中に位置づけるだけでなく、ある意味で特徴づけもするのである。例えば「近代芸術」と言うとき、われわれはある時間とあるスタイルの両方を指している。この表現は、時間とスタイルとが関連し合う美術史論を前提とする。

まさにこの時間と特徴の結合にこそ、「近代」という言葉の理論的力がある。何かを時間的に位置づけたいだけなら、日付けを用いるのが一番よい。ある種の文化的、政治的、経済的特徴を明らかにしたいのであれば、そうした特徴を並べあげるに越したことはない。「近代」という言葉を使いたくなるのは、ある種の特徴と時間の推移の間に何らかの関係があると主張したいときだけだろう。

だが、ここでいう時間とはいったいどういうものだろうか。われわれが語るのは「近代にあたる時期」ではなくてむしろ「近代という時間」である。ここで指すのは抽象的な時ではなく、非常に特殊な理論的分脈、時間と人間的な出来事を特別の様式で結びつけてみる分脈の中で考えられた時である。この分脈は歴史にほかならない。

歴史研究では、時代《エイジ》というのは、一つの事実ではなく、諸事実をまとめる一方法である。その上、諸事実のまとめ方としては常に、実証主義をある程度犠牲にして理論を立てるやり方をとる。すなわち、ある時代を特徴づけようとすれば必ず、当の特徴とは相容れようのない変則的事態、現象に直面せざるをえまい。この問題をどう扱うかについては、ジョン・スチュアート・ミルが「時代の精神」と題する論文の中で一つの方向を示している。ミルは論文の冒頭にまず、自分が関心を持っている領域は「人類」であると大胆に書きつける。だが、その数行あとに、人類のこの時代を特徴づける精神の影響が実際に及ぶ人間の数は「数千」だと推測している。[*4] 他の人びとはどうなるのだろうか。ミルの編み出した修辞的技巧は、今やわれわれにすっかりおなじみのものなので、かつては驚くべき想像力の飛躍と見えたにちがいないことを認識するには、特別の努力をする必要があるほどだ。

人類は……今もかつてのままの人びとと、変化してきた人びととの二つに分かれる。現代の人間になった人類と過去のままの人類とである。[*5]

かくして「現代」は、概念としての純粋性を汚すものはすべて取り除かれる。変則的なものは、時代の概念を隠喩に変えることによって扱う。

時間の概念をいじくり回すのは、歴史家にとって深刻な手段である。人間に起きた出来事を、時の推移にきちんと沿ったものとしてとらえ、それによって理解する方法が歴史学だとも言いえるだろう。[*6] 同じ人間研究でも歴史研究と他のやり方との間の基本的相異は、データを組織化するこの特定の方法である。事実の選び出し方、解釈、まとめ方、因果関係の諸理論などがいかに変わろうと、歴史は少なくとも、原則的に確実であるはずのこの一つの中心軸を主張する。つまり、出来事は確かに、取り替えることも逆行させることもできない時間的推移の中で起きたということだ。

　歴史的発展の理論は、時間という公理の基盤の上に建てられた建造物である。歴史的発展論の体系を持ちながら、比喩的な時間を土台にするような理論の主張は、この関係を逆転させることになる。理論の中の発展の論法に自信を抱くならば、その理論を時間の公理と切りはなし、個別に適用するのにやぶさかでなくなることになる。すなわち、年代的には同じ時を生きている事実があっても、ある人びとと他の人びとを結びつけるものは歴史的発展論だと主張することになるのだ。こうした理論の文脈においては、時の推移に沿って出来事があったことの確実性も、変化の過程や因果関係の非可逆性のいずれも、アプリオリな性質を失い、理論的な見地にのみ依存するようになる。出来事の順序と過程が示す方向との区別が重要になる。順序のほうは議論の余地のある問題となるからである。比喩《メタファ》としての時間は、データのまわりやその中を通って巻きつく伸縮自在の糸のように、さまざまに可能な続き具合で、そのデータをビーズのようにひとつなぎにする。[*7] だが発展過程の非可逆性は、もはやアプリオリではないが、この理論の公理としてとどまるのである。

　ここで発展《デベロップメント》という概念をもう少し詳しく見ておく必要がある。発展は変化の同義語ではないが、あるきわめて特定の高度な変化、一定の構成に沿う変化を指す。第一に、それはある一定の存在の「段階」と「状態」との間に生じるある種の変化である。さらに、以前の状態に内在する論法《ロジック》に従って進むような変化を意味する。[*8] 辞書でこの言葉（development）の定義に使われている単語を見ると――発展、発現、錬磨、成長、発達、進展（オックスフォード辞典）――すべて、発展《デベロップメント》としての資格をうるためには、時間的に後の状態を特徴づけるものは先の状態からすでに何らかの萌芽として存在していたはずだという点を伝える単語が選ばれている。このようにして、発展的変化は、大変動（破壊とそれに続く新しい創造）とか、策略（外から事態に持ち込まれた形態）、偶発事件（ある領域の他への侵入）[*9]、退歩と衰退（発展と同じような有機的比喩《メタファ》ではあるが、ライフサイクルの後期からとったもの）とははっきり区別される。

　ここではリストを余す所なく並べるのが目的ではなく、ある社会的存在に起こる変化は発展的だということは、決してアプリオリではないという点を、はっきり押さえておきたい。発展的変化だと断定するには、論証が必要である。

　問題をさらに明確にするために、ニスベットが論じている「自然的歴史」を借りると役に立つ。[*10] ニスベットの議論では、自然的歴史は十八世紀後半にもてはやされた分析方法で、「従来の歴史、つまり具体的な場所とか日付とか登場人物などでしかない歴史とは厳格に区別されていた……」[*11]。自然的歴史とは、ある社会的実体の性質を分析するのに、その社会の奥にある論理を導き出すという方法を用いることであった。それは動き出した理念型か、あるいは変化のプロセスを示す理念型というようなものである。[*12] ニスベットは、この分析方法の最も純粋な例としてルソーの「人間不平等起源論」をあげるが、それは次の有名な文章で始まる。

> それゆえ、まずすべての事実を捨ててかかろう。なぜなら事実は少しも問題に関係がないのだから。われわれがこの主題に関していかなる研究にはいりこもうと、それは歴史的真理ではなく、ただ臆説的で条件的な推理だと思わなければならない。そうした推理は、事物の真の起源を示すよりも事物の自然を示すのにいっそう適切なのである……。

ルソーはさらに自分の書くことを説明して、「人類がもしひとりぼっちで棄ておかれたとしたら、かれらはどうなっていたろうかということに関して、人間とこれを囲繞する存在との自然を唯一の根拠とした臆説を立てること」だと言う。*13

近代化論の外側の構造は、自然的歴史と同じで、ある種の社会が「もしひとりぼっちで棄ておかれたとしたら」起こりえた変化という抽象的な論理のモデルである。その中で提起されてきた中間的な理論は、ある種の社会的実体ないし機関の自然的歴史の体系を有している。つまり合理性、産業、テクノロジー、都市、コミュニケーションなどである。この自然的歴史モデルが、混乱に秩序を与えるべき力として現代世界の頭上に落とされると、既存の社会は、複数の社会から「段階」へと変容させられてはめこまれる。そしてそれらの社会の間にある第一の理論的つながりは政治から「発展」へ変わるのである。

さて、自然的歴史モデルを実際の歴史にあてはめるのは冒険であるし、慎重に扱う必要がある。

近代化論は歴史理論から引き出された体系ではあるが、第一義的には歴史ではなく現在に適用されている。そこから特別のむずかしさが出てきているし、このモデルが主として歴史家よりも社会科学者によって展開されてきたことも驚きではない。歴史家は概してきちんと収まった過去を自らの分野に選びたがる。なぜなら、現在と過去は単に量的に異なるのではなく、単に時間の目盛りが違ったところにあるわけでもない。現在は存在しているし、その中に現に生きている人びとが住んでいるところで、過去とは質的に異なる。ということは、過去はそれ自身、われわれの歴史的理解が可能なものとしてあるのに対し、現在はさらに行動の分野として存在することを意味している。徹底した決定論、つまり行動という概念を現在から完全に排除する決定論をとらないかぎり、歴史的性格を厳然と保持しながら歴史理論を現在まで引き寄せることは、不可能である。別の言い方をすれば、決定論とは現在を歴史的に扱う、つまりあたかも過去であるかのごとく扱うものと定義しえよう。他方、歴史理論として現在に引き寄せられたものが、いぜん行動が可能な時代に近づくにつれて、変容するということも起こりうる。体系としては変わらないが機能が変化するわけである。過去にあてはめられたときの説明だったものが、現在にあてはめられると奨励となるとか、過去にはいくつもの因果関係だったのが、現在では指示になってしまうとか、起こったことの記録が、人びとに対しどう行動すべきかを語る力に変わるなど、歴史がイデオロギーに変質するのである。

3

「近代化」という言葉のあいまいさが長所だと言うライシャワーは正しい。あいまいさが、近代化論の核心部分にある矛盾の両面をカバーする傘の役目を果たしうるなら、そのことが長所なのである。世界について二つのまったく異なる主張が、近代化論の名においてなされてきた。一方では、近代化は偉大な歴史過程であって必ず起こるもの、それを止めたり逆行させようとする人間の力を超えたものだと言われてきた。人類史上、規模において近代化に匹敵しうる出来事は二つしかないと主張したのは、C・E・ブラックである。すなわち「霊長類として何千年もの進化を経たのち、およそ百万年前に起きた人類の出現」と「原始社会から文明社会へという……人間生活の偉大な革命的変容」の二つだと言うのだ。[*1] ライシャワーも似たような比較をして、さらにこう言う。「現代の変化がいかに偉大なものとなるか、われわれにはまだ決められない。なぜなら、まだわれわれは明らかにその只中にいるのであり、近代化がどこまでわれわれを導くのか、皆目わからないからである」。[*2] あるいは、次のようなマリオン・リーヴィお得意の直截な言い方もできよう。

今日、比較的に見て近代化されていない社会はすべて、より偉大な近代化の方向に向かって変化するだろう。各々の社会の成員が望むと望まないとにかかわらず、もしくは、単数であれ複数であれどこか他の社会がそうした変化を押しつけたいと考えようと考えまいと、変化はその方向をめざして進むであろう。[*3]

となると、近代化は巨大な力であり、明らかに人間の行動では制御しえない現代の事実ということになる。

しかし、近代化論者の目が自然的歴史モデルを細心に観察するところから移行して、問題の国々を眺める段になると、書き方は驚くほど違ったものになる。

自然発生説への信仰は、旧植民地の人民が、近代的国家をつくり上げようとする試みが必ずしも順調にゆかず、失望感を持ちはじめるようになると、すぐに崩れてしまった。*4

伝統的社会の民衆が物質的生活の新しい様式に単に触れるだけで、「期待増大革命」が起こるという具合に考えることは、もはや不可能である。……過渡的社会のたいていの政府が頭を悩ましているのは、過大な期待に燃えている民衆を鎮めるという問題よりは、むしろ、政府のなかの少数の性急な活動家からのいかなる呼びかけにもまったく不感症になっていて、テコでも動こうとしない無気力な民衆のことである。*5

ルシアン・パイは、二番目の引用では、最初の引用で単に「人民」としたのを「政府のなかの少数の性急な活動家」ともっとはっきり識別している。この種の用法は、正統性の問題を考える際、重要になる。だがここで注目してほしいのは、近代化の「事実」を非事実であると転化させたそのやり方である。近代化モデルを構成するカテゴリーや連続体がいかに見事であろうと、またデータをいかに完璧に、比喩的時間の軸に沿って整理できようとも、その軸の元で何らかの動きがないかぎり、発展は生まれないのである。*6

この種の変則的事態の処理のしかたがまさに、自然科学と社会科学の根本的相異があらわになるところだ。なぜなら、自然科学者は自らの理論を調整する道を求めざるをえないだろうが、社会科学者には別の選択肢がある。事実をつくり出す道を求めることができるのである。つまり、

……新興国の国づくりという仕事は、自由な人間にとって最優先すべききわめて差し迫ったものなので、学問的分析と計画や政策の問題とを結びつけたいと切に願う。*7

具体的事例になると、近代化は事実ではなく課題になる。そして言うまでもなく、この分野の研究者の圧倒的多数が扱っているのもこの問題である。近代化をどう誘導するかという問題だ。

このことを適切に理解するためには、近代化論をアメリカの社会科学全般を背景に置いてみる必要がある。なぜなら、アメリカの社会科学者は自分の国を研究する中で、市民によって示される属性を完全に第一義的、根本的データであると考えるのが一般的だからである。アメリカ人の特性、態度、動機づけ、行動形態、習慣、欲望はすべて、真の科学の基礎として役立つくらい強力かつ堅

固な根拠として差し出されており、自然的元素の属性に類似したものとされている。

理論とデータがぴったり合わないときは、これまでは理論を変える方向に行くのが趨勢であった。データの属性が不自然だとか、ある支配制度で植え付けられた可能性もあると言いたてる人びとは、既存のデータからはずれて非科学的になったと非難を浴び、人びとが抱く価値基準のかわりに自己の価値基準を押しつけようとする傲慢な考えだと言われる。ポルスビーは多元論に立つ社会科学者に言及してこう言う。「多元論者にとって、〝誤った階級意識〟というものは存在しない。なぜならそれは、分析する側の価値基準をコミュニティにおしつけることを暗示するからである」[*9]。

近代化の文献の中で、われわれは同じ事柄の裏側を見る。そこでは何もかも裏返しになっている。ここでの主要な関心は、アメリカのデータで発見された属性そのものを、現在違った属性を提示しつつある複数の社会の中でいかにしてつくり出すことが可能かという点である[*10]。「こうした手段によって人びとは、新しい社会基範の何たるかを教えられ、それに従うよう絶えず励まされる……」とある教授は率直に書いている[*11]。学校制度は「緊急に求められる合意を導き出すための主要な機関であり」、国家にとっては「国民の考え方や意見を型づくる機会」であると言う教授もいる[*12]。この教授は、直接的強制よりはましだという議論でもって、こうしたプロセスを正当化する。

有効な権力関係をつくり上げるよりも、説得を通して国民を団結させるほうが、長期的には安くてすむし確実でもある。ある人間を自分の仲間〔自分の支配者？〕と協力して働きたいと思わせることができれば、その人間は誰か他の人に突つかれ放しでいるよりもはるかに能率よく、確実に、協力をするにちがいない。*13

ところで、国家が自国民に対し国家の思い通りの願望を抱かせうるという可能性は、言うまでもなく政治学の根本的洞察の一つに他ならない。期待もできるし不吉でもある洞察だ。この洞察があればこそ、古典的政治理論家たちは誰一人、ある既存の国家の国民が実際に持つ意見とか習慣のような不安定な基盤の上に自らの理論を打ち立てることは決してしなかったのである。アメリカの社会科学が明らかに自ら進んでこうした基盤に依拠しようとしたことは、かつて古典的理論からの一大飛躍と見なされた。だが、アメリカの社会科学をいったん世界的な視野に置いてみると、その違いはさほど巨大には見えない。その出発点は人びとの意見や習慣ではなく、すべてのユートピア理論と同じく、理想的体制なのである。古典派との違いは、アメリカの社会科学者たちが、自分の住んでいる体制こそ理想的体制――ないし彼ら好みの言い方をすれば最適条件ないし実現可能な理想的体制――だと考えていることである。それゆえ、その体制の中では彼らはいわば客観的にも実証的にもなれるし、この体制《システム》のしくみについて、ただデータを収集することもできる。規範について語る必要はない。なぜなら規範は事実の中に隠されているからである。しかし自国で「形態《フォーム》」と「事態《マター》」とが結びついているとしても、第三世界へ移動すれば状況は違ってくる。そこでは形態と実際の「現地社会」、つまり純粋な事態と見なされる「現地社会」との間には、はっきりとした隔絶がある。この種の理論の下で眺めれば、これらの社会が実際にいかなる形態を保持していようと、新しい形態の押し付けにどの程度貢献するかないし妨害するかという点でのみ関心をそそるのだ。[*14]

こうした研究者たちが人びとを旧《ふる》い生活から「追い立て」て、新社会へ「徴用」するための計画を、度が過ぎる熱心さで立てているのを見ると、アメリカ社会科学が自国に対しては慎重に構えているため抑えつけられてきた新社会形成の衝動が、解き放たれたさまがわかる。[*15] こうした著作家たちは、政治状況を客観的、科学的に観察するものとして、自らの精神的態度そのものに抑制を内在させているが、そこからひとたび自由になると、彼らはえてして対極にまでとんでいき、各社会をその基盤まで完全に再建すべく、一驚に値するほどの長々しい発展計画を書きたがる。

近代化の過程は、一面からみれば新しい技能を学習し、世界や人間関係のあり方に関する新しい観念を受容してゆく過程である。また別の面からいえば、それは欲求の対象が変わり、新しい価値が受容されてゆく過程である。さらにいっそう深い次元においてこの過程をとらえてみると、動機づけの点や人的エネルギーを振り向けるにふさわしいと思われる目標において、根本的な変革が必要になるのである。[*16]

あるいはまた別の著者は次のように言う。

近代的統治体の発展のためには、自我認識の変革、認識カテゴリーの改造、時間配分と業務処理面の新能力とを必要とする。*17

こうした公式化には、いささかでも発展と呼ぶにふさわしい考えに関連したものさえ何もない。「もしひとりぽっちで棄ておかれたとしたら」決まったコースを辿っているはずの社会についても、内在的本質の自然的展開を観察することについても、まったく含まれていない。それとはまったく逆に、この世界はひとりぽっちで棄ておかれるものでは決してなく、したがって彼らの著作のかなりの部分が、コミュニケーションや再教育計画、政治的経済的再編成、コミュニティ組織化テクニックなどをすべて「近代化エリート」の主導の下で必要な変化をもたらすためにいかに用いるか、その方法の工夫にあてられている。ある著者は、児童文学を操作して国民の性格を系統的に改造しうるとさえ述べて、第三世界の一国でそれを試してみて、他の国は「そのまま変わらぬようにしておく」実験を提案している。*18 このようなプランを「発展」と呼ぶのは人を神秘化（mystifi-cation）するものでしかない。「再開発《リデベロップメント》」または「乱開発」という単語のほうがはるかに明解だ。そこには根本的な概念の相異がある。再開発や乱開発には、ある実在に潜在する特質の成長とか展開を意味するものはなく、むしろ外部からきた新しい特質の押し付けを暗示する。

近代化過程の鍵は合理化であることは一般に認められている。だがこの用語は、抽象的にのみ用いるとしたらきわめて誤解を招きやすい。合理化とは、世界中から無知を根絶やしにすることとはいかなる関係もなく、きわめて特定の行動様式を指すことは、何度繰り返してもしすぎることはない。合理化が要求するのは、自然的および社会的世界を構成する実在を手段ないし資源としてとらえ直すこと、そして行為者がそれらの実在を「行為者自ら合理的に選んだ目的の達成のために」系統的に利用することである。[*19] ウェーバーの古典的定義では、合理化のドラマには二つの役割がある。行為者の役と行為の対象となる者の役である。抽象的観念から引き出されたモデルを歴史的状況の中に置いたとき、真っ先に知りたいのは、このモデルの中では、利用するのは誰か、利用されるのは誰か、である。歴史的に位置づけると、合理化とは力のない者を力のある者が系統的に利用しうるような方向で再編成することを意味する。[*20] 歴史的に位置づけると、近代化論は、米国が圧倒的に優勢な世界の政治・経済・軍事大国として台頭した瞬間に、米国のエリートや政策顧問の間に出てきたイデオロギーである。この国の支配を正統化し促進するのが、近代化論の機能なのである。

　直接的な植民地支配は歴史的に消滅したかのごとき時期に近代化論が盛んになり、新興独立国に関するそしてその国々のための理論であると主張された事実から見ると、この議論は筋が通らないように見えるかもしれない。だが、忘れてはならないのは、米国のエリートや政策顧問が探求していたのは人間の行動の決定要素に関する高度に複雑な理論であって、彼らの著作のほとんどが、政治的手段のみによらずして支配秩序を確立し統合する方法の探求を特定の内容としている点である。産業国家では経済体制が支配の体系であることは、彼らもマルクス主義者と同じくらい自覚している。

……産業化社会では、経済こそ独立した変数である。政治体制は従属変数である……すなわち、経済体制の要求ならびに産業領域の変化に従属している。*21

さて、もし近代化論のめざすものが全世界に新しい支配体制を建設することであるとしたら、正統性の問題については何と言うのであろうか。世界中の社会に対するこれほど大がかりな、前例のない介入を、どのような論拠で正当化しうるのか。だがこうした問いは、この理論のイデオロギー的側面に焦点を集めることにしか役立たない。再開発を「発展」と呼び、土地や人びとから富や権力を絞りとる新技術の導入を「合理化」と名づけ、新たな支配機構の導入を「近代化」と呼ぶことによって、正統性の問題は簡単に解決ずみとされる。これこそこの理論の用語のあいまいさが発揮する独特の機能なのだ。理論の秘教的な面と公開的な面との間の矛盾をぼかす機能である。理論家たちは正統性の問題で挑戦されたら、ただちに権力者の顧問《カウンセラー》の役割をおりて、それとは別の実証的科学者の役割に戻ることができる。基本的な用語にはいっさい修正を加えずにである。近代化というのはわれわれが擁護している計画ではない（と彼らは言う）、それは「世界の発展の一現象」であり、われわれはこれを科学者として理解しようと努めているにすぎない。再開発プログラムなら特別の正当化が必要かもしれないが、発展には必要ない。正統性はこの理論の体系に組み込まれ、明々白々、しかも挑戦不可能なのだ。新しい国際秩序の創設は正統性の問題を引き起こす可能性があるが、近代化はだいじょうぶだ。それは明らかに歴史が辿りうる実行可能なコースでしかない。

正統性の問題は論外と決めつけうるのである。

だが、おそらくわが国の文化では同意による政府という考え方が深く根を下しているがゆえに、これらの著作の中にはしばしば、形ばかりの同意の論証を見出す。例えばルシアン・パイの労作は、近代化論のイデオロギー的側面の否認からはじまる。

近々この二十年ほどにわたって文化的相対論が盛んに説かれたために、社会科学の分野では「進歩」とか「文明の発展段階」という思想にもとづく概念に素直についてゆけなくなってきている。*22

この観察は、近代化論にはこうした概念が深く根づいているか否かについてパイを真剣に批判的検証に向かわせるのではなく、むしろ次に続く文章の前書きとして役に立っているにすぎない。

その間、西欧の人びとが徐々に文化的相違を正しく評価し、理解を深めるようになってきた反面、非西欧世界のスポークスマンは、自分たち自身の伝統に我慢しえなくなり、工業世界に似たものへと自分たちの社会を変えることが、彼らの権利であり義務であると主張するようになってきた。*23

それもちょうどよいときに、とつけ加えたくなる。しかし、このような論証がなされることからして完全に、見せものの暴露でしかない。パイが真の科学的理論について語っていると言うならば、彼は広く信じられているからという論拠であいまいな概念の使用をあえて正当化するのであろうか。科学的理論は、その背後に一団の支持意見があればよいのだろうか。広汎に信じられているという事実が思想体系に対する支持として持ち出して差し支えないのは、単に同意としてのみである。近代化論の著作に同意の論拠を入れることは、そのような支持を許す類いの理論、すなわち支配の理論であると暗に認めるに等しい。

しかしいずれにせよ、同意の論証はどれほど有効であろうか。近代化論のプランに従って国を変えるよう強要しているのが誰であるかを詳細に見るだけで、それが「近代化エリート」――パイが言う「政府のなかの少数の性急な活動家」であることがはっきりする。そして「近代化エリート」とは必ずしも、その国の実際の支配者（正統性を持とうと持つまいとその政府の公式の代表）とはかぎらないことも明らかになる。例えば彼らは権力の下層レベルにいるテクノクラート集団かもしれない。[*24]要するに、近代化エリートを定義すれば、近代化を擁護する集団である。同意の論証は、同意するこの集団を正統な同意主体であると定義することでうまくいく。類語反復は完璧だ。

人民の同意についてはどうか。慎重に考えられた再開発プログラムの文脈では、人民の同意はいかなる意味も持ちえまい。エドワード・シルズはそれを次のように言う。

大衆は、民族性、地域、党派、熱情などを除いた判断基準からいっさい離れているので、政策の真価を判断する能力を欠いているであろうし……また近代社会の政治文化にとって役には立たないだろう。[*25]

これは当然予想できる発言だ。これまで見てきたところでは、再開発の課題は、新しい動機づけの体系を持つ新しい人格をつくり出すこと、新しい価値基準や目的に沿って編成された新しい社会的、制度的体系に彼らを適合させることなのである。したがって、「国民大衆の意見をエリートに伝えるための、有効なチャンネルを備える必要性」に目を向けるのはおそらく、「移行のプロセスの終わりの段階」に至ってからでしかないだろう。[*26] ここでも同意は類語反復にすぎない。同意はプランそのものの中に、体系的につくり出されたものとして組み込まれているからである。そこで再び、近代化論のあいまいな外側の体系に隠されている目的論と決定論の重要性に舞い戻る。われわれの最初の問いを繰り返すと、イデオロギーの傘がなければ、いかなる論拠によって、世界中の社会の系統的な再開発と支配をめざす巨大なプランが正当化されうるのであろうか。

4

近代化論の持つイデオロギー的性質が招いた結果の一つは、この理論が実在の世界と歴史的記録のかなりの部門を実際上目に見えないものにしている点である。もちろん、そういう帰結に達するように形成されたのだ。この理論の主要カテゴリーの真の有用性は、データをとり入れて解釈する力ではなく、データを排除する力にこそある。

この理論によって排除された主要な事柄の一つは政治学の言語である。『社会科学事典』(*Encyclopedia of Social Sciences*)の一九三三年版と一九六八年版の相違点を見ると、この変化の性質が手にとるようにわかる。一九三三年版には「近代化」という項目はないが、「後進国」は入っていて、参照項目として次のような言葉があがっている。

文明化、植民地、帝国主義、原料、割譲《コンセッション》、勢力範囲、保護領、委任統治領、強制労働、外国投資、委員団、干渉、外交上の保護

一九六八年版には「後進国」の項目はなく、「近代化」のところの参照項目としてあがっているのは以下のようなものである。

農業、社会組織、地域=社会の連続体、農村社会、工業化、比較政治学、社会変革、業績の動機づけ、貧困、政府、政治人類学、政治文化、社会分析、官僚制、社会的成層

両方のリストに通じ合うものは驚くほど少ない。一九三三年版のリストの項目はどれ一つとして六八年版には載っていない。「原料」も「割譲」も「勢力範囲」も索引にさえも入っていないのである。

第二のリストからことに欠如しているのは政治の概念であり、政治史の記録への言及もまったくない。第一のリストをつなげる糸は明らかに政治権力と政治的利益の観念であり、各項目とも、西側の力と利益が世界の弱小国に影響を及ぼしてきたやり方の、歴史から引き出した例である。第一のリストから第二のリストへ目を転ずると、歴史的出来事に満ちた汗で汚れた（そして血まみれの）世界を去って、合理化され消毒された抽象的世界に入り込んだような気になる。政治言語に代わって社会学の言語が登場し、観察は理想類型モデルに打ち負かされ、通常の歴史は抽象的なレベルで展開する自然的歴史モデルの観察に道をゆずっている。しかもこのモデルはそれ自体抽象化を導き出しつつある。

観察者が抽象的な発展モデルを主なレンズとしてこの世界をのぞくようになると、その損失は非常に大きい。それがどのようにして起こるかは、自然科学からの類推で示すことができる。ある石を「鉄鉱石」と名づければ、一つの製法による定義と言えよう。この定義は、ある種の遡及的な目的論を内包している点で特異である。ある種の石を粉々に砕いて高温に熱すれば鉄を抽出するという製法を誰かが発見しなければ、鉄鉱石などという石はありえない。このプロセスが発明されてはじめて、鉱石という概念が出現するのである。一つの石を「鉱石」と呼ぶのは、その石を人間が発明した利用のシステムによって再定義するわけだ。その石は、「貴重なあるいは有用な金属を抽出して益がえられる自然の鉱物」（オックスフォード辞典）として理解されるようになる。今やこのプロセスは必然的に、対象物の定義そのものの次にくる。石から鉄を抽出することは内に持つ可能性を「開発する」ことのように見えるわけだ。そして定義によれば、その石が実際に鉱石になるには、抽出から益が得られねばならないとされている点に目を向けるべきである。自然秩序の定義の中に、市場システムすら遡及的に移殖されているのだ。

　発展カテゴリーを社会にあてはめると、似たようなことが起こる。「発展した」形態に至るプロセスが発明されないかぎり、いかなる社会も「未発展」とは見なされえない。ある社会を「未発展」と呼ぶのは、再定義することである。だがこの再定義の問題は、自然世界よりも人間社会の世界のほうがさまざまの逆説をはらんでいる。というのも、石は、われわれの知るかぎりでは自分が何であるかについていかなる解釈も持たないが、社会のほうは持っているからである。そして最近まで、いかなる社会も自らを未発展だとは考えていなかったし、今日でも近代化論をとり入れないかぎり、そう思ってはいない。*1

　ここでもわれわれは、自然科学では決して見られるはずのない現象に出くわす。自然科学者が変則的現象を新しい見地からながめて〝修正〟することはありえても、その現象を理論の側に転向させたり、データに対して、他の理論に従ってふるまうことを止めさせてこの一つの理論に従いはじめさせるために、データを再教育するプランを立てるといったことは、自然科学の理論では聞いたことがない。にもかかわらず、これこそ近代化論が立っている立場なのである。変則的事態とぶつかる外側の境では、変則的という状態から脱したよい例として新生活を取り上げるように誘導するというのが、近代化論の変則的事態を吸収して拡張しようとするやり方である。こうした転化ののちにはじめて、どの変則的事態も本当にこの理論にとって「目に見える」ものとなる。それなしでは、近代化論ができることはせいぜい、そうなるよう新戦略を立てるか、あるいは沈黙を守るぐらいである。*2

言うまでもなく、工業化された欧米から引き出して、現実的かつ比喩的な過去へとさかのぼらせたカテゴリーは、当然ある一定量の事実を横切るであろう。だがそのことがそれ自体で、カテゴリーの有用性を立証するものではない。森に直線を引けば、確実に何本かの木がその線に沿って立ってはいるだろうが、それで森が整列した形で成長すると証明できはしない。

これを別の言い方にすると、近代化論では発展および発展が導くはずの目的への肩入れが、データに注目することよりも構造的に先行している。研究者は例のカテゴリーを通して世界を見ると誓っており、その誓約は実際の観察よりも優先するのである。過去のヨーロッパであれ、今日の第三世界であれ、何を見ても彼は、自分が見ているのは「未発展の国々」だという確信をゆさぶるものなど何一つ見出さない。そこでどのような考え方に出会おうと、シャーマニズムであれ儒教であれ中世キリスト教であれ、すべて「伝統主義」で片づける。だがこれがいかに何も語らないことか考えるとよい。一人の旅人として「近代化した」国へ行きたいと思えば、近代化論はそこで何が見られるか実にたくさんのことを教えてくれるだろう。だがもし「伝統的な」国に行こうとしているとしたら、近代化論が教えてくれるのはたった二つのことしかない。つまり米国のような国ではまったくないことと、そこで人びとが何をしていようと、昔からやってきたこととだいたい同じだということだ。要するに、近代化論は、この世界に「近代化」以外の何ものかを見ることができないのである。近代化論の狭いカテゴリーからはみ出した無数の多種多様な人間的可能性は、近代でないものとして、残存カテゴリーの中へ一括されてしまう。この理論は、自ら引いた直線にたまたま沿っている諸事実を、目に見えるものにする能力を持っているが、そこですらわれわれが実際に見ているのは直線なのである。弁証法論者が喜びそうな摩訶不思議な反転によって、実証主義はその正反対のものに変わり、唯我論に近づく。われわれが使っていたレンズは鏡と替わり、われわれの目に入るのはすべて裏返しになった自分自身である。それをわれわれは「後進的」と名づけるのだ。

　学ぶというプロセスがいかに損なわれているかを見るのも、この唯我論を理解する方法である。近代化は逆行できないことが自明の理だとするなら、それは学習の流れは一方向にしか進めないということに他ならない。したがって、この理論の文脈の中では、非欧米社会について人は何かを知ることはできても、そこから何事かを学び取るのは原則的に不可能になる。だからといってそうしたことが実際に決して起こらないということではない。人びとは往々にして自分の方法論よりも大きく成長する。しかしそうした「逆行する流れ」は、近代化論の見地からは変則にちがいない。時間的過去と比喩的過去（非欧米世界）の双方ともが時代おくれとして定義されているのである。近代国家の特徴として、外からの新しい情報の吸収力が大きいことがしばしばあげられるが、われわれの見るところ近代化論は、そうした情報は無関係だと前もって判断することによって、情報を骨抜きにする手段として役立っている。

もう一つ近代化論がもたらした重大な害は、帝国主義の記録の消滅である。この理論の第一の目的はおそらく、国際問題について語る際、征服についてざっとふれるだけで、重要な分析観念として帝国主義の概念に頼らずにすむようにすることであろう。*3 これを達成するために用いた主要な方法が、先に見たように、政治用語を排除し、その代わり征服とか帝国主義といった観念が形成されえない、あるいは深刻に受けとれないような言葉をもってくることであった。かつて政治、権力、利害、対立によって特徴づけられていた歴史は、出来事も主役もなくプロセスと連続体があるのみの歴史にとって代わられた。こうした策略を使えば、かなりの量の歴史的記録を消すことができる。それはルシアン・パイが、「伝統的社会の没落をもたらしたのは、コミュニケーションの圧力に他ならなかった」と言いうるほど可能なことである。*4

このような発言はいかにしてなしうるのか。問題は歴史的記録を否定するとか忘れるということではなく、歴史的記録の持つ理論的な意義を奪いさることなのだ。マリオン・リーヴィはそうはっきりと主張している。帝国主義が存在しないと言うのではない。それは存在する……あるいはむしろ存在した。「実際、近年に至るまで、比較的近代化された社会と比較的近代化されていない社会との間の接触はほとんど、その他の形態をとらなかった」[*5]。価値基準の違いが問題なのでもない。「筆者がたまたま、これまで存在した帝国主義を嫌悪する……」のである[*6]。「帝国主義の行きすぎ」は弁護しうる、とリーヴィは言うのではない。むしろ、彼は次のように言う。

〔帝国主義の行きすぎは〕必ず起こる必要はなかった。比較的に近代化した社会構造が、相対的に近代化していない社会構造の中に各々の社会の成員間の接触を通して侵入することは、帝国主義の行きすぎを伴ってもあるいは伴わなくても起こりえたはずである……[*7]。

かくして、帝国主義に焦点をあてることは、気を散らすことでしかない。というのも「帝国主義者のモラルは、比較的に近代化していない社会の成員が近代化と接触したため直面する諸問題とは本質的に無関係だから」[*8]である。

となると帝国主義は「事実と価値との識別」の間違った側面に属することになる。それはモラルの問題であって、それゆえまじめな科学的研究の対象ではないわけだ。さらに、帝国主義はたかだか人間のささいな欠点がもたらした何かであるにすぎないのに対し、われわれが語っている偉大な出来事では、主役は人びとでも民族国家ですらなく、何かもっと大きなものだと言うのである。例えば、中国は「自国をとりまく世界から繰り返し経済的軍事的打撃を浴びたため、疲弊しきった」と書かれた文章に出くわす[*9]。また同じ中国について、ジョン・K・フェアバンクは次のように書く。

……彼らはわが国あるいは英国の被害者だとは筆者は考えない。彼らは歴史状況の犠牲になったのだと思う。*10

このような分析がオッカムの剃刀の格言（ある事柄を説明するための仮説は必要以上に増加してはならないの意）にもとるという、最低限の批判はできる。英国海軍と米国海軍と日本海軍が沖に勢ぞろいして実際に砲弾を打ち込めば、それで十分ではないか。「歴史」に向かって海軍を送ってくださいと頼む必要がどこにあるのだろう。「歴史」が海軍を派遣したとする理由は、強国の行動を、物事の性質の中でも固定しかつ修正不能の部分だとして示すところにある。そこから異議は「現実」に対する受容拒否に引きつがれる。それは心理学の問題であって、政治学の問題ではないというわけである。帝国主義は主として犠牲者の心の中にある問題となる。例えば、ロバート・ワードは「欧米大国の明白な干渉と経済的搾取の両方」に対する恐怖を、「政治的近代化プロセスの心理学的側面」の一つとして分類する。*11 フェアバンクは、中国が（西側支配下の）「世界秩序」への同化を拒絶したことについて次のように言う。

この拒絶のポイントは心理的なものである。北京は、控え目に言っても、外の全世界に適応できず、敵対しているのである。*12

しかし、自然科学モデルの構造の中で事実を捨ててかかることは許されても、現実の歴史解釈では許されない。非西欧世界の社会秩序をめちゃめちゃにしたのは、「コミュニケーションの圧力」でもなければ、「示威効果」でもないし、「どんな社会でも人びとは物質的豊かさのほうを好む」理由からでもなく、[*13] マスコミが人びとに「よい生活の中味」に目覚めさせたからでも、[*14] また社会科学が「公にしろ個人的にしろ伝統的価値への肩入れをむしばむ傾向があり、それは単にそうした価値を系統的に疑問視し、客観的に分析することから起こる」からでもない。[*15] これらの理論はいかにもすっきりしているが、どの一つとして何が起きたかはまったく語らない。リーヴィその他の人びとは、実際に何が起きたのかは問題でないという極論をはく。実際の出来事では、西側とその他の世界との間の接触は、征服、植民地化、搾取、大虐殺、強制労働といった形態をとった。この出来事は関連性を持たないと、近代化論者は言う。たとえまったく平和的かつ平等に接触が行われたとしても、非西欧諸国はいずれにせよ、西欧を知るに至ったことだけで、西側のやり方への純然たる感嘆の念からがっくりきたにちがいないのだ、と。このとっぴな仮説を歴史の証拠によって立証することは決してできない。すでに遅すぎる。しかし近代化論者は、彼らの驚嘆に値する歴史記述の中で、歴史の記録から理論を打ち立てるのではなく、むしろその記録が出来事そのものの不運な逸脱でなかったとしたら、どのようなものになったはずかを、彼らの理論から推論しようと提案するのである。

*

先にそれとなく言ったが、このようなミステリーを解く第一歩は、もう一度議論を直截な政治的言語に置き換えてみることだろう。近代化という用語を、論理的に筋が通らず、著しく誤解を招きやすいものとして認識すべきである。ある人びとは歴史の中で「時をたがえず」きたが他の人びとは「遅れて」いるなどと断言しうる根拠はない。歴史においては出来事以外のものは何もなく、そうした出来事を振り分けるような時間表が、歴史の外にあるわけでもない。

近代化論を直接的な、神秘のかけらもない言語で表現しなおすには二つのやり方がある。一つはただ次のように言えばよい。「われわれ西欧とくに米国にいる者は、社会を組織するのに最上の可能な方法を発見したので、世界中の人びとは昔のやり方をやめてわれわれという手本に従うべきである」と。第二はもっと記述的なやり方である。まず、歴史には、人間が個々人および集団でやった行動以上のもの、その上をいくものは何であれ一切含まれていないという話からはじめる。したがって、「時代の特徴」とは何を意味するかと言えば、実際にはその時代に優勢な一定の権力集団、組織、階級、国家の活動以外の何ものでもないと言い、また「時代の要求」とは実際は、これらの集団、組織、階級、国家の要求であると説明する。権力者は常に自らの要求を神秘化し、本当は神とか運命とか歴史の要求だなどと言う。また人びとも往々にしてこうした神秘化にだまされるが、そんなものは非科学的で無意味なものとして斥けねばならない。などと言ってみることもできる。こうした簡単な前置きをつけておいた上で、今日の全般的な概観を、得体の知れない近代化論の概念には触れずに、次のように説明すればよい。すなわち、今日の世界ではある国々、階級、集団、組織が他よりも力を持っていると。事実、それらは史上かつて存在したいかなる人間の連合にも増して強力である。その権力は一般に、莫大な富、テクノロジー、組織の方法論がもたらしたものだ。彼らの権力はあまりに強大なので、全世界の社会において彼らの有利なように変化を強制することができる。となると、研究者にとって調査すべき問題は、そうした権力の性質と源、それがそれほどの権力を持たない人びとにいかに作用するか、権力を持たなければいかなる対応ができるか、すべきか、またしているか、などの点にある。

もちろんこのような説明は、意図的に単純であり、細かい点でいくらでも糾弾できる。私が言いたいのはただ、国際問題の性質を理解する鍵《かぎ》は、分析の中に何か他のもの、つまり近代化論の登場以来、議論から姿を消してしまったものを再度とり入れることなのである。それは権力の概念だ。だがこの提案はとくに受けがいいだろうとは思わない。近代化論が持つ特別の目的の一つは明らかに、現代の出来事について権力の差という点から語らずにすむようにすることだからである。

*

しかし、事実を邪険に扱うようにしくまれた理論ですら、永久に事実を無視するわけにはいかない。世界が近代化論の発展カテゴリーの通りに順調に進めないことが、ますます人びとの当惑を増しつつある。西側社会とその外にある社会との関係について、歴史がわれわれに与えてくれた決定的証拠は、唯一の事柄から出ている。つまり西側社会は外の社会を破壊する力があるということだ。彼らの軍隊を打ち負かし、経済体制を破壊し、家族を引き裂き、神々を打ち倒し、自然環境を取り返しのつかないほど改造し、人びとの自信を粉々に砕き、「低開発」として知られる新しい社会形態に変えてしまうだけの力があるのだ。これまでの歴史では、ある社会がいったんこうした状態に陥り、中心国の経済的従属下におかれてから、自らを完全に産業テクノロジー国家に変容させることに成功したケースは一つも記録されていない。

　これは単なる偶然ではないこと、低開発の状態をつくり出した勢力は、この状態を維持しうるやり方で働きつづけることは、信じるに足る強力な理由がある。アンドレ・グンダー・フランク*[16]は、まさにその通りであると断固として主張した。問題の細部にまでいかないで事実の総体を見るだけで、非西欧諸国の今日の主な趨勢は、伝統的社会から近代社会への変容などというものではなく、伝統的社会から低開発社会（従属した開発という意味での低開発）への変容であることは容易にわかる。そうした社会自身の立場に立てば、この変容は大規模な歴史的破局の形態をとってきた。近代化論が約束したすばらしいものは、その点ではじめてこの理論を適用可能にするものだが、いまだ何事も実現していない。また現在の国際経済・政治体制の中では起こりえないと信じる理由はいくらでもある。*[17]

　近代化論者の間でもこの事実に気づいた人が増えている。*[18]近代化が今後も起こらないならば、近代化論にとってはますますのみ込むのが困難な変則的事態となることは、十分予測しうる。

5

今や古典的エッセーとなった『職業としての学問』の中で、マックス・ウェーバーはこう書いている。

かれ〔教師〕に求めうるものはただ知的廉直ということだけである。すなわち、一方では事実の確定、つまりもろもろの文化財の数学的あるいは論理的な関係およびそれらの内部構造のいかんに関する事実の確定ということ、他方では文化一般および個々の文化的内容の価値いかんの問題および文化共同社会や政治的団体の中では人はいかに行為すべきかの問題に答えるということ――このふたつのことが全然異質的な事柄であるということをよくわきまえているのが、それである。[*1]

この区別は、アメリカの社会科学では信仰箇条の中心をなしている。だが近代化論の場合は、ウェーバーの訓告はまったく裏返しにされてしまい、ウェーバーがまさに反対しようとした類いの行動を支持するのに彼の権威が頼りにされているのである。

この逆転が理想類型の純粋性に近づきつつある一例を、マリオン・リーヴィに見ることができる。近代国家では調整と管理を拡大する必要性があると論じている真っ最中に、リーヴィは次のような意見をはく。

こうした事柄では、イデオロギー的な希望的観測は無益である。筆者はたまたま民主主義のきまり文句が含む意味合いを好む。それらは私の理想であり、こうした（調整や管理を拡大する必要性があるとする）主張の意味するところは、民主主義の理想にとっては怖ろしい。[*2]したがって価値は事実からまったく分離され、行為を命令する力を失ってしまう。価値は「希望的観測」となり、われわれが「たまたま」持っているもので、現代の必要性の前で頭をたれるわれわれを悲しませるほか、何の結果ももたらさないものなのである。行為のコースを選ぶのに、価値の領域にふみ込むことは不毛であり、われわれが何をなすべきかは事実から直接に読みとれる。行動を指令する力を再び事実に注入するのは、近代化論の体系をつくっている疑似歴史的な奇想の仕事であった。

この種の神秘化こそまさにウェーバーが攻撃をしかけた対象だ。「『事実をして語らしめる』というのは学生にある政治的立場を強いる最も不誠実なやり方である」と彼は書いた。[*3]科学は、データから直接に、解釈とか選択の介入なしに、行動の命令を引き出す道を発見した、というふりができるところが科学の危険性なのだ。

なぜなら選択は常に迫られるものなのである。リーヴィが調整と管理を拡大すべきだと論じるのは、それなしには近代国家は経済的に混乱するという彼の信念にもとづく。そして混乱が許容されえないものにするのは貧困の妖怪ではなく、もっと別の何かである。

管理している人員のうちに、急激な、おそらく暴力的な変化が生じるだろう。少なくとも権力状況には、革命的変化が予想される。それが銃によらないとしても、急進的で急速なものではあろう。*4

リーヴィが自分の「理想」と呼んだものは、有効な価値体系とは切り離されたものになる。この体系はリーヴィがあみ出しつつある論理体系に組み込まれ、革命の危険が迫れば民主主義を犠牲にするような体系である。

＊

マックス・ウェーバーは、いかなる行為をすべきかを学問が決めうると主張するのはまったく妥当でないと考えた。政治世界は、一つの真の解釈以上のものを認めるような構造を持つからである。「こんにち世界に存在するさまざまの価値秩序は、たがいに解きがたい争いのなかにあり、このゆえに個々の立場を学問上支持することはそれ自身無意味なこと」だとウェーバーは主張する。*5 これらの価値領域間の争いは……倫理的なこともあれば美学的なこともあり、現世的あるいは宗教的、文化的なこともあるだろうが……真理に大損失をもたらすことなしには決して解決しえない。「……人生がその真相において理解されているかぎり、かの神々のあいだの永遠の争いからなっているという根本の事実にもとづいている」[*6]。こうした世界に対する成熟した理解を、ウェーバーは、「すべての行為とくに政治的行為が真にからみ合っている悲劇についての知識」と呼んだ[*7]。

近代化論が突き出すイデオロギー的力を完全に認識するには、これが世界構造という概念に対する前例のない権力の攻撃（一般論として何も傑出させていないが）であることを認める必要がある。この権力は、一理論として傑出していることからくるのではなく、これまで世界がその目で見てきた程度をはるかに超える政治的、経済的、軍事的、テクノロジー的力によって支えられている[*8]。さらに、ごく最近開発され、着々と改良されつつある高度の管理・操作技術によっても支えられている。この権力によって、近代化論は自らを単一の国の中に実現しようとするだけでなく、世界と化して、人間の歴史をその自然的歴史モデルに包含しようとするのである。別の言い方をすれば、歴史を、自らのパラダイムとしての拡張、つまり「近代化」として再定義しようとするのである。世界中の無数の文化が産み出してきた無数の真実は、その独自性も結合性も奪いとられ、「各段階」として再定義され、単一のしかも一次元開発モデルの下に包含されてしまう。

ウェーバーが言う「悲劇についての知識」はすべての政治知識の根本である。自分自身の世界の外側に、独自の前提で動く他の世界があると理解することが、思想に政治的次元を与える。近代化論が今後現実にどのような道を辿るかは予測しがたいとはいえ、近代化論独自の自然的歴史の論理によって運ばれていったその先を導き出すのはたやすい。完全に近代化した状態では、ウェーバーが述べた世界構造は廃止されているだろう。そこにはもはや、越えることのできる国境も、旅行にひかれる外国も、互いに矛盾する文化の領域もなく、自己の政治世界は部分的でしかないことをつきつけ、それによって可能性の概念をうみ出すような経験もいっさいなくなるにちがいない。

【註】

＊1――ノーマン・ジェイコブス『発展なき近代化――アジアの事例研究としてのタイ』（Norman Jacobs, *Modernization Without Development: Thailand as an Asian Case Study*, New York, Washington, London, Praeger, 1971）

＊2――サミュエル・P・ハンティントン「政治的発展と政治的衰退」（Samuel P. Huntigton, "Political Development and Political Decay", *World Politics*, V. XVII, No. 3, April, 1965）

＊3――ヘリバート・アダム『人種支配の近代化』（Heribert Adam, *Modernizing Racial Domination*, Berkeley, L. A., London, University of California Press, 1971）

＊4――S・N・アイゼンスタット「脱伝統社会と伝統の連続性および再興」（S. N. Eisenstadt, "Post Traditional Societies and Continuity and Reconstruction of Tradition", *Daedalus*, Vol. 102, No. 1, Winter 1973, p. 1）を参照。

＊5――ロバート・ワードはこれらの言葉が婉曲語法であることは認めるが、何を婉曲に表すものであるかは語らない。ロバート・E・ワード編『近代日本の政治発展』（Robert E. Ward, ed., *Political Development in Modern Japan*, Princeton, N.J.: Princeton Univ. Press, 1968, p. 3）

＊6――アイゼンスタット、前掲書。

＊7――マリオン・J・リーヴィ『近代化――遅れてきた者たちと生き残った者たち』（Marion J. Levy, Jr., *Modernization: Latecomers and Survivors*, New York and London, Basic Books, 1972）

＊8――ジェームス・ペック「レトリックの根源――アメリカの中国専門家のイデオロギー」（James Peck, "The Roots of Rhetoric: The Professional Ideology of American China Watchers", *Bulletin of Concerned Asian Scholars*, V. 2, No. 1, October 1969）。アンドレ・グンダー・フランク「低開発の開発」（Andre Gunder Frank, "The Development of Underdevelopment", *Monthly Review*, Sept. 1966）。スザンヌ・J・ボデンハイマー「発展主義のイデオロギー――ラテンアメリカ研究のためのアメリカのパラダイム代用物」（Suzanne J. Bodenheimer, *The Ideology of Developmentalism: The American Paradigm-Surrogate for Latin American Studies*, Beverly Hills, Calif. Sage Publications, 1971）。ディーン・C・ティップス「近代化論と社会の比較研究――批判的展望」（Dean C. Tipps, "Modernization Theory and the Comparative Study of Societies: A Critical Perspective", *Comparative Studies in Society and History*, V. 15, No. 2, March 1973）

＊9――同書（p. 224）

＊10――同書（p. 210）

＊11――また、ペック、ボデンハイマー、ティップス（前掲書）も同じレッテルをはっている。

2

＊1――トーマス・S・クーン『社会革命の構造』（Thomas S. Kuhn, *The Structure of Scientific Revolutions*, Chicago and London, University of Chicago Press, 1962）。この論文で〝パラダイム〟という言葉は、クーンの言う特別の意味において使っている。つまり、ある理論の対

象である現象の全体像を意味し、この全体像がその理論に外形の構造を与えるのである。「パラダイム研究者」は、この全体像の中で、そのことを問題にせず、あるいはときにはそれに気づくこともなしに、仕事をしている研究者である。

＊2――ジョン・ホイットニー・ホール「日本の近代化思想の変化」(John Whitney Hall, "Changing Conceptions of Modernization in Japan")。モーリス・ジャンセン「近代化にたいする日本人の態度の変化」(Marius Jansen, *Changing Japanese Attitudes Toward Modernization*, Princeton, N. J.: Princeton Univ. Press, 1965, p. 8) に収められた論文。

＊3――ホールの同書 (P. 16) に引用されたもの。

＊4――ジョン・スチュアート・ミル「時代の精神」。ミルの『政治・文化論集』(Mill, "The Spirit of the Age," in *Essays on Politics and Culture*, Gertrude Himmelfarb, ed., New York: Anchor books, 1963, P. 1) に収められたもの。

＊5――上記引用文中。

＊6――トゥキュディデスは、自分が打ち出した主な新機軸の一つは、あいまいな系譜で出来事を位置づけ順序だてるという方法を用いるよりもむしろ、「夏とか冬によって算定した」ことだと主張した。(*The Complete Writings of Thucydides: The Peloponnesian War*, New York, Modern Lib., 1951, p. 194)

＊7――一例として、ロバート・E・ウォード、ダンクワート・A・ロストウの『日本とトルコの政治的近代化』(Robert E. Ward and Dankwart A. Rustow, *Political Modernization in Japan and Turkey*, Princeton, N. J.: Princeton Univ. Press, 1964, pp. 435-436) で展開されている、日本とトルコのそれぞれ対応する段階のタイミングの問題をめぐる議論を参照。また、C・E・ブラックが『近代化のダイナミックス』(C. E. Black, *The Dynamics of Modernization*,

New York, Harper and Row, 1966, pp. 90-94）の中で現在ある一四八か国を近代化の各段階に沿って分類したものも参考になる。

＊8――ロバート・A・ニスベット『社会変化と歴史』（Robert A. Nisbet, *Social Change and History*, London, Oxford, New York: Oxford Univ. Press, 1969, p. 7）の中の議論を参照。

＊9――ニスベットはこれこそ真の意味での「出来事」だとほのめかしている。「……研究の対象である社会行動の特定の形態領域、あるいは文化領域の外からくる何らかの衝撃ないし侵入」同書（p. 275）。歴史においては実際の変化は必ずこの形をとると言うニスベットの議論は、彼が批判する成長のメタファの過剰使用に対する極端な反応であるように思われる。マキアヴェリはもっと楽観的で、運命の女神はわれわれの運の半分しか支配しないとみている。

＊10――同書、第4章

＊11――同書（pp. 143-144）

＊12――ラインハート・ベンディックスの「伝統と近代再考」（Reinhardt Bendix, "Tradition and Modernity Reconsidered", *Comparative Studies in Society and History*, V. 9, No. 3, April, 1967, p. 292）では、同じ概念がウェーバー学派の観点から論じられている。

＊13――ジャン・ジャック・ルソー「人間不平等起源論」（Jean Jacques Rousseau, "A Discourse on the Origin of Inequality" in Rousseau, *The Social Contract and Discourses*, New York: Everyman, 1950, p. 198）。邦訳、本田喜代治・平岡昇訳『人間不平等起源論』（岩波文庫、三六ページ）

3

＊1――ブラック、前掲書（pp. 1-2）

*2——ホール、前掲書に引用されたもの（p. 16）（強調は筆者）

*3——マリオン・リーヴィ『近代化と社会構造』（Marion J. Levy, *Modernization and the Structure of Societies*, Princeton, N. J.: Princeton Univ. Press, 1966 I, p. 31）

*4——ルシアン・パイ編『コミュニケーションと政治発展』（Lucian Pye, ed., *Communications and Political Development*, Princeton, N. J.: Princeton Univ. Press, 1963, p. 12）。邦訳、『マスメディアと国家の近代化』（NHK放送研究室訳、一九六七年、日本放送協会）

*5——同書（p. 150）

*6——このようなモデルが自ら変革の幻想をつくり上げていくやり方については、ニスベットの議論を参照。ニスベット、前掲書（pp. 196-197）

*7——パイ、前掲書（p. 229）

*8——例えばジェームス・W・プロスロとC・W・グリッグの「民主主義の根本原理——同意と不同意の基盤」（James W. Prothro and C. W. Grigg "Fundamental Principles of Democracy; Bases of Agreement and Disagreement", *Journal of Politics*, V. 22, Sept. 1960）を参照。

*9——ネルソン・ポルスビー「コミュニティの力をいかに学ぶか——多元論のオルタナティブ」（Nelson Polsby, "How to Study Community Power; The Pluralist Alternative", *Journal of Politics*, August 1960, p. 479）

*10——この点に関しては、スザンヌ・ボデンハイマーが次のように限定している。近代化論は「アメリカの経験の投影であるよりは、影響力のある神話であって、そこにはその経験のごく一部しか示されていないように思える」。ボデンハイマー、前掲書（pp. 34-35）

*11——デイビッド・C・マクレラン「トルコとイランにおける国民性と経済成長」（David C. McClelland, "National Character and Economic Growth in Turkey and Iran"）パイ、前掲書

（p. 166）

＊12――フレデリック・W・フライ「トルコ」（Frederick W. Fry, "Turkey"）。ワードとロストウの前掲書（p. 206）

＊13――同書（pp. 205-206）（強調は筆者）

＊14――ノーマン・ジェイコブソン「政治学と政治教育」（Norman Jacobson, "Political Science and Political Education", *APSR*, V. LVII. No. 1, Sept. 1963）を参照。

＊15――軍のメタファは意識的なものである。ドイッチュは、自分が「社会的動員」の概念を思いついたのは「一七九三年のフランスの大募兵、一九一四～一八年のドイツの『総動員』という歴史的経験」にもとづく「詩的イメージ」としてであったと書いている。カール・W・ドイッチュ「社会的動員と政治発展」（Karl W. Deutsch, "Social Mobilization and Political Development", *APSR*, V. LV. No. 3, Sept. 1961, p. 494）

＊16――パイ、前掲書（p. 149）

＊17――エドワード・シルズ「新興国の政治発展におけるデマゴーグとカードル」（Edward Shils, "Demagogues and Cadres in the Political Development of the New States"）パイ、前掲書（p. 65）

＊18――「ついに、真の行動科学者は、国家的レベルですら実験を試みたいと考えずにいられなくなる。一つの仮説の最終的テストは、常に実験である。今日、多くの国が政策の問題として、また国内的、国際的諸組織も、低開発諸国を助けて、急速な経済発展ないし経済的安定を達成させようと試みている。こうした組織の一つを説得して、あらゆる点でつり合うふたつの国を選ばせた上、たとえば一方を「n《エヌ》達成レベル」まで引き上げるようにし、他方をより伝統的やり方で扱ってみて、どちらが急速に経済発展をするかをみるということ

はできないものだろうか。……今日の世界ではひじょうに多くの国々が急速な近代化を求めており、またひじょうに多くの機関がこれらの国を助けようとしていることからして、五年か十年の期間でこうした実験を行なう方法が見つからないはずはない……このような実験からどんな結果が生じようと、われわれの知識に貢献するだろう……」マクレラン、前掲書（p. 181）

＊19――マックス・ウェーバー『社会・経済組織論』（Max Waber, *The Theory of Social and Economic Organization*, Chicago London, Univ. of Chicago Press, 1965, p. 460）（強調は原書）

＊20――この過程に関するすぐれた事例研究としては、ヘリバート・アダム『人種支配の近代化』（前掲書）を参照。

＊21――デイビッド・アプター『近代化と政治』（David Apter, “The Politics of Modernization”, Chicago & London: Univ. of Chicago Press, 1965, p. 460）（強調は原書）

＊22――パイ、前掲書（p. 14）

＊23――上記引用文中。

＊24――例えば、パイの前掲書中のシルズ論文を参照（pp. 64--77）

＊25――シルズ「教育と政治発展」（Shils, Education and Political Development）パイ、前掲書（p. 503）

＊26――パイ、前掲書（pp. 224-230）

4

＊1――近代化論のこの機能に関するケース・スタディとしては、チャールス・H・ウェストンの「近代化イデオロギー――ボリビアのMNRの例」（Charles H. Weston, Jr. “An Ideology of

Modernization: The Case of the Bolivian MNR", *Jounal of Inter-American Studies*, Vol. 10, No. 1, Jan. 1968）を参照。

＊2――この逆説は別の言い方をすれば、理論とデータの区別が困難だという点にある。第三世界の若きエリートが米国へやって来て、比較政治学で学位論文を書けば、それは近代化の科学的研究の拡大と言うべきか、それとも近代化の一例なのであろうか。

＊3――ペック、前掲書（p. 63）。この部分の議論はほとんどペックの論文から洞察をえた。

＊4――パイ、前掲書（p. 3）

＊5――リーヴィ「近代化と社会構造」前掲書（II, p. 744）

＊6――上記引用文中。

＊7――同書（p. 745）

＊8――同書（I, p. 125）

＊9――エドウィン・O・ライシャワー「一九世紀の中国と日本の近代化」（Edwin O. Reishauer, "Modernization in Nineteenth Century China and Japan", *Japan Quarterly*, V. X, No. 3, July-Sept. 1963, p. 300）（強調は筆者）

＊10――ペック、前掲書に引用されたもの（p. 61）

＊11――ワード、前掲書（p. 63）

＊12――ペック、前掲書に引用（p. 13）

＊13――リーヴィ、前掲書（I, p. 125）

＊14――ダニエル・ラーナー「近代化のコミュニケーション論へ向けて」（Daniel Lerner, "Toward a Communication Theory of Modernization"）パイ、前掲書（p. 340）

＊15――セイモア・マーティン・リプセット、ジェームス・S・コールマン編の『教育と政治発展』

(James S. Coleman ed., *Education and Political Development*, Princeton, N. J.: Princeton Univ. Press, 1965, p. 536）に引用されたもの。

*16――フランク、前掲書

*17――日本はこの点で例外とは言えない。日本がこのような低開発ないし従属的地位に陥ったことは一度もないという事実こそ、日本の経済発展が可能であった最大の理由の一つだからである（ペック、前掲書〈p. 65〉を参照）。さらに、日本がとった発展の方法の根本的部分は、できるだけすみやかに帝国主義政策を採用することにあった事実も想起すべきだ。

*18――アインスタット、前掲書（p. 2）

5

*1――マックス・ウェーバー『職業としての学問』（Max Weber, *Science as a Vocation*, in H. H. Gerth and C. Wright Mills, eds. *From Max Weber*, New York: Oxford Univ. Press, 1958, p. 146）。邦訳、尾高邦雄訳（岩波文庫）

*2――リーヴィ、前掲書（p. 83）

*3――ウェーバー、前掲書（p. 146）（強調は筆者）

*4――リーヴィ、前掲書（p. 82）

*5――ウェーバー、前掲書（p. 147）

*6――同書（p. 152）

*7――マックス・ウェーバー「職業としての政治」ガースとミルズの前掲書（p. 117）。邦訳、脇圭平訳（岩波文庫）

*8――いわゆる「示唆効果」によって改宗者が出てくるとしても、実際に改宗させる能力がある

のは、アメリカ中産階級の生活の魅力ではなく、こうした権力の示唆であることは疑いもない。「示唆効果」という考え方は前からあった。「共和国ができたときから、政府は一貫してインディアンを首都に連れてくる政策をとったが、それは土地売買や牛肉問題、移転などについての細かな点のケリをつけるためというよりも、数でも機械でも白人がいかに強いかを見せつけ、抵抗は結局無駄だと思い込ませるためであった」キャサリン・C・ターナー『偉大な白人の父を訪れたインディアン』(Katherine C. Turner, *Red Men Calling On the Great White Father*, Norman, Univ. of Oklahoma Press, 1951, XIV)。「期待増大革命」よりもむしろ、これは「反抗心減退革命」とでも呼べるかもしれない。

(初出●一九七四年四月、米国コロラド州デンバーにおいて開かれた西部政治学会にて発表。津田塾大学「国際関係学科研究」一九八一年三月号収録、加地永都子訳)

●ミニ解題●

この論文は私の博士論文からの抜粋だ。博士論文を書いた当時、アメリカの学問世界では近代化論には覇権があり、それを疑うことは学問として認められないぐらいだった。指導教員のシェルドン・ウォーリン先生は応援してくれたが、近代化論批判というテーマで研究している人はほとんどおらず、参考文献もなく、孤独だった。書き上がってからこの抜粋をあるアメリカの学会で発表することはできたが、アメリカの学術雑誌には掲載を断られて、結局当時教えていた東京の大学の紀要に載せてもらった。この日本語版は、その後『影の学問、窓の学問』に収録されたが、ほとんどの読者は読み飛ばしただろう。

ところが、ちょうどそれを書いているとき、イヴァン・イリッチというすごい学者が、非常に似たようなテーマを研究しはじめていた。彼とは八〇年代国連大学にいたとき知り合いになり、彼の周りにいた研究グループに入れてもらった。そのグループのメンバーはさまざまの国（中南米、ヨーロッパ、インド、中東など。アメリカ人は少なかった）の変人学者ばかりだった。年に一回か二回、世界のどこかで集まり、共同研究をやっていた。その共通テーマは近代化論・経済発展論批判だった（やっと話し相手ができた）。ある集まりで、その共同研究をどの形で発表すればいいかと議論したとき、私は「あなた方はみんな言葉の分析が大好きで、そればかりやっているのだから、辞書を作ったらどうですか」と提案した。それが *The Development Dictionary* の始まりだ。

戦争を放棄するI――

ラディカルな日本国憲法――国家の権力から国民の権力へ

翻訳の問題

私は日本の憲法を研究している学者ではないが、この憲法ないし少なくともその大部分が最初に英語で書かれてから日本語に翻訳されたということは、日米双方の学者が広く認めるところだと理解している。二つのテキストを読めば、それは十分明らかだと思われる。母語でものを書くとき、人は意味の正確さだけで言葉を選ぶのではなく、ニュアンスとか味わい、これまでの用法が伝えるひびき、その文章の中で調子が合っているかどうか、その他多くの漠然とした、半分無意識の理由で言葉を選ぶ。まさにあいまいだということで言葉が選ばれることも多い。その言葉が書き手の思想のあいまいさにぴったりくるわけだ。翻訳の中ではこうした種類のことが失われてしまう。翻訳者が、原文とまったく同じように意味、ニュアンス、ひびき、味わい、調子がすべてそろった言葉を見つけることなどめったにない。翻訳者は選択を迫られる。つまり、翻訳というのは必然的に原文よりも幅がせばまり、より直截になる。というのは、翻訳者としては、漠然とした要素は切り捨てても言葉の意味に固執せざるをえないからである。

それゆえ、二つのテキストを比較して、どちらが原文でどちらが翻訳かを見分けるのはさしてむずかしくはない。一方の文章に出てくるある言葉が選ばれた理由の中で、純粋な意味以外の理由は、もう一方の文章には欠けている。BがAの翻訳としていくらよくても、AがBの翻訳としては通用しないことはまま見られる。翻訳者はしばしば止むなく意味を弱めはしても、原文にない意味をつけ加えることは許されないのだ。翻訳というのは一方通行で、その方向はだいたい目に見えるのである。

このことはとくに、憲法の中でも修辞的な項目についてあてはまる。冒頭の“We, the Japanese people ……”という文句は、米国憲法の第一行目“We, the people of the United States”をそのままとったものであり、これが〃日本国民は〃と訳されている。〃国民〃は“the people”よりもいくぶん狭い表現である。この言葉は〃人民〃とも訳しうるからだ。さらに重要点は“We”〔われわれ〕という言葉が落ちてしまっていることである。

同じ文章の中の“secure for ourselves and our posterity”も合州国憲法からきている。おそらく私が学校で暗記した「前文」の一部だからだろうが、私にとって、この文句は一種の快いリズムを持っている。そのリズムは「われらとわれらの子孫のために」という言い方の中には見出しえない。

"the blessings of liberty"（これも合州国憲法からとったものだ）という文句についても同じことが言える。この文句は多少ぎこちない表現に訳され、「自由のもたらす恵沢」となっている。さらに、"throughout this land"という表現の"land"という言葉は、国の領土を表す詩的表現で、聖書的用法（"the promised land"〔約束の土地〕）、愛国主義的用法（アメリカ国歌の一節"……the land of the free"〔この自由の地〕）、フォーク的用法（ウディ・ガスリーのフォークソングの一節"This land is your land"〔この国はあなたの国〕）のひびきを伝える言葉である。もちろん私がそれほど日本語を知らないからだろうが、「わが国全土にわたつて」という訳は、私には修辞的というより形式にはまった間違いのない硬い表現に聞こえる。

もう一つの例をあげれば、第三節に"is incumbent upon all nations"〔各国の責務である〕という一句がある。"incumbent"はあまり使われない言葉で、ここでは前の語を組み合わせて母音群をつくり（"is in……"）、その後の言葉と組み合わせて子音の詩的なリズムをつくり出す（"mb…nt…pon"）という古風なひびきを求めて選ばれている。その意味となると、あまりにあいまいでよい法律用語とは言えない。もともとは重さとしてもたれるとか圧するという意味で、義務とか責務は比喩的な意味でしかない。この場合の訳語となった「責務」は、おそらくそれほどあいまいではあるまい。同じ文章の中に次のような表現がある。"all nations who would sustain their own sovereignty and justify their sovereign relationship with other nations"〔自国の主権を維持し、他国と対等関係に立たうとする各国〕。そしてそのような国は、政治道徳の法則に従わねばならない、とこの文章は言う。"sovereign relationship”とはどういう意味だろうか。いかにも立派で堂々とした言い方ではあるが、実際にはある関係が主権を有することはありえない。この一句は「主権(独立)国としての関係」という意味にとれるが、それならばその前の一句が表す考えの繰り返しにすぎず、この部分全体が不必要なものになる。実際、この表現は大言壮語でしかなく、文章が伝える意味に何一つつけ加えてはいない。おそらく苦心惨憺のすえ、翻訳者はこれを「対等関係」と訳すことに決めたのである。文字通りそう言ってはいないが、この文章の作者が言おうとしたことをかなりよくつかんではいる。このように翻訳すること——実際には解釈すること——は可能である。しかしはじめに「対等」という言葉があって、それを“sovereign”と訳すのはあきらかに誤訳であろう。

さらに政治的に重要なことは、“nation”という言葉の翻訳のむずかしさである。英語の“nation”はどうにもとれる言葉で、ときには「民族」を意味するし、ときには「国民」、あるときは「国家」、またあるときは「国」を意味する。故意にあいまいなままにされているのである。なぜなら民主主義というイデオロギー(実践ではないとしても)がほぼ普遍化した現代にあって、政府の指導者たちは自らの行動が国民の意志に一致すると思われたがるからである。ここでは日本語のほうがあいまいさが少ない。ということは翻訳者が“nation”という言葉に出くわすたびに決断しなければならないわけだ。かくして「前文」では“all nations”は一回「諸国民」ともう一回、「各国」と訳され、“other nations”は「他国」、“no nation”は「いづれの国家も」となる。だが第一章になると、(天皇が象徴となるべき)「日本国」は、英語では“the nation”ではなく、“the State”〔国家〕であって、この場合は英語のほうがあいまいさが少ない。また第四十一条の国会が最高機関となるべき「国権」は、英語では"national power"ではなく"state power"〔国家権力〕である。第九十八条にも憲法を最高法規とする実在として"nation"という言葉が出てくるが、ここでは「国」と訳されている。

だが"nation"という言葉が出てくる最も重要な箇所はおそらく第九条だろう。英文では次のように書かれている。"the Japanese people forever renounce war as a sovereign right of the nation"（下線筆者）この中の"a sovereign right of the nation"という表現がそっくり「国権」と訳されているのである。この場合は、日本語のほうが英語よりもあいまいではない。「国権」という言葉は、日本の歴史の中で「国権」と「民権」の政治的対立を通して明確にされてきた。この点については、のちに第九条に関する部分でもう少し触れることにしたい。

権力奪取としての憲法

憲法は、政府に行動する権限を与え、またその権力に制限を加える文書である。歴史的には、成文憲法の出現は、後者つまり権力に対し制限を加えたいという願望を基盤にしてきた。憲法によって専制的支配を法による支配に変え、国民に王の行為でさえ違法であると判断する基盤を与えるのである。

少なくとも、高校の社会科ではこのように教える。しかし、この点に関してもう一つ、憲法は権力の奪取を具体的に表現し、永続化させるために書かれるという考え方もある。それを忘れなければ、憲法の読み方も違ってくる。「ここに書かれていることは本当に普遍的原則なのか」とか「うまくいくだろうか」と問うのでなく、むしろ「いったい誰が誰から権力を奪おうとしているのか」と考えてみるわけだ。こうして読むと、憲法の体系を形づくる一つの方向、けん引力、緊張が見えてくるだろう。

これは、日本国憲法と米国憲法を対照させるとわかる。米国憲法は、常に忘れてはならないことだが、アメリカ革命ではなくその反革命を制度化している。革命は、非常に民主的な連合規約（Articles of Confederation 一七八一年の米国最初の憲法）に制度化された。この規約は、各州の独立を認め、国連に似た権力を連合に加えたのである。しかし、支配エリートが書いた米国憲法は、英国の支配ではなく、この連合体制にとって代わったのである。したがってその体系は、王からではなく各州からの権力の奪取を具現している。それが最もはっきり示されるのが第一条第十項で、各州に禁じられた行為がそこで詳細に列挙されている。

だからといってこの憲法は革命の原則を完全にくつがえしたわけではない――それは王制を復活せず、立憲共和制を樹立しているのである。しかし、これが書かれたのは各州からの権力奪取という歴史的時点であり、そのけん引力が示す方向は、憲法の体系に具現されている。もちろん反対方向へのけん引も働いてはいる――顕著な例は、反対派の支持を得るためにつけ加えられた修正第十条である（「憲法が合州国に委任せず、各州に禁じてもいない権限については、各州ないし人民がその権限を保持する」)。

これと対照的に日本国憲法は、中央政府、とくに天皇からの奪権を体現する。それは非常な勢いで行われている。最初の四十か条はすべて、第十条と第三十条をのぞき、中央から権限を取り去ることに集中しているのである。天皇から奪われた権限は、選挙で選ばれた政府に与えられ、内閣から奪われた権力は国会に与えられ、政府そのものから奪われた権力は国民に与えられる。最初の四十か条は、政府が持たない権限の詳細なリストである。政府がどういう権力を有するかについての議論は、第四十一条（「国会は、国権の最高機関であって……」）から始まる。

歴史的には、この権力を日本政府から奪ったのは連合国軍である。その意味で、憲法の最初の第一章は米国の戦争の論理的な続行と言えるだろう。米国は、日本政府の権力を弱めるために太平洋戦争を戦い、その日標を憲法の中に制度化したのである。これは右翼の観点でもあり、そこには一部の真実が含まれている。だが、決定的相違は、占領軍当局がこの権力奪取において、少なくとも憲法が書かれ発布された時期の重大な一年目では、日本の国民を同盟者とみなしたことなのだ。この憲法を偉大な文書にしているのは、第九条を入れたことよりもこの事実である（と私は思う）。

私はすでに書いたことがあるが、米国の戦争宣伝の中で人種主義は大きな部分を占めていたし、米国人一般の意識では、太平洋戦争の敵は日本の政治体制というよりむしろ日本人であった。だが、占領当局者が個々人としてどう考えていたにせよ、こうした戦時中の人種主義を、少なくとも当初は、政策の基盤にすることはなかった。彼らは政府と国民とをはっきり区別し、集中化した企業、軍隊、政府の権力を打破するという自分たちの政策を国民は支持するだろうという仮定に立って行動したのである。ワシントンが占領軍当局に与えた命令、「降伏後の基本的な第一の指令」の中には、次のような文章が見られる。

「封建主義的、権力主義的傾向を修正する方向で、日本国民ないし政府が先に立って政体を変えることは、好ましいこととして許すべきである。そうした変化を達成する際、それに反対する者に対し日本国民ないし政府が力を行使するような事態になった場合は、最高司令官は、自軍の安全とその他すべての占領目的の達成を確保するために必要な場合のみ、介入すべきである」

日本国民が暴力的革命で政府を打倒するというのは、米国当局者にとって考えうることであったし、また――この最初の政策声明にあるように――占領軍当局が介入すべきでない事柄であった。このことは米国の民主主義イデオロギーの肥大と見ることもできるし、敵、つまり日本政府を弱体化させるためにはいかなる手段でも使おうという純粋にマキアヴェリ主義的意図と見ることもできよう。しかしここで問題なのは、動機の倫理ではなく客観的事実である。米国の占領は当初、政府から権力を奪取する企てにおいて日本国民を同盟者であると考えた。そして、この事実は、憲法の体系に組み込まれたのである。

この憲法はしばしば、力で公布されたものだと批判される。これを否定するのはおろかしいと私には思える。憲法は権力の奪取であり、力で公布されたのは言うまでもない。だが、そのことをどう評価するかは、政府の立場から見るか国民の立場から見るかによる。憲法が行っているのは、政府から権力を奪い、それを国民に引き渡すことである。そして権力の奪取を日本国民は支持し、それに参与した。この意味で、この憲法は米国憲法よりもはるかに民主的な法律文書である。米国憲法は、中央志向が強い（そして事実、米国の中央政府は一七八九年以来、着々と権力を増大させてきた）。日本国憲法では、志向は国民に向かっている。そのことは多くの節ではっきりと述べられている。

前文に戻ると、まずこういう文章ではじまる。「日本国民は……政府の行為によつて再び戦争の惨禍が起ることのないやうにすることを決意し、ここに主権が国民に存することを宣言し……」（傍点筆者）等々。英文の前文には"people"という言葉が一〇回も出てくる。

このテーマは前文だけでなく、憲法の本文にも同じように繰り返される。第九十七条はこういう。The fundamental human rights by this Constitution guaranteed to the people of Japan are fruits of the age-old struggle of man to be free（日本文では"struggle"が「努力」となっている）; they have survived the many exacting tests for durability and are conferred upon this and future generations in trust, to be held for all time inviolate.［この憲法が日本国民に保障する基本的人権は、人類の多年にわたる自由獲得の努力の成果であつて、これらの権利は、過去幾多の試練に堪へ、現在及び将来の国民に対し、侵すことのできない永久の権利として信託されたものである］。また第十一条はいう。「この憲法が国民に保障する基本的人権は、侵すことのできない永久の権利として、現在及び将来の国民に与へられる」。そして第十二条、「この憲法が国民に保障する自由及び権利は、国民の不断の努力によつて、これを保持しなければならない。……」。

このような文章は米国憲法にはない。米国憲法の作成者たちは国民の政治行動を非常に恐れ、憲法が保障する自由と権利は「国民の不断の努力」ではなく政府の機構によるものとすべく意図した。彼らにとっては、日本国憲法のこうした条項はあまりに過激に聞こえるにちがいない。

とはいえ日本国憲法は、政治原則のリストではない。民主主義イデオロギー――それが普遍的であれアメリカ特有のものであれ――の日本への押しつけではない。日本政府から国民への現実の政治権力の委譲なのである。全体として、政府はこの委譲に抵抗し、国民は支持した。しかしそれは実行されたし、憲法として具体的に表現された。

こうしたすべてが占領当初の熱烈な数か月間に起きたことは、忘れてならない重要な点だ。日本が降伏文書に調印したのが一九四五年九月二日、憲法改正草案要綱が発表されたのが四六年三月六日である。占領軍高官たちはあとで自分たちがやったことを後悔しただろう――第九条を悔やんだように。一九四六年五月の大衆デモに対しマッカーサーは警告を発し、ついで四七年二月のゼネラルストライキを禁止したが、この事実は先に引用した降伏後の最初の指令に明らかに違反し、政府を弱体化させるため日本国民を同盟者扱いするという占領軍の政策が急速に終わりつつあったことを意味している。だがそのときには憲法はすでに公布されていた。占領軍当局者は自分らがやったことを悔やんだだろうが、時すでに遅すぎたのである。

しかし憲法を今さら変えることはできなくても、無視するという可能性は残っていた。一九四七年までにGHQは同盟相手を国民から政府に移し、中央集権を回復するために働きはじめていた。逆コースは、政府の軍事力を再建しただけでなく、今や米軍としっかり手を結んだ日本の旧支配階級が引き続き権力を維持しうる政治的社会的経済的条件をつくり出したのである。そして米国政府は、さらに念を押すために、日米安保条約を一九五二年の平和条約の条件としたが、これは日本の外交政策の決定権を実質的にワシントンに引き渡すことであった（安保条約はこうしたやり方で強制的に統治制度を変えるものであるからして、同条約は憲法の修正条項と考えるべきである）。

憲法案が正統な日本国憲法になったのは、GHQの権力の下で国会がこれを発布したときではなく、逆コースに対し憲法を守ろうとした国民の長い闘いを経てのちなのである。その闘いが頂点に達したのが一九六〇年の反安保闘争であったが、今日まで続いている。しかし憲法は公認されたとはいえ、完全に実施されたことは一度もない。一九五二年まで主権を有していたのは国民ではなくGHQだった。そして一九五二年、憲法がいよいよ施行されるというときはすでに、逆コース、再軍備そして安保によって浸食されていた。この憲法の大原則たる国民主権は、今に至るまで実現していない。歴史的実践の中で国民主権を確立する最小限の条件は、国民の意志によって政府の権力を一つの政党から他の政党へ委譲することである。このような政権委譲も、日本では今に至るまでに一度も起きてはいない（二〇〇九年九月〜二〇一二年一二月民主党政権。初の政権委譲が行われた）。

要するに、憲法は日本に民主的政府を樹立しなかった。憲法は国民の手中におかれた武器であり、この武器で民主主義を樹《う》ち立てることは可能である。その実現は今後に残されている。

第九条

第九条は、国家に対し軍事力を確立ないし使用する権利を否定している。英文も日本文も言葉はまったく明快である。「自衛力を除く」とは言っていないから、自衛力を除くということは意味しない。交戦権をあくまで放棄することは自衛のための軍備を行う権利の放棄ではない、とする見解は自己矛盾である。侵略戦争は国際法の下で禁じられているのだ。現実には、交戦権は自衛のためにしか行使されない。日本国憲法が放棄しているのはまさにその権利なのである。第九条の言葉の中に国家の軍事力確立を許す言葉を見出しうるという人たちは、言葉を読んでいないのである。彼らは嘘をついているのか、さもなくば、おそらくこのほうが多いのだが、言葉が伝えていることを信じられないのである。この戦争の時代、戦争の脅威の時代に、国家に軍事力保有を禁ずるのは、銀行に金の受け取りを禁ずる、あるいは食肉加工会社に動物の屠殺を禁ずる、あるいはまた工場の所有主に利潤をあげることを禁ずるようなものなのだ。第九条は、国家とは何であるかについての近代的概念全体をつき崩す。ドイツの社会学者マックス・ウェーバーは、正統な暴力を独占する制度が国家であると定義づけた。彼は第九条を矛盾のかたまりと見なすにちがいない。アメリカのアナーキスト、ランドルフ・ボーンは「戦争は国家の健康だ」と言ったが、第九条を読めば仰天するにちがいない。それでもなおかつ、第九条は書かれた通りのことを言っているのである。

国民の自衛権は奪うことはできないという主張、つまり憲法が何を言おうとこの権利は絶対に放棄しえない基本的権利であるという主張についてはどうだろう。私はこの主張は否定しえないと思う。自分を守る権利は、生き物としてのわれわれの肉体的本性そのものに打ち込まれている——生きる権利と同じくらい基本的な権利なのだ。だが第九条は、国民の自衛権を奪うとは一言もいっていない。自衛権も奪いうるというのは、この憲法の根本原理である国民主権をまったく誤解することになるだろう。この憲法は、国民の権力ではなく政府の権力を制限するために書かれている。これは国民に対する命令ではなく国民による命令である。この憲法が国民の自衛権を奪うということは、憲法が国民よりも上位にある権力だということであり、そんなことはありえない。第九条は国民の自衛権を否定しておらず、この権利は不可侵である。第九条が否定するのは、国家の軍事力確立および使用権である。それは可能である。なぜなら国家は奪うことのできない権利を持たないからであり、それを持つのは人びとのみだからである。

先に述べたように、第九条の言葉はこの点についてきわめて明快である。そこには、こう書かれている。「日本国民は、……国権の発動たる戦争と、武力による威嚇又は武力の行使は、……永久にこれを放棄する」(傍点筆者)。英文で使われている“nation”という言葉は、この文脈では“people”という言葉とまったく対照的位置に置かれている以上、はっきりと国家を意味している。この文章は、「日本国民は自らの主権としての戦争を永久に放棄する」とは言っていないのである。したがって日本文が“sovereign right of the nation”の訳語として、第四十一条の“state power”の翻訳に使われた同じ「国権」という言葉をあてたのは正確な訳である。これでこの条文の意味はかなり明らかになる。すなわち民権としての自衛権は（ある場合には政府に対する自衛権を意味するだろう）放棄されてはいないのだ。

同じ原理が前文の中にも次のようにはっきり述べられている。“We, the Japanese people……have determined to preserve our security and existence, trusting in the justice and faith of the peace-loving peoples of the world.”［日本国民は、……平和を愛する諸国民の公正と信義に信頼して、われらの安全と生存を保持しようと決意した］。ここで言うのは「平和を愛する諸政府」でも「平和を愛する諸国家」でもない。そんなものはないことは言うまでもない。

現代は国家の権力がこれまでの歴史のいかなる時代にもまして増大し、日常生活や国民全体の意識に深く浸透してきているが、こうした時代にあっては、国家と国民とを別個の実在として考えにくい。とはいえ両者を区別することこそ、民主主義的考え方の第一の前提であるし、日本国憲法を読む第一の前提である。国家に対しある権力を否認することは「日本」に対して否定することではない。もし「日本」が国民を意味するならばである。私が先に論じたように、この憲法は本質的に、政府から国民への実質的な権力の委譲である。第九条は、委譲された諸権力のリストにある一項目なのである。

国権としての自衛権を撤廃し、民権としてのそれは保持するとは、実際には何を意味しうるであろうか。私はこの問いには三つの答えがありうると思う。第一に、国民は自らを直接防衛する権利を持つという答えだ。これが単純すぎる答えに思えるならば、人民戦争が今世紀の国の自衛方法として驚くほどの有効性を実証したことを想起すべきである（私は何も憲法がこうした方法を擁護していると言うわけではなく、禁じてはいないと言いたいだけだ）。第二の答えは、言うまでもなく国民は常に憲法を修正し、第九条を御破算にする権利を保持するというものだ（そしてそうしないかぎり、自衛隊は違法なのである）。第三は――そしてこれが憲法の意図であることははっきりしているが――国民は、軍備拡充によってではなく、世界の平和運動の先頭に立ち、「平和を維持し、専制と隷従、圧迫と偏狭を地上から永遠に除去しようと努めてゐる国際社会において、名誉ある地位を占め」る国民は、膨大な軍備を抱え込む国よりも安全であると信ずることによって、国を守る道を探りうるという答えである。

言うまでもなくこの考えは、現代の常識に反する。だが現代の常識は狂気だ。広島と長崎に対する原爆投下は、それに先立つ爆撃とともに、国際政治に狂気を持ち込んだ。そしてこの根本的狂気を認識することなしにこの問題を取り上げようとすれば、いかなる試みであれ、その結果は狂気をさらに精巧で複雑なものにすることでしかない。一例をあげれば、一九七九年六月のカーターとブレジネフのソルトⅡ条約調印に対し、全世界が偉大な「平和」行為だとして賞讃したとき、『ジャパン・タイムス』紙はサブタイトルに「広島十万個分の核弾頭が許可に」と付けるだけの勇気を持っていたのである。

アメリカの政治哲学者ジョン・H・シャーは、次のように書いた。「巨大な兵器と途方もない兵力にもかかわらず——あるいはむしろそれゆえに——……現代国家は他の現代国家の攻撃に対し自国の国民の生命と財産をまったく防衛しえないのである。その国家がなしうるすべては、的確な報復であり……」そしてシャーはこう続ける。「国家が安全の保証人だという幻想を打ち破るために努力することが、今日、唯一最も重要な政治教育の任務である」と（John H. Schaar, *Legitimacy in the Modern State*〔現代国家の正統性〕, Transaction Books, 1981, pp.349, 358）。

このような全体的視野で見ると、日本国憲法の第九条は、広島・長崎以後の国際政治の新たな現実を示す最初の、そして最高の表現である。そこで表される原理は、感傷的な平和主義ではなく、きびしい現実である。核時代にあっては、国家の軍事力は国民を守るには無力なのである。国家の軍備拡充に安全の望みをかける人たちは、新しい状況の本質をまったく理解していない。しかも、第九条の視点は単に戦争の本質を認識する消極的な発言にとどまらない。そこでは積極的な別の視点も打ち出されている。その点をこれまで批判派は十分に理解してこなかったのだ。つまり、世界平和の確立をめざすことが、自衛の方法なのである。

第九条の大きななぞの一つは、これが幣原《しではら》とかマッカーサーといった男たちによってどのようにして生み出されたかということだ。彼らが奥底でどんな動機を持っていたのかはわからない。しかし最も重要なのは、誰が最初にこの言葉を書いたかではなく、それが書かれた時と場所であると、私には思われる。第九条は数人の個人の精神の産物ではなく、終戦直後の数か月、日本全体をおおった雰囲気を表現している。そのとき、核爆発の余韻はいまだ消え去らず、焼け焦げた肉体の臭気がまだ立ち込めていた。新たな時代の真の性格――核戦争という途方もない不条理と、いっさいの軍事力が核戦争の防衛としてはまったく無価値であること――がはじめてその姿を見せたのが、まさにこの時であり、この場所だったのである。当時、第九条は日本にいるほとんどすべての人にとってまったく当たり前のことに思われたにちがいない。第九条は、あの歴史的瞬間の雰囲気を固定化したのであり、――当時はっきり現れ、そしてますます見えにくくなっているにせよ――今日いっそう正しさを増す真理を保存したのである。

ＧＨＱと日本政府の指導者たちは、この新しい真理が憲法の原理として具現されるための代理人であったのだが、彼らは自分のやったこと、あるいはそれが意味したことを、事をなしたすぐあとには忘れてしまったと見える。彼らが即座にこれを、核の悪夢を脱する出口を全世界の人びとに示しえたはずの原理から、一片の安っぽい偽善に変えてしまったことは、この国の最大の悲劇の一つになるかもしれない。なぜなら、第九条もまた、いまだかつて一度も実践されていないことは、肝に銘じておくべきだからである。それが書かれて以来一度として、日本国民は「平和を愛する諸国民の公正と信義に信頼して、われらの安全と生存を保持しよう」という前文に書かれた偉大な実験を、実際に試みることができた試しはない。一九四五年以来一貫して、日本の「安全と生存」は、核の傘を含む米軍の「保護」の下にあった。最近では、ますます自衛隊がこれを補うようになった。

厳密に言えば、「平和憲法を守れ」というスローガンは、何の意味も持たない。第九条と前文に表現された平和の原則は、一度も試みられたことがないのである。

　憲法審議会の委員長を務めた高柳賢三は、第九条を日本だけでなく全世界に向かって発した「政治宣言」であったと結論づけた。私はこれに半分同意する。第九条は国内問題と見なされるべきではない――第九条から始まる運動は国際化されねばならない。第九条は、日本国民が世界の平和運動の指導権を行使しうる原理なのである。この原理こそ、多くの人たちがこの国に欠けているという国家目的を提供しうるものであると私は考える。だが、このような力となるためには、それを実行に移さねばなるまい。第九条は宣言であるというのは、高柳式の言い方では、これは国会を拘束するような法律ではなく、単なる宣言であるということなのである。だがもし拘束力を持つ法律でないなら、それは宣言でもない。あるいはそれを宣言というなら、そのメッセージは偽りである。

　今日われわれは、この世界があと五〇年続くのか、あるいは一〇年、もしくは五年しかもたないのか、知らない。いつ最初のミサイルが発射されるのか、知らない。大国の戦略家たちは、この世界を自殺状況から抜け出させる計画など何も持っていない。米国政府もソ連政府もそんなプランは持っていないし、中国も国連も持ってはいない。日本は、憲法に書かれたプランを確かに持っている。もし日本国民が政府に対し、第九条を拘束力のある法として施行せよと迫るならば、それは自衛隊の撤廃、安保破棄を意味するであろうし、世界中の国民は愕然とし、まったく新しい形の希望を与えられるにちがいない。同じことを達成しようとする運動が、他の諸国でも出現するだろう。

そのとき日本が軍事攻撃から安全であろうとは、誰にも保障できない——国際政治で保障など何一つないのだ。しかし今に比べれば、つまりソ連のミサイルが当然目標とする米国の軍事基地を持つ現在よりは、確実に安全である。もし第九条が文字通り施行されれば、日本に軍事攻撃をしかけるのは、例えばバチカンだとか、国際赤十字の本部とかを攻撃するよりもむずかしくなるだろう。

これは日本国憲法が実際にはどれほどラディカルであるかをはかる物差しであり、国民がその実践に成功するならば、その行為により日本国民は直ちに、世界の進歩の絶対的リーダーシップをとる立場に立つであろう——（最上のコンピュータ・チップやポテトチップを生産することを通して）ピカピカのテクノピアへ向かう進歩ではなく、唯一の重要な進歩、平和と民主主義へ向かう進歩である。

これもまた、憲法が現在の道をそのまま、破れた夢の歴史的ごみの山へ向かって進んでいくならば、そこでどれほど大きなものが失われるかをはかる物差しなのである。

【註】本文中［　］の内の語句は、訳者がとくに必要と判断して付した条文・訳文である。

（初出●「思想の科学」一九八三年一月、加地永都子訳）

●ミニ解題●

この文章は、日本国憲法の「書評」のつもりで書きはじめた。しかし書いている途中から憲法の大切さと面白さに気づき、いつの間にか一〇冊（数え方によってはそれ以上）もそのテーマの本を出していた。しかしそれらの本には影響力はなく、あるいは逆効果だったかもしれない。書いている数年の間に、解釈改憲が進み、第九条が蝕まれ、そして憲法の支持者が高齢者になった。

一九九三年、以下の文を書いた。

「日本の中に一部にしろ憲法と日米安保条約の双方を支持する人たちがいるが、双方を支持するかぎり、彼らの立場は戦力の放棄ではなく、戦争は誰かほかの人にやってもらうという取り決めを好んでいることは認めなければならない。現実主義的政治という観点からは、これは十分に抜け目がないことと言えるが、平和主義の立場からは、偽善的である」

これを書いた当時、平和憲法の支持者のほとんどにとって、安保反対が常識だったが、今は違う。世論調査によると、平和憲法の支持率が六〇％前後でありながら、安保の支持率は八〇％以上で、反対と答える人はわずか二％。それはもちろん矛盾であるが、安保から生まれる米軍基地のほとんどが沖縄に置かれていることによって、ヤマト日本人はその矛盾をあまり意識しないですむことになっている。

これ以上憲法について書かないでおこう。

戦争を放棄するⅡ──

自衛隊はカンボジアに何をしに行ったか──司令官は語る

国連に日本の平和憲法をひそかに葬ろうという「戦略」があるのだろうか。これを証明するのは容易ではない。なにしろ、加盟国の国内問題に干渉することは国連憲章で禁止されているし、国連の職員たちはそんな戦略はないと断言している。国連にそんな心積もりがあるなんてことを言ったら、パラノイアだと一笑にふされてしまうだろう。

ともあれ、実はそんな戦略が存在するのだ。先週、正確に言えば一九九五年一月二〇日に私は、内部の事情を一番よく知っているであろう人から直接そう聞いた。それはこういう話だ。

一九九五年一月一九日から二〇日、国連大学において「国連平和維持活動の新局面に関する東京シンポジウム」が開かれた。国連高官や日本、中国、スウェーデン、フランス、マレーシア、ベトナム各国の政府要人が出席する中、明石康、小和田恒、志村尚子（国連平和維持活動局部長）などが発言し、緒方貞子からのメッセージも送られてきた。しかし、私が最も興味をひかれた人物は、カンボジアにおけるＵＮＴＡＣ（国連カンボジア暫定統治機構）の軍事部門の総司令官を務めたオーストラリアのジョン・サンダーソン陸軍中将だった。

シンポジウムの第一日目に、サンダーソン中将は「『戦争にちょっと手を出す』国連軍事介入のジレンマ」と題した非常におもしろい報告を発表した。この報告の主旨は、「平和維持」と「平和の強制」には明確かつ重要な違いがあり、その違いは軍隊経験のない人びとには往々にして理解できない、というものである。カンボジアではしばしば「平和の強制」活動に従事せよというプレッシャーがかかり、そのプレッシャーをはねのけなければならなかったそうだ。報告の中でサンダーソン中将は、平和の強制とは所詮戦争の別称にすぎず、「ちょっと手を出す」ことなどできるものではないと述べた。さらに、「勝利するための手段や意思を持たずに戦闘に参加する者は、大いなる犠牲を払うことを要求される者を裏切ることになる」「もし戦争に『ちょっと手を出す』用意しかないのならば、関係する他のすべての者の安全のために、最初から参加しないほうがよっぽどましである」とも言っている。

サンダーソン氏は、ＵＮＴＡＣの活動は、攻撃を含まず防衛だけだったので戦争ではなく、平和維持活動であったと主張する。しかしまた、次のような区別をもした。

「自己防衛とは、単に個人としての自己防衛を意味しただけではなく、集団としての防衛でもあった。（集団としての防衛を遂行するためには）直面する脅威に見合うだけの戦闘能力を持つことが必要で、中隊レベルの防衛戦を戦ったこともあった」

またクメール・ルージュに攻撃された投票所を防衛した例を口頭で披露した。彼は、自分たちの安全を守るだけにとどまらず、選挙を含むＵＮＴＡＣに「委任された政治目標」を守ることも平和維持軍の仕事だと認識していたので、投票所が攻撃された場合、個人の自己防衛であれば撤退することが最善の策であるけれども、平和維持軍としてはその場にとどまり「防衛戦」を戦ったと語った。

質疑応答の時間に私も挙手したが、質問の機会は与えられなかった。そこで翌日朝の休憩時間中に、次のようなメモを書き、サンダーソン中将の机に置いた。

サンダーソン中将殿

米海兵隊員であったことのある私にとって、昨日の中将のお話は明確で、具体的で、さっぱりするものでさえありました。五〇年もの間、戦争体験を持たない日本において、個人レベルの自己防衛と組織された軍における防衛の違いを人びとにわからせるのは至難きわまることです。中将があげられたカンボジアの投票所を警備する例は「たとえそれが防衛行為であろうとも、戦闘状態において、軍の各部隊は個別勝手に行動することは許されず、全体をコーディネイトする指揮に従ってのみ行動することが必要だ」ということを如実に表したものだと思います。

ご存じのとおり、カンボジアで中将の指揮下にあった日本の自衛隊は、他国の部隊とは違った法的根拠の下に活動しておりました。日本国憲法は交戦権を認めておりません。これに対してＰＫＯ協力法は、民間人の自己防衛権を規定する日本の刑法三六条・三七条を自衛隊が発砲する法的根拠としています。

もし私が指揮官であったなら、それがどんなによく訓練された部隊であったとしても、鴨打や射撃練習者の集まりと同じ法的立場の部隊を指揮下におくことに大きな不安をおぼえます。

中将はこのような状況にどう対処なさいましたか。自衛隊を特別扱いなさったり、特別の交戦規則を適用したりなさいましたか。また、危険地域に送らないような配慮をなさいましたか。

こういったことすべてを考慮した上で、自衛隊は非武装で行ったほうがよかったとは思われませんか。

敬具
ダグラス・ラミス

サンダーソン中将に自分が元米海兵隊員だと自己紹介したのは、嘘ではないにせよフェアでなかったかもしれない。しかし、話題がことに「民間人には戦争がわからない」ということになると、軍隊経験者の間にはある種の連帯感のようなものが生まれる。いずれにしても、彼の平和維持活動の話は私が今までに聞いた中で一番明確なものだった――政治家や官僚の話などとは比較にならないくらい。軍人は話すだけでなく実際に「現地で（on the ground）」（サンダーソン氏が繰り返し使った言葉）任務を遂行しなければならない事実があり、必然的に軍人の考え方は一種の合理性を持つ。

だから私は、日本にとってはじめてのＰＫＯ体験であった自衛隊のＵＮＴＡＣでの本当の状況を説明するのに、サンダーソン氏こそが世界で最もふさわしい人間かもしれないと考えたのである。彼に「軍人同士の連帯感」（非軍経験者には所詮わかりっこないんだ！）を強調すれば、ふつうの政治家や官僚の集まるシンポジウムで発言するよりもう少し何か話してくれるのではないかと思ったのだ。

その日最後の「日本の国際平和協力活動」と銘打ったセッションで私は手をあげ、発言の機会を与えられ、右のメモの内容をかいつまんで質問した（元海兵隊員であったことはぬかしたけれど……）。以下はテープにとった彼の答えである。

議長　サンダーソン中将、お答えいただけますか。

サンダーソン　そう簡単に答えられる質問ではないのですが、まあやってみましょう。カンボジアの（PKO）活動では、冷戦後初の大規模な発動であったこともあって、昨日私が申し上げたように、はじめて平和維持活動に参加する国が数多くありました。そのため、平和維持軍が何をすべきかということの解釈がたいへん多岐にわたっていました。したがって私は、司令官として、各国の理解を受け入れ、現地でできることをするしかなかったのです。いずれにしても、各国軍がカンボジアに到着するずっと以前に、私と私の部下は「標準行動規定」というUNTACに参加している各国軍が現地でどう行動することを期待されているかということを明記した文書を作成し、UNTACに参加している、もしくはすることを検討している各国に配布しました。

ところで、この標準行動規定の求めるところは、日本国政府がその時点で平和維持活動に参加するために受け入れられる範囲を超えていたということがわかっています。というわけで、当然のことながら、自衛隊にカンボジアでどのような貢献をしてもらえるかということについて、えーまあ、言ってみれば長時間にわたって話し合いをしました。その結果、兵站《へいたん》業務が適当であろうということになりました。これが（自衛隊に）カンボジアで土木作業をやってもらうことになった根拠です。しかしながら、実際に現地に着いてみると、まあ、なんと言いましょうか、えー、事柄が意味するところは、つまり、自衛隊が選挙を支援する上でできることは限られてしまうであろうことがはっきりしました。このようにさまざまな過程を経た上で、自衛隊は他国の軍と同等には選挙支援に役に立たないという事実がはっきりしたのです。それでこの特殊事情にあう手配がされました。

ここで、今後国連軍を指揮する人たちのために、国連軍に派兵することを検討しているみなさまにお願いしたいのは、参加する部隊は均質になるように努力してほしいということです。はからずも、先日の安全保障理事会で事務総長が要請していたように、（軍事）作戦の指揮とは活動の性格についての一致した理解とそれに対する一致したコミットメントを前提にしているということです。で、これは、日本国が熟考せねばならない点だと思います。ご静聴ありがとうございました。

これはただごとではないぞ、と私は思った。言葉はぼかしてあるが、よく聞けば自衛隊の鉄砲はまったく役立たずであったことが権威ある人によって確認されたのだ。それでもまだ私は、曖昧でのらりくらりするばかりのスピーチを聞いてまるまる二日間をムダにしたという思いを捨てきれなかった。休憩に入ったので、もう帰ろうかと思ったが、まあ、ただのコーヒーでも飲んでいこうかと思ってとどまることにした。

すると、休憩時間中にサンダーソン中将が私を探して話しかけてきたのだ。「軍人同士の連帯感」作戦は結局功を奏したようだ！　以下は話を終えてすぐに近所の喫茶店でとった私のメモである。サンダーソン中将は好人物だったので、彼の信用を裏切るのはちょっと心苦しいのだが、彼が言ったことは秘密にしておくにはあまりにも重要すぎた。まあ、少なくとも、公開のシンポジウムなどでは決して聞くことのできない話だ。

サンダーソン　質問したのはあなたでしたね。

ラミス　ええ。

サンダーソン　あなたのメモも読みました。それで、質問が出なくてもこの件に関して何か言おうと思っていたんだ。（にやりとしながら）私の「外交的な」回答には満足してくれたかね。

ラミス　ええ。でもおっしゃらなかったこともたくさんあるのでしょうね。

サンダーソン　まあねえ。でも、あまりあからさまにも言えないじゃないか。（近づいて、声を落としながら）私は自衛隊を真綿で包むようにして扱わなければならなかった。投票所を守らせることができないのははっきりしていたんだ。彼らはとても申し訳ながっていた。いい人たちで、状況も理解していた。彼らにわかってもらわなければならなかったのは、（国連軍は）独立部隊の寄せ集めではなく、一つの部隊である、ということだ。ある部隊が出ていってしまったら、作戦全体がだめになってしまう可能性がある。

ラミス　「出ていく」って？

サンダーソン　ああ、「出ていく」。例えば、逃げ出すとか。（私のセーターの裾をひっぱりながら）毛糸が一本ほどけだしたら、全部ほどけてしまうかもしれないだろ。非常に注意深く行動しなければならなかったよ。まあ、違反はあったけれどね。

ラミス　「違反」というと？

サンダーソン　自衛隊が違憲行動をとっていないかと目を光らせていた日本のジャーナリストや左翼の質問攻めにあってたんだ。

ラミス　で「違反」はあったんですか。（サンダーソン氏はいぶかしげな表情をして見せた。実際に私の質問の意図をはかりかねていたのかもしれない。）

サンダーソン　ま、丸く収まったけどね。

傍で聞いていた別の人　自衛隊は時期を早めて帰されなかったのですか。

サンダーソン　それは、なかった。予定どおり帰った。

別の人　早く引き上げたと思ったんだが。
サンダーソン　いや、予定どおり×月×日に（日付を具体的に言った）引き上げた。（ひと息ついて）もちろん、私がどの部隊をいつ帰すか決めるにあたって、（にやりとして）自衛隊に最後まで留まってほしいとは思わなかったけれどね。
ラミス　自衛隊のような部隊は武装しないで行くほうがましだと思われませんでしたか。
サンダーソン　いやいや、そういう問題じゃないんだ。これは戦略だったのだから。
ラミス　私が申し上げたいのは、非武装部隊にもやれることはたくさんあったわけで、武器を使用するちゃんとした法的根拠のない者が武装しているのは危険ではないかということです。
サンダーソン　そうじゃない、戦略なんだよ！　カンボジアで何ができるかは問題ではなかったんだ。これは、日本政府のための戦略だったんだ。
ラミス　なるほど。くさびの先端を打ち込んだということですか。
サンダーソン　そう。日本を国連に引き込むために。
ラミス　やっとわかりました。で、自衛隊そのものはどうでした？　しっかり訓練されて規律もよかったのでしょう？
サンダーソン　ああ。でもまあ、君が言ったように長い間、戦闘経験がなかったし、法律の規制があるからだろうが士気を欠いているね。他の国の軍隊は与えられた地域を即刻に支配下におくもんだが、自衛隊は違っていた。時間をかけないと……（突然横を向いて）あっ、閣下……。

（どこかの大使か誰かが通りかかって、即座に私は「透明人間」になってしまった。まあ、お偉方の集まりはだいたいこういうものだが……。）

……というのが総司令官の口から直々に聞いた話だ。「国際貢献」なんてなかった。カンボジアで自衛隊は「役立たず」以下だった。彼らは平和維持活動に危険をもたらしたし、常に心配の種だった。彼らのことを主題にして、日本政府やジャーナリストと、長時間、何度も話さなければならなかった。彼らがやっと引き上げてほっとした。法律を変えないかぎり今後の平和維持活動からはご遠慮ねがいたい。それではなんのために自衛隊はカンボジアに行ったのか。「戦略」である。「日本を国連に引き込むために」。サンダーソン中将が何を意味したのか聞きそびれてしまった。自衛隊がきちんと国連軍に参加できるように徐々に日本国憲法を変えることなのか、常任理事国入りすることなのか……。おそらく、その両方だろう。日本政府にとってこの二つが切り離せないことだというのは周知のことだ。サンダーソン中将が非常に明確にしてくれたのは、自己防衛権しか認めない既存の法の下では自衛隊は平和維持軍になりえないし、ならないということだ。日本国憲法は交戦権を認めないのだから、法がそうなっているのはわかりきったことだ。言い換えれば、自衛隊が平和維持軍に正式参加するのは違憲である。だとしたら、サンダーソン中将が参加した戦略は「日本国憲法をひそかに葬ろうという国連の戦略」だということになる。

（初出●「オルタ通信」一九九五年三月号、杉原めぐみ訳）

ミニ解題

日本の自衛隊は、全世界に他に例がない不思議な組織だ。軍服を着て、軍隊の組織を持ち、軍隊の武器を使い、軍隊の訓練をするが、軍隊の仕事ができない。軍隊の仕事は戦争をすることだ。戦争をするために、交戦権という特別な権利が必要だ。交戦権なしで軍事行動と同じ行動をすれば、殺人犯になる。

日本政府は次々とこの不思議な、軍服を着ている非戦闘員を海外の戦場へ派遣しようとしているが、それはきわめて危険である。他の国の軍隊から見ると、自衛隊は軍隊にそっくりなので、軍事行動ができると思われるのは当然だ。戦争に近づけるが戦争に巻き込まれないようにすること、それは司令官にとってきわめて頭の痛い問題だ。

カンボジアPKO軍事部門司令官だったサンダーソン中将の内緒の話を公にバラしたのは、本人に悪かったと思う。しかし彼は、日本人みんなが知るべきことを知っていたので、書くことに決めた。つまり、日本の自衛隊を戦場へ派遣することは、国際貢献でも何でもなく、大迷惑だということだ。そして日本政府がそれでも自衛隊を派遣するのは、現場で役に立つということではなく（実際、役に立たないので）、別の政治的な目的がある。

カンボジアPKO活動のとき以来、自衛隊はいろいろな戦場（の近く）に派遣されてきた。まだ日本国家の交戦権の名目の下で人を殺していない以上、憲法九条はまだぎりぎり生き残っている。でも、これからも派遣しつづければ、どうなるだろう。

戦争を「放棄」する――

要石

応力図

日本への「復帰」以前、沖縄の車のナンバープレートには、「Keystone of the Pacific」（太平洋の要石）と書いてあった。今ではそれはなくなっているが、沖縄が何かの要石だという比喩が現在まで伝わっている。

私はその言い方は、ある意味で当たっていると思うが、しかしそれは軍事戦略的な意味ではない。多くの人は、沖縄は地理的な位置として「要石」だと考えているらしい。数週間前、私は「だって、沖縄は一番近いでしょう」と言われたが、どこに一番近いと言うのだろうか。仮想敵が中国や北朝鮮ならば、九州のほうが近い。しかも今の軍事状況では、「近い」は必ずしも有利なことではない。圧倒的に強い空軍力を持っている米軍は、遠くから攻撃する能力があるのに、仮想敵の中間射程距離のミサイルが届くところに基地をわざと置くことは、きわめて賢くないことだ。さらに、一発でやられないために、自分の勢力の多くを一箇所に集中しないという、軍事戦略論入門で教えられる法則を沖縄の米軍基地は明らかに破っている。

軍事戦略と言っても、何の戦略だろうか。まず、沖縄の基地は沖縄を守るためなのか。それはとんでもない話だ。米軍が沖縄で一番守りたいのは、基地だ。なるほど。本土日本を守るためか。であるならば、なぜ遠い沖縄に置くのだろうか。そして、例えば普天間基地の海兵隊はイラクやアフガニスタンに行ったり来たりしている。イラクにいる米軍はどうやって日本を守るのだろうか。

実は、米軍基地は何を守っているかというと、それは米国の七百以上の海外米軍基地でできている基地帝国である。つまり、基地は基地を守るためだ。そして、その基地帝国の中で、沖縄はとくに要石にはならないだろう。

沖縄が米軍の戦略的な要石になれないのなら、どんな要石になっているのだろうか。それを考えるために、(比喩ではない)要石は一体どのように機能しているのかを考えてみたい。具体的に、要石はアーチを建築したときに使われる石なのだが、その石はどのように機能しているのか。ここでアーチの応力図を想像してみよう。

アーチとは、二つの石の積み重ねでできている。その積み重ねられた石のそれぞれの力は反対向きになっている。左側の石は右へ、右側のは左へ落ちたがっている。そのままだと両方は自然に崩れるが、間に要石を入れるとそうではない。つまり要石は、そのアーチを崩す力を、それを固定す

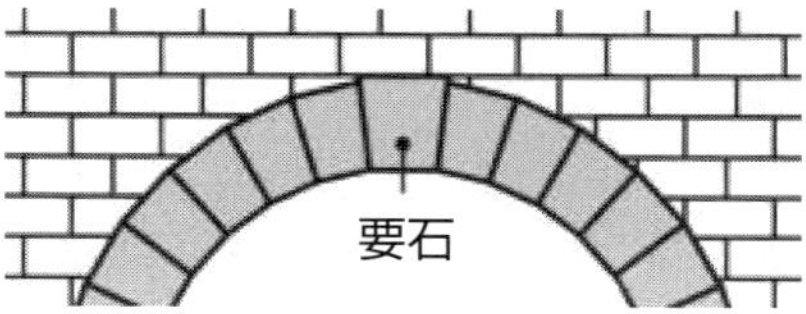

る力に切り替える。アーチを破壊する勢いを、魔法のように、それを固める勢いに替えるのだ。

では、もし沖縄が要石だと言うなら、その比喩はどのような現実にもとづいているのだろうか。どのような矛盾している勢力を固定しているのだろうか。

最近の世論調査によると、日本国憲法の第九条を変えないほうがいいと答える日本人は六四％（朝日新聞二〇〇九年四月）だが、日米安保条約がアジア太平洋の安全に貢献していると答えるのは七五％（読売新聞―ガラップ、二〇〇九年十二月）である。この数字を見ると、これは社会全体の矛盾だけではなく、かなり多くの個人の頭の中の矛盾でもある。

私は両方の意見を持つ人とよく会う。または、「安保」と「九条」は別枠だと思っている人もいる。ごく最近、私はある県の反戦平和の講演会のあと、護憲運動をやっている主権者に「安保と九条と関係があると今日はじめて知った」と言われた。実はこの、九条を守る運動は日本でかなり盛り上がっているが、一昔前、反戦平和運動の中心になっていた反安保運動はほとんどなくなっている。安保反対を言う人はいるが、それはだいたい六〇年・七〇年安保闘争のベテランだろう。安保反対の「意見」を持つ人がいても、体を動かしたり、その「意見」を公で表現したりするほど、反対している人はほとんどいないようだ。

つまり、主流世論を代表している個人は、以下の考えを持っている人だろう。

1 私は平和を愛している人です。平和憲法の日本に住んでいるのは、居心地よい。憲法九条をなくすのは、反対です。

2 日本の近くに怖い国があるので、米軍が近くにいないと不安です。

もちろん、この二つの意見は見事に矛盾していて、一つの社会の中で、または一人の個人の頭の中で成り立つはずがないだろう。その成り立つはずのない、二重意識はなぜ崩れないのか。

答えは沖縄だ。

日米安保条約から生まれる基地を「遠い」沖縄に置き、基地問題を「沖縄問題」と呼ぶ。基地のことを考えたいとき（福生や横須賀ではなく）「遠い」沖縄まで旅し、「ああ、大変」と思い、平和なヤマト日本へ戻ってくる。つまり、軍事戦略の要石として沖縄の位置はとくによくないが、日本の矛盾した政治意識をそのまま固定するために、遠いけれども遠すぎてはおらず、近いけれども近すぎてもいない、ちょうどいい距離だ。

その「距離」とは、地理的なことだけではない。ヤマト日本人の（潜在）意識の中で、沖縄は二つあるらしい。一つは日本の一部としての沖縄で、もう一つは海外としての沖縄、である。日米安保条約の下で、米軍基地を日本に置かなければならない。沖縄は法的には「日本」になっているので、なるべく多くの基地を沖縄に置けば、条約の義務を果たすことになる。また、平和憲法の下で日本本土に外国の軍基地を置くことはふさわしくないので、なるべく多くの基地を「海外」の沖縄に置けば、自分が平和な日本に住んでいるという幻想を（辛うじて）維持できる、ということだ。

これが、沖縄が要石となっているアーチの応力図だ。そのアーチが崩れないためには、もう一つの条件が必要である。それはなるべく考えないということだ。だからこそ、最も聞きたくないのは、基地の県外移設のことだ。その話は、アーチの要石を抜くことになるので、きわめて怖いのである。自分が支持している（またはたいして反対していない）安保条約は、米軍基地を自分の住んでいるところに置く、という意味の条約だということを、なるべく考えたくないのだから。

あの統計

沖縄の人は「基地」に関して話しはじめると、必ずと言っていいぐらい「あの統計」に触れる。つまり「沖縄は日本全国の領土の〇・六％でしかないのに、日本にある米軍基地の七五％は沖縄にある」と。確かにこれは信じられない数字だ。逆に言うと、残りの二五％の基地は沖縄以外の九九・四％の領土にあるということだ。人口で計算すれば、沖縄人の一人当たりの基地負担は、ヤマト日本人の二八〇倍（嘉手納町の場合、それは一四八〇倍）になっている（琉球新報二〇一〇年五月十五日）。

この統計は激しいと同時に、それを発言することが（言葉はごく簡単なのに）かなり複雑な意味を持っている。つまり、二つの国に対する批判と、その批判の根拠となる二つの原理が含まれている。もちろん、基地は米軍のものだから、米軍に対する批判である。しかし基地の負担を沖縄にもたらしているのは日本なので、日本に対しての批判でもある。そして、基地は戦争のためなので、基地に対する反発は反戦平和の原則にもとづいている。しかし、反戦平和の原理だけであるならば、統計自体は何のためなのだろうか。反戦平和の原理だけならば、基地の何パーセントがどこにあるかは関係ないだろう。反戦ではなく、〇・六％対七五％のあの統計は不平等を物語っているのだ。そして不平等があまり激しくなると、それは差別になるし、ある民族に対して激しい不平等の状態を強制すると、それは植民地扱いということになる。

ごく普通に考えれば、不平等の解決は平等だろう。ところが、ほとんどの沖縄の人はあの統計を持ち出して、不平等に不満を表明していたが、次のステップに進んで、「したがって平等がいい」と言った人は、最近まで非常に少なかった。つまり、その解決策はタブーだった。県外移設の話をすると、人は困り、戸惑い、怒り、場合によってパニックに近い状態になることもある。その話によって、優しい、のんびりした癒しの島＝沖縄のイメージがくずれる。なぜなら、県外移設の話には、要石を抜く力があるからだ。

そんなまったく常識的な考えがタブーになることはきわめて珍しいことだ。いや、それは常識的ではないとまだお考えになっている読者は、もう一回次の論法を考えてほしい。沖縄から本土を見ると、どうも、あの人たちは日米安保条約が欲しいように見える。安保反対運動はほとんど見えないし、反対「意見」を持っている人はいても、体を動かして反対する人がほとんどいない。上述したように、世論調査によると、全国の安保支持率は七五％である。それに対して、沖縄での安保支持率は七％だ（琉球新報二〇一〇年五月三十一日）。安保条約は、米軍基地を日本領土に置く、という条約だ。安保を支持することは、米軍基地を置いてほしい、という意味以外何物でもない。であるならば、その基地を「欲しくない」人のところを置くよりも、「欲しい」と言っている人のところに置くのは、珍しくない、ごく当たり前の考えなのではないだろうか。

廃止論

ところが最近、タブーを破り、この常識的なことを言う人がだいぶ増えてきた。そうすると、一種の平和主義者（とくに本土の）から、批判がくる。「移設ではなく、廃止でしょう」と。理由はもっともだ。軍基地をある場所から別の場所へ移すだけでは根本的な解決にはならない。新しい場所で、前と同じように住民に迷惑をかけるだろうし、戦争もする。運動は反戦平和の原理にもとづいている以上、基地の移設を支持できるわけがない。反戦平和運動は、基地の所在を変えるのではなく、この世から基地、軍隊、戦争をなくすことだ。したがって目的は、移設ではなく、廃止、ということだ。

この主張によって、発言者の思想が、県外移設論者の思想より優れた、レベルの高いものだと、聞く人が感動するかもしれない。その反面、ちょっとお説教のように聞こえるかもしれない。しかし、誰の思想のレベルが高いかという問題ではなく、その発言の中身が具体的に何なのかを考えなければならないと思う。

つまり、米軍基地を「廃止」する（「ぶっ壊す」と言う人もいるが）とは、どういうことだろうか。普天間海兵隊航空基地の中には、不動産（土地、滑走路、建物）、動産（飛行機、トラック、武器など）、そして人間（兵士）が入っている。土地に関して、「廃止」や「移設」ではなく、「返還」という言葉が適切だろう。滑走路や建物の場合、基地は「廃止」になっても「移設」になっても、毀されるだろう。問題は、飛行機、武器、兵士なのだ。普天間基地の場合、それは第一海兵航空団（の一部）という組織になっている。それを、移設させるのではなく、廃止するということは、どういうことだろうか。それは、その軍団を解散させ、飛行機、ヘリ、武器などを破壊し、そして兵士を（入隊契約が切れていなくても）除隊させる、という意味だろう。それが実現できれば、確かに優れた、レベルの高いことだろう。ところが目的を達成するためには手段が必要だ。この目的を達成するため、どのような手段があるだろうか。「米軍基地を廃止せよ」という（日本語の）ビラを日本人にまき、プラカードを持ち歩く、ということではないだろう。「米軍基地を廃止せよ」と日本政府に訴える人はいるが、日本政府にとってそれは権限外のことだ。ある主権国家が別の主権国家の軍団を解散することは、戦争して勝たないかぎり、決定できない。日本政府は（しようと思えば）普天間基地を沖縄のどこにも置かない（県外移設）、または日本国のどこにも置かない（国外移設）は決定できるが、その基地（軍団）をなくすことは決定できない。したがってそのことを日本政府に訴えることは、レベルが高すぎて、空まで飛び上がるほどの空論である。

「基地の移設は根本的解決にならない」ということは確かだ。ところが、「根本的解決」とは何だろうか。日米安保条約を廃止すること？　それは米軍基地のすべてを国外へ移設するだけのことなので、素晴らしいことであっても、根本的な解決にならない。反戦運動の最終目的は戦争をなくし、平和運動の最終目的は世界平和を獲得することだろう。そうすると沖縄に、根本的な解決ができるまで待て、という言い方をどう考えればいいだろう。それは最終目的と、今の状況で実現可能な（実現しなければならない）目的とを混同させることになるのだ。ユートピアが実現できるまで、低賃金で働け、のような発言にならないだろうか。

そしてここで「要石」の不思議な効果が見えてくる。とても優れた、良心的な主張——すべての軍基地を廃止すべきだ！——の力が、要石のマジックによって、正反対の働きになり、米軍基地を沖縄に置け！　というアーチを固定する力になるのだ。

そして、軍基地の移設だけでは、何の根本的な解決にならない、という言い方に対して、上述したように、沖縄の反基地運動は二つの原則に立っている。つまり、反戦平和と、不平等＝植民地扱いに反対、という二つだ。米軍基地を沖縄から追い出すことは、その不平等問題の根本的解決への大きな一歩になる。日米安保条約は、沖縄ではなく、東京の政府が結んだ条約であり、沖縄でそれを廃止すると決定しても、なくならないだろう。沖縄の政治力でできることは、米軍基地（まず、普天間基地）を沖縄に置かせない、ということだ。安保問題の解決は、安保問題をつくった人びとでないとできないだろう。

無条件撤去、グアムなど

「県外国外移設」という言葉を使いたくない人は、「無条件撤去」というスローガンを選ぶことがある。その気持ちはわかる。なぜ私たちが米軍の不動産屋になり、あちらこちら適切な居場所を探さなければならないのか。どこへ行けばいいかを示さず、「出て行け」と言えばいいだろう、と。米軍に対する怒りをよく表現する言い方だ。と同時に、この言い方では、「県外移設」と違って、基地の負担の七五％を沖縄に押し付ける本土日本に対する怒り、または安保を支持している本土はその責任を取るべき、というような中身が完全に消える。そして「撤去」は「廃止」と同じように、基地がこの世から消えるべきと言っているように（だからまたよりレベルの高いもののように）聞こえるかもしれないが、実はそうではない。基地の中にある軍団はどうするかという観点から見ると、国外へ移動するので、「国外移設」と変わりがない。

「グアムに置けばいい」と言う人は（運動家にも政治家にも）いるが、それも興味深い言い方だ。グアムは日本国の国境の外にある、アメリカの領土（植民地）であり、日本政府にはアメリカ政府が基地をグアムに置くか置かないかの決定権などないだろう。権限外のことだ。草の根運動の人たちがグアムの基地反対運動と連帯し支援してもいいのはもちろんだが、日本の運動家や政治家が「グアムに置け」と言うと、かなりの問題発言になる。そのことを提案してもいいと思っていること自体が、グアムが以前日本の植民地だったという記憶が、発言者の潜在意識の中でまだ働いているということではないだろうか。

植民地か

私は「植民地」という言葉を使ったが、沖縄は日本の植民地かどうかに関して、意見が分かれる。法的には沖縄は昔のような植民地ではないのだが、沖縄の近現代史の観点から見ると、植民地説は十分成り立つ。興味深いのは、「沖縄は日本の一部（復帰思想）」という見方と、「沖縄は植民地」という見方がまったく違う世界観になり、どちらの見方を選ぶかによって、まったく違うことが見えてくる、ということだ。私はどちらの見方が「正しい」と決める立場の人間ではないので、ここで読者に提案したいことは、仮にでもいいから、「植民地」というパラダイムを通して見てみて、何か新しいことが見えてこないかという、頭の中の実験をすることだ。

例えば、もし沖縄が植民地であるならば、沖縄の観光地としての人気はどのように見えてくるだろうか。本土日本から沖縄を訪ねる観光客の数が、年に五百万人を超えているそうだ。その人気は何なのだろうか。沖縄は暖かい、海がきれい、人が優しい、文化がスロー、時間がのんびりしている等々、「癒しの島　沖縄」というイメージがある。この「癒し」と言われる現象はいったい何だろう。言うまでもなく、沖縄の人にとって、沖縄は「癒しの島」にはなっていないのだ。もちろん、

「癒し」という気分の一部は、ただ旅人の気分だろう。自分の仕事と周りの社会から離れて、旅先の社会の上を飛んでいるという気分、それが旅の楽しみだ。しかしその気分はどこへ旅をしてもあり、沖縄の特殊な魅力の説明にはならない。それを理解するためには、近代日本史の中の沖縄を考えなければならない。明治時代、大日本帝国を構築したとき、一番最初に奪った土地が沖縄だろう。そしてとても急速なペースで、日本は鎖国の国から偉大な帝国になり、国民は「植民者民族」というアイデンティティーに変わった。そしてまた急速なペースでその植民地をすべて失った。「植民者アイデンティティー」の根拠がなくなった。

と思うと、一つだけ返ってきた。それが沖縄だ。

その歴史の文脈の中で考えると、沖縄観光旅行は「植民者体験旅行」になる。旅だから社会の上を飛んでいるだけではなく、植民者の有利な立場にいるから、さらに上を飛んでいるのだ。「人は優しい」「心が傷つくことを言わない」「すなお」「よく笑う」などの言い方の意味はまったく別になるのだ（この「植民者体験旅行」現象は日本だけではない。アメリカにとってのハワイ旅行もそうだ。「この世界で最も行きたくない所がワイキキだ」とハワイ先住民に言われたことがある。もちろん、ワイキキで仕事している先住民は観光客を笑顔で迎えるだろうが、観光客でそれが業務用笑顔だとわかる人は少ないだろう）。

全部ではないが、多くの観光客が平和ツアーに参加し、沖縄戦の跡地も見に行き、そして米軍基地を——例えば嘉手納基地を「安保が見える丘」から——見に行くこともある。なぜ米軍基地を見るために、沖縄まで来るのか、という謎がある。三沢、横田、横須賀、岩国、佐世保へは飛行機代なしで行けるのに、修学旅行が平和学習で日本本土にある基地を見学するという話は、聞いたことがない。

そして、だいぶ前から毎年五百万人の観光客が沖縄に来ると言われているが、もし例えばその中の十人に一人が、その体験によって積極的に反基地反安保運動を始めれば、十年ごとにその運動は五百万規模で増加し、現在までに大変な、日本の政治を支配できるぐらいの勢力になったはずだ。ところが、日本の反安保運動は、拡大してきたのではなく、数十年前から減りつづけてきたのだ。上述したように、現在も真剣に反安保運動をやりつづけている人たちは、六〇年・七〇年安保闘争を経験した（私のような）白髪のベテランだけだろう。

であるならば、平和ツアーに参加する本土日本人は、実際何をしに来るのだろうか。沖縄戦の跡地、資料館などを見て、「最後の地上戦が本土ではなくてよかった」という（潜在意識の）考えは、かなりの癒しになるだろう。そして、米軍基地がどれだけ迷惑で侮辱的な存在であるかを学び、「絶対に米軍基地を私の住んでいる場所に置かせない。沖縄はかわいそうだけれども、やっぱり沖縄に置くしかない」と、基地はちゃんと沖縄に片づいているのを、自分の目で確認することも、気持ちのいい癒しになるだろう。

そのような感覚がまったく入っていなければ、「沖縄旅行」と「反安保」との無縁さをどう説明すればいいのだろうか。

鳩山由紀夫が沖縄問題で総理大臣を辞めた、クビになったことをどう考えればいいだろうか。そのことに関しても意見が分かれる。沖縄ではがっかりしている人もいて、怒っている人もいる。私の見方はちょっと違う。彼を辞めさせた、または辞めざるをえない状況をつくったのは、裏で動いている政治家や官僚ではなく、沖縄の頑固な反基地運動だと思う。そう考えれば、日本政府のトップが市民運動によって倒されたのは、六〇年安保闘争時の岸信介以来、日本史で二回目のことだ。そして六〇年のとき、全国の運動がその結果を出したが、今回は、沖縄だけの団結でそれぐらいの力になったのが、すごいことだと思う。そして、辺野古という小さな村の絶対崩れない団結が沖縄全体の団結の核心になり、沖縄全体の力の原動力になった。なるほど、村でも、決心すれば、国際関係を揺らすことができるのだ。ヒラリー・クリントン米国務長官の最初の本のタイトルは『村中のみんなで』(*"It Takes a Village"*)となっているが、辺野古で困っている彼女は、そのうちそのタイトルを変えたくなるかもしれない。

鳩山は、普天間基地を、最低県外へ移設すると約束した。ところが、県外では、その基地が行ける場所はなかった(と日本のマスコミや政治家が言った)。この「なかった」というのは、どういうことなのだろうか。それは地理的な事実ではない。地理的に、本土では、普天間基地を簡単に置ける所は無数にあるのだ。佐賀空港には飛行機は来ない、と私は佐賀県の人に聞いた。松本空港も日本航空は来なくなり、大変に困っている、と松本の人から聞いた。岩手県には米軍基地は一つもなく、車がほとんど通らない、滑走路になりそうな林道がある、と盛岡の人から聞いた。それ以外、関西空港案、茨城空港案、横田基地合同案など、さまざまな可能性がある。ところが、鳩山や鳩山政権の代表が、それらの地域へ行き、可能性を調べ、住民を説得してみたという話は聞いたことがない。そのような場所は、最初から問題外となっている。なぜ問題外かと言うと、佐賀県や茨城県に置くと言えば、反対運動が起こるだろう、ということだ。繰り返して言うと、「起こるだろう」ということだ。

なるほど。反対運動が起こりそうな所に、軍基地を置けないのだ。そうであるならば、辺野古は無理だ。日本列島のあらゆる地域の中で、最も無理なのは、辺野古だろう。辺野古浜辺の座り込みは、二千数百日間続いて、ギネスブックに載せるべきだと考えている人もいる。どの地域がその記録を破り、その頑固さを越えられると言うのだろうか。

しかし鳩山は「やっぱり辺野古」と決めた。辺野古の長い、苦しい運動より、「運動は今やっていないが、やるだろう」という地域を大切にしたことが、バリバリ差別ということ以外、言いようがないだろう。鳩山は、悲しそうな顔をして謝れば、沖縄の人は（植民地のよき臣民のように）あきらめるだろうと思ったらしい。だから、あんなに強くＮＯ！と言われて驚いたようだ。最初から普天間基地を辺野古に置くことは不可能だったが、彼はそれをさらに不可能にしてから、「やっぱり辺野古だ」と「決めた」。なぜ「決めた」をカッコに入れるかというと、不可能なことを決めても、決めたことにはならないからだ。不可能なことを「決める」総理大臣はクビになるものだ。

袋小路状態になってきた。普天間基地を宜野湾市に置けない。辺野古に置けない。勝連半島に置けない。本土に置ける所はたくさんあるが、日本政府は本土に置くような、または国外へ送るような政治的意志はつくれそうもない。では、普天間基地はどうすればいいだろうか。しかし、その問題は本土日本の「米軍基地が欲しいけれども欲しくない」という矛盾した考え方から生まれた問題だ。沖縄はその矛盾の解決策の任をずっと務めてきたが、それを続ける義務はどこにもないし、今度それをやめたらしい。「沖縄問題」は終わった。さあ、ヤマト問題だ。

要石の要？

鳩山政権が成立したばかりのとき、ゲーツ米国防長官が来日して、「辺野古は要（linchpin）だ」と言った。なるほど。要石にはまた要があるのだ。ところが、その要はもう抜いてある。アーチはどのように落ちてくるだろう。

（初出●講演、二〇〇九年一二月二二日）

●ミニ解題●

「沖縄は太平洋の要石だ」は、冷戦時代の米軍の言い方だ。共産主義勢力に対する、アメリカの封じ込め政策によって、ソ連と中国の周りに軍基地を並べた。沖縄は本土日本とフィリッピンの間にあるので、地図で見ると「要」に見えただろう。当時その比喩が当たっていたかどうかはともかくとして、米軍が中東ばかりで戦争している現在では、その比喩はとんでもない。

このエッセイでは、その言葉を借り、別の現象を表現するために使ってみた。つまり、ヤマト日本人の多くは平和憲法も安保条約も支持しているが、その完璧に矛盾した考えは、要石が抜かれたアーチのように崩れるはずだ。そこで崩れないように働く要石が、沖縄だ、ということだ。平和憲法は「軍基地を日本に置かない」となっていて、安保は「基地を日本に置く」という。では沖縄のような「日本であるような、そうではないようなところ」に基地を置くと、その基地は「日本にあるけれどもない、ないけれどもある」ということになる。矛盾した考えは崩れない。要石だ。

この考えの構造をヤマトの人に話したら、なるほどと言う人もいれば、怒る人もいる。なぜ怒るかというと、これは普天間基地の県外移設論の一部であるからだ。米軍基地は、安保条約が欲しいと言っている人のところに置くべきだ、という説だ。あるとき東京で激しい議論に参加してから、家へ帰って和英辞書を出した。私の語彙に入っていなかった言葉が使われたからだ。調べてみて、わかった。「愚鈍」はバカよりさらにバカ、ということだ。極端なバカだ。人の痛いところに触れると、そういう言葉がでる。

戦争をするI——

暴力国家

（策九条は）全人類への未来からの贈りものである。チャールズ・オーバビー

国家の「魔術」

近代国家に関する定義の中で最も多大な影響を及ぼしたものは、たぶん今世紀初頭、マックス・ウェーバーによってもたらされた定義だろう。国家とは、ある一定の領域内部で“Monopol legitimer physischer Gewaltsamkeit”を実効的に要求する人間の共同体である——このようにわれわれはウェーバーから教わる。このドイツ語の言葉は日本語では「正統な物的暴力性の独占」と訳され、英語では“a monopoly of legitimate violence”と表される。*1 この定義は非常に広く普及した。この定義を疑うことは理性そのものを疑うことのようであり、それが何を意味しているのかを考えよ

うとすること自体に大きな精神的努力が必要とされるほどである。国家が暴力的組織であり、その暴力が法に則って実行されるとき正統なものとなる、ということは、近代的政治学の基礎となり、近代的な国内法・国際法の基盤となった原理、国際諸関係が実現される原理である。この原理は（いく人かのアナーキストや極端な平和主義者を除いて）一般大衆に常識として受け入れられてきた。われわれはみな、収税吏がわれわれに税金を払わせても、それが「強奪」にはならず、警察が棍棒で人びとを殴っても、それが「暴行」にはならず、死刑執行人が絞首刑か毒ガスで人びとを殺しても、それが「殺人」にもならず、そして、軍隊が戦時において都市に爆弾を投下しても、それが「テロリズム」にはならないことを知っている。

われわれは、こうしたことを「知っている」。しかし、この知るということは、何を意味するのだろうか。もし、何かを知ることが精神の働きであるならば、いかなる種類の働きが国家による死刑執行が殺人ではないということや、爆撃がテロ行為ではないということを「知る」ことになるのだろうか。われわれがこれらの物事を「知る」とき、われわれは何を行っているのだろうか。この「知ること」は、また「知らないこと」の一形態ではないのか。それは、忘れることを前提とした「知ること」ではないのか。われわれに世界の現実を触れさせるかわりに、その現実の重要な部分をわれわれに見えなくさせてしまう、そういうことを伴う「知ること」ではないのか。

「正統な暴力」という表現を考えてみよう。この表現は、その言葉自体が一つの矛盾であり、論理的には不可能な表現である。『広辞苑』によれば、「暴力」は、「乱暴な力、無法な力」と定義されている。これらの表現は、力の不当な使用を、明瞭に意味している。したがって、ウェーバーの定義は「正統な不当性」を語っている。おそらく、ここには翻訳上の問題があるかもしれない。確かにドイツ語の“Gewalt”と英語の“violence”は、日本語の表現のように不当性を強く意味するわけではない。これらの表現はもっと価値中立的なもののように聞こえる（後述するように、完全に価値中立的であるわけでもないのだが）。これらの表現は、一つの現象を言い表しているにすぎず、その現象が合法なのか非合法なのか、正当なのか不当なのか、ということには沈黙しつづけている。それらは自己の行為への批判なしに、その行為を表現するのに役立ちうる。さらに、それらは乱暴な何かについて必ずしも触れるわけではない。例えば、これらの単語は軍隊や機動警察の高度に訓練された行動についても言及することができる。したがって、「実力」と訳されることもある。しかし、こうなるとウェーバーの意図を見失う危険がある。彼本来の表現が持つ「衝撃的な意義」を（これまで以上に）薄れさせ、重要な何かを（これまで以上に）隠してしまう危険がある。この問題についてはのちほど触れることとしたい。

国家の正統な暴力には、三つの形態——警察権、刑罰権、交戦権——がある。国家の警察権のもとで、警察には警棒と拳銃の携帯が認められる。そして、彼らは殴ったり、発砲したりすることができる。これらの行為は警察によってその義務を遂行する過程で実行されるかぎり、刑事上の暴行とは見なされない。一個人としての警官ではなく、むしろ彼・彼女の公職が、人びとを殴り、発砲し、そして逮捕する、この権利を有している。それは国家の権利である。この権利を一個人としての警官が国家の代表として実行する。「公職」や「代表」という単語に含まれた魔術によって、個人としての警官は無罪と見なされる。この無実は法的かつ道徳的である。警官は、逮捕もされないし、社会的に非難されるわけでもない。逆に、彼・彼女は、社会的に賞賛されるだろうし、あるいは英雄と見なされることすらあるだろう。

国家の刑罰権のもとで、国家は、人びとに金銭を支払わせたり(罰金)、彼らを鉄格子の中に閉じ込めたり(投獄)、殺したり(死刑)することができる。私は、日本では死刑が絞首刑によって実行される、と理解しているのだが、どう行われるのかについては知らない。しかし普通、絞首刑は次のように行われると言われている。ある人を落とし戸のある台に立たせ、彼・彼女の首に縄をかけたあと、その落とし戸を開く。その人は落ちて、縄によって突然に止められる。その際、この縄によって彼の首の骨は折れ、その喉笛は押しつぶされる。そうなる間に、首はまたかなり伸ばされる。もちろん、誰かが落とし戸を開くボタンを押さなければならない。本物のボタンと一緒に複数のダミーがあるらしい。そして、複数の人がこれらのボタンを一人一個ずついっせいに押す。こうして各人は、自分ではない誰かが殺人を犯した、と信じることができる。しかし、どう実行されようと、そうしたことは、日本政府に(そして大半の政府に)職務内容に殺人行為を含む一人もしくは一人以上の公務員がいる、ということを意味する。また、この人は(夜、なかなか眠れないかもしれないが)法的にも道徳的にも非難されはしない。

交戦権は、戦時中、兵士たちが人びとを殺し、傷つけ、捕らえ、所有物を破壊する権利である。

交戦権を権利と呼ぶことは奇妙に聞こえるかもしれない。しかし、兵士から見れば、交戦権はきわめて重要な権利である。交戦権は戦争を可能にする。兵士が外国に行って人びとを殺すことを自分の政府に命じられたあと、殺人のために逮捕された、という状況を想像してみよう。そんな労働条件の下で誰が戦争に行くだろうか。兵士が殺す権利は、国内法と国際法によって守られている。敵軍に捕らわれた兵士は戦争法に従い、戦争犯罪に加担していないかぎり、自分がしでかした行為によって裁判にかけられたり罰せられたりしない。一人の敵軍兵士がちょうど一〇分前に爆弾を投げて、ある兵士の兄弟や一〇人の親友を殺害したとしよう。そして、その兵士がこの敵軍兵士を捕らえたとする。だが彼を傷つけてはいけない。むしろ、戦争捕虜として彼を守らなければならない。そして、戦争が終われば、戦争捕虜たちは無傷で母国へ解放されなければならない。そこで彼らは普通、英雄として歓迎される。

これが国家の魔術である。国家は、この魔術によって、現象としての実際の内容を変えずに、現象を別の何かに変化させる。行為には、私的個人によって行われると、われわれを恐怖と嫌悪感で満たし、人類に対する絶望へと誘うものがある。そういった行為も国家によって遂行されればめったに気づかれない。今日の世界には何千何万の人びとの死に責任がある大統領、首相、将軍たちがいる。彼らがテレビで微笑みを浮かべて現れても、視聴者は衝撃を受けるわけでも胸がムカムカするわけでもない。視聴者は放送局に電話をかけて、大量虐殺者がまるで尊敬すべき市民であるかのように放映されることに抗議するわけでもない。

正統な暴力——その仮説

以上が国家の魔術である。この魔術によって国家は惨事を行政行為に変える。この魔術がどのように働くのか、私は正確に把握しているわけではない。ある心理的メカニズムによって国家は、われわれがAという現象を見たとき、Bという現象を見ている、とわれわれに思い込ませるのだが、私はこの心理的メカニズムを理解しているわけではない。しかし、ここには問われるべきもう一つの疑問がある。なぜわれわれはまず国家にこの権力——正統な暴力という権力——を与えたのか。この疑問には比較的容易に答えることができる。私はここで「われわれ」と言う。なぜなら、今日の有力な政治理論に従えば、国家権力は人びとの同意に由来する。つまり、国家は人びとによって付与された権力しか持たず、それ以上のものは持たないからである。それならば、なぜ人びとは国家に正統な暴力の独占権を付与したのか。もしくは、歴史的事実の問題として、人びとが国家にその権力を「付与した」ということを信じられないのならば、疑問は次のように言い換えることができる。すなわち、どのようにしてわれわれは国家の暴力が正統であると信じるようになったのか、と。答えは単純である。そして、政治理論の上でも常識の上でもよく知られている。この暴力は世界を安全に住める場所にする、と信じられてきたからだ。この考えによれば、国家は、自国の市民を守る——国内では互いに傷つけ合うことから市民を防衛する、国際的には外国人から彼らを守る——ために、その暴力としての権力を行使するだろう。

この見解はトーマス・ホッブズによって最も明快に示された。『リヴァイアサン』における彼の有名な定式によると、国家がなければ、人類は万人の万人に対する闘争という自然状態の中で生きる。この事情のもとでは、各人は自分自身が暴力を行使する権利を持つ。この権利を正当な暴力と呼ぶことはちょっと正しくない。なぜか。ホッブズは、その権利が自然権（生存権）に立脚する、と述べているのだが、自然状態では、積極的な意味において正当なものは何もない。なぜなら、ここには法もなければ、道徳も適用されないからである。そして、いかなる制度も権威も原理も、何かを正当化する力を有してはいない。ここでの暴力は法以前の状態、道徳以前の状態にあり、無規律である。この暴力は「乱暴」を非常に正確に意味している。それは秩序を創造するための能力を持たない。この住みにくい状態を逃れるために、人びとは一つの社会契約を結ばなければならない。その契約の正確な内容は、各人は他のあらゆる人と一緒に同じことをするという条件で自分の自然権を放棄することである（ホッブズは、この自然権を「あらゆるものへの権利」[*2]と言い表しているのだが、それはもちろん、無制限な暴力行使権を意味する）。しかしながら、ここに一つの例外がある。一人の人物または一集団が、自然状態で持っていた権力を保持する。これが主権者（王または議会）となる。そして、その合法的となる以前の暴力権、道徳となる以前の暴力権であったものが、主権者の権力となる。ウェーバーはこの主権者の権力を正統な暴力の独占と呼ぶ。ただし、ホッブズの定式の中では、この独占を「正当な」ものと呼ぶか否か、議論の余地がある。その独占は、社会契約によって認められ、人びとの同意があるという点で、正統である。だが、合法的・道徳的という意味では正当なものではない。なぜなら、この独占は、ちょうど自然状態と同様に、法に優先しつづけ、したがって道徳にも優先しつづけるからである。ホッブズによれば、道徳は法を通じてしか成就しえないものである。確かに、これこそホッブズの議論における最も奇妙な契機の一つである。外的権力――虚無主義的で、法も形式も持たず、しかも無制限な外的権力――によって、社会は統治され、人生は規律正しいものとなり、社会性と倫理的行動は可能となる。ホッブズはまた、主権者が自分の権力を無規律に利用しないことを、または不合理に利用しないことを、あるいは恣意的に利用しないことを、読者に納得してもらおうとする。しかし、それにもかかわらず、彼はこの点に関するいかなる保証も与えていない。権力それ自体は無規律であり不合理でありかつ悪意的であるため、ここでホッブズの議論は説得力を持たなくなる。

しかし、以上はホッブズの読者としての私の意見でしかない。歴史的事実の問題として、ホッブズの議論は（彼だけではなく、またさまざまな形でたくさんの人からも他に提供されたのだが）ほとんどあらゆる人びとを納得させ、世界の常識となった。ある人たちにとって、ホッブズの議論はまさに一つのテストである。このテストによって、ある人物が現実的であるか、それとも無謀な夢想家であるか、試すことができる。もちろん、この感情的基盤は人びとがお互いに対して持っているひどい恐怖感である。すなわち、泥棒と殺人鬼への恐怖感であり、内戦への恐怖感であり、外国人への恐怖感であり、抑圧された者と搾取された者による暴動への恐怖感である。われわれが国家に正統な暴力の独占を許すならば（以上の議論の推移が示すように）国家はわれわれを守るためにその権力を行使するだろう（少なくとも行使する確率は高い）。その際、利益は相対的なものでしかない。主権者の権力の下での生活は厳しいが、他に選択可能な生活ほど厳しくないだろう。ホッブズはこのことをすでに認めていた。彼が言うように、「主権者の権力は、その欠如ほど有害ではない」[*3]。

もちろん、ホッブズがこの議論を提起したとき存在したのは、事実ではなく、もっぱらまだ検証されていない仮説だけであった。彼が描写したような類いの国家、彼が提示した理論的基礎にもとづいた国家は、どこにも存在しなかった。世界史は、それ以来、地球上の至る所に国家に関するホッブズ的見解が徐々に浸透していく過程として、解釈されうるだろう。とくに最近の一〇〇年間、この過程は猛烈な勢いで加速されつつある。一〇〇年前、独立した国民国家は一握りしかなかった。今日、この「正統な暴力の独占」権を振るっている国家権力の下で生活していない共同体や個人は、ほとんどいかなる場所にも存在していない。

正統な暴力――その現実

かくして、ホッブズが書き残して以来、この仮説はたいてい熱心に実際に験《ため》されてきた。この仮説を最も単純な言葉（つまり、大半の一般人を説得した言葉）で言い直すと次のようになる。すなわち、もし、われわれが国家に排他的な暴力行使権を許すならば、国家はわれわれを守るためにこれを使用するだろう。国家はわれわれを外国から守るために交戦権を行使し、われわれをお互いから守るために警察権力と司法権力を行使するだろう。これこそが近代国家を生みだした「社会契約」である。それは多くを望む社会契約ではない。それはユートピアの設立を、暴力から完全に自由な世界を、期待しはしない。それは単に、暴力が減ることを希望し、非業の死を遂げる人びとの数が少なくなることを望む。それは、「政治的現実主義」そのものである。

二〇世紀はこの仮説が最も徹底的に験された世紀である（そして、それはなんという実験だったのだろう。ほぼすべての人類がこの実験に参加したのだから）と考えるならば、今こそその諸結果を冷静に思慮深く評価するのによい時期だろう。

・国家は自国市民を守るのに成功したのだろうか。
・暴力の水準は緩和されたのだろうか。
・前世紀と比較して暴力による死者の数は減少したのだろうか。

これらの質問の答えを知るために歴史学者になる必要はない。その答えは歴史を通じて膨大な文書に記されている。それはあらゆる人びとに知られている。ただし、その意義は――なぜか――ほとんど認められていない。以下、質問に関連した三つの事実をあげていこう。

①二〇世紀、人類史上、最もたくさんの人が暴力による非業の死を遂げた。
②国家こそが大量殺人犯である。マフィアでもやくざでも強盗でも嫉妬に満ちた恋人でも復讐しようとする人でも狂気にとらわれた連続殺人犯でもない。二〇世紀の殺人犯第一位は国家

そのものであった。ある研究者によると、（一九八七年現在）国家は二〇世紀に二億三二一万人の人びとを殺してきた。[*4] この統計そのものを私は検証していない。この研究者は大いに誇張しているかもしれない。そこでこの数値を半分にしてみよう。不幸にもこうしたところでその結論に変わりはない。

③国家が殺した人の大半は自国の市民である。もし国家が主に外国人を殺してきたとしたら――それでも、死亡者数はすさまじいものになるだろうが――われわれは少なくとも国家が自国市民への約束を果たそうとしてきたと言えるだろう。不幸にも実情は違う。前に引用した同じ研究者によると国家は一億三四七五万人の自国市民を殺害し、六八四〇万人の外国人を殺してきた。[*5] もちろんこの統計を歪めるいくつかの怪物国家――有名なところとしてはスターリン主義のソビエト連邦とヒトラーのドイツなど――が二〇世紀にあった。しかし、今日すら日刊紙からわかるように、世界中に、外国軍と戦う戦略をまったく持たずに、自国民との戦闘に全力を注いでいるような国家がたくさんある。

要するに、実験はうまくいっていない。

この小論の目的のためにユートピア的な理想主義を捨て、政治的現実主義の立場をとってみよう。われわれの多くは、自分たちが非業の死から守られるか否かと問うようになると、うまくいくような戦略を採用したがるだろう。よろしい。現実主義者になってみよう。現実主義者になるにはまず現実を見る必要がある。この場合、歴史的記録こそが関連した現実である。歴史的記録はわれわれに何を教えてくれるのか。われわれは正統な暴力行使権——殺人許可証——を国家に付与することによって、人類史上最強の大量虐殺者を創造した、ということである。これまでそのような記録を残してきたこの殺人機械が、将来われわれを守ってくれると期待できる——こういった想像が現実主義と呼ばれるのだろうか。これは夢見がちなロマン主義（国家ロマン主義）の最高形態ではないのか。

確かに国家間には違いがある——このことは真実である。権威主義国家は代議制民主主義国家よりたくさんの人を殺し、全体主義国家は権威主義国家よりもたくさんの人を殺している。[*6] これは世界各地の民主主義を求める闘争の継続にとってよい理由である。しかし、覚えておくに値することが一つ。代議制民主主義国家だけが都市焼夷弾と原子爆弾の投下を実行したのである。

二〇世紀、革命や独立運動の最中、国家とは異なる諸集団が自分たちのために正統な暴力行使権を要求した——このこともまた真実である。しかしながら、この場合、そのような集団は将来国家を奪取するか新国家を形成しようと望む。彼らの正統な暴力の行使権は実際国家の権利である。彼らは国家の権利をあらかじめ自分たち自身に適用していると考えている。

そして、暴力の行使の仕方にも違いがある——このことも真実である。今日、大国は一方では戦争法規に従わない国家の暴力も含めて暴力を非正当化しようとしている。他方で、彼らは戦争法規に従う国家の暴力をいっそう正当化しようとしている。彼らはある課題を隠している（実際にはそれほど首尾よく隠しているわけでもないのだが）。その課題とは、彼らが支配する世界体制を維持するために、自分たち自身が用いる暴力を正当化し、その体制を脅かす暴力を非正当化することである。これを私が書いているとき、ＮＡＴＯ（北大西洋条約機構）はアルバニア人の虐殺を止めるためにセルビア人を殺している。セルビア人の政府は、自分たちの暴力が正当でありアルバニア人の暴力は不当だと考えながら行動している。そこには一つのホッブズ的世界がある。万人の万人に対する戦争ではなく、リヴァイアサンの巨大リヴァイアサンに対する戦争という世界だ。

だが、問題はこれらすべての場合を通じて同じである。われわれは、この「正統な暴力」という異常な概念を考え出すとともに、われわれ自身が平和や自由や秩序をもたらす力を創造している、と期待する。しかし、その力は（また？　あるいはその代わり？‥？）抑圧や混沌や非業の死をもたらす。どのようにして、こうしたことは起こるのだろうか。この疑問に答える一歩として、この小論の出発点であった疑問に戻ろう。「正統な暴力」という表現は何を意味しうるのだろうか。そして、同じ一歩として次のように問うことから始めよう。この現象、すなわち「暴力」“violence”そして“Gewalt”という単語に関連したこの現象は、何なのか。

暴力という現象

この小論のはじめに私が述べたように、「暴力」“violence”“Gewalt”という単語は同義ではない。しかし、それでも――私がこれから議論するように――これらの単語は、重大な違いがあるにもかかわらず一つの共通の本質を含んでいる。これらの単語は同一現象に触れる。だが、それらは異なる文化的背景の中で発展してきたため、その現象の異なる側面を強調している。

日本語の「暴力」という表現から始めることにしよう。『広辞苑』にある「暴力」の定義は、前述したように、単純かつ簡潔に「乱暴な力。無法な力」となっている。「暴力革命」と「暴力団」が、その二つの事例としてのみあげられている。これらの事例の両方ともが非合法で反政府的なものである（興味深いことに、この辞書で「暴力」の直前の単語は「法力」となっている）。では、「乱暴」とは何なのだろうか。『広辞苑』には、またも簡潔に、「あらあらしい振舞をすること。無法な振舞」と記されている。和英辞典（研究社の『新和英大辞典』）はいっそう多くの情報量を示している。というのも、より多くの事例が記されているからである（なぜなら、正確な英語の同義語がないために「暴力」の多様な諸側面を表す多くの単語が示されなければならないからである）。定義として提示されている単語には「粗暴 wildness」「暴れ回ること rampage」「騒々しい行動 riotous behavior」「無秩序 disorderliness」がある。用例には、「土方が乱暴だ」「酔うと乱暴を働いて困る」「彼の文法はとても乱暴だ」が含まれる。この単語は、秩序の倒壊、規律の崩壊、混沌とした不合理な行動、そして、明白な目的のない行動を明らかに示唆している。もちろん「暴れる」という単語についても、同じことが当てはまる。再び和英辞典がいっそう詳しく記している。提示された単語には「暴動を起こす riot」「狂い回る rage（about）」「暴れ回る rampage」「暴れ狂う run amuck」「粗暴である be wild」があげられる。このように振る舞うものとして言及された事物には、台風、河川（「暴れ川」）、馬（「暴れ馬」）、子ども（「暴れっ子」）、酔っぱらい（「酔って暴れる」）、そして学生（「学生が暴れて数台のバスに火をつけた」）がある。

ここでわれわれは、ウェーバーの定義にもとづいてこの単語を使うと、ある困難を見出す。この単語は、警察、死刑執行人、看守、軍隊に期待される行動を言い表すわけではない。もちろん、ときにこれらの人びとは実際規律を破って「暴れる」ことはある。警察が暴動を起こし、死刑執行人はサディスティックな方法を用い、看守は囚人を叩き苦しめ、兵士たちは強姦と略奪を行う。しかし、これらの行為は、彼らの予定どおりの行為ではない。事実上の法律の侵害である。これらの行為によって「暴政」「暴虐」「暴君」など「暴」という単語を政府に適用することが、きわめて適切になる。こうした単語は正統化されていない政府行動に言及する。ウェーバーは、"Gewalt"という単語を使った際、この類いの行動ではなく、国家公務員による力の統制された使用、規律正しい使用、合法的な使用を意味させていた。にもかかわらず、以下で私が論じるように「暴力」という単語はもっと深遠なところでウェーバーが意味したものと何か共通している。

次に「暴力」という現象の第二の側面の「無法な力」に注目しよう。「法」という概念には三つの種類があるらしい。一つは政府によって制定された「実定法」である。この第一の法より古い第二の法は「仏法」である。第三のものはおそらく最初の二つよりもさらに古く、確かに論理的に両者に先行している。すなわち、「法《のり》」は「形、手本、規範」として規定される。

したがって、「無法な力」は単に国家によって制定された法律の違反を意味しているだけではない。むしろ、それは実定法に先行する「法」の侵害、実定法よりも根本的な「法」の侵害を意味する。仏教徒の法は、倫理的な規則である。それは礼節に則って生活するために人がなすべきことを言い表す。「のり」としての「法」は、さらに深遠な何か——世界そのものの構造の中にある秩序や、事物の本性に根ざした無欠性——に触れる。それは、非合法であったり不信心であるからというだけでなく、単にそれらがその形式であるということだけで侵害してはならない諸形式が存在することを暗にほのめかす。あるいは、その特徴をもっと正確に述べれば、そのような事物がどんな事情のもとでも侵害されてはならないということではない。むしろ、それらの侵害は他の条件がどうであれ、それ自体として常に侵害なのである。私は、こうした言い回しが同義反復のように聞こえることに気づいているが、以下の文章で明確化できるだろう。

次に、英語の“violence”という単語を考察しよう。*The Oxford English Dictionary*（略称ＯＥＤ）によれば、この単語は次のように定義される。「ある人物や所有物に損害を与えたり、または、被害をもたらすための物理的力の行使。肉体的な損傷を引き起こそうとしたり、または、個人の自由に強制的に干渉する取り扱いや使用。The exercise of physical force so as to inflict injury on, or cause damage to, persons or property; action or conduct characterized by this; treatment or usage tending to cause bodily injury or forcibly interfering with personal freedom.」

これは「暴力」の定義とは明らかに異なっている。ここには無秩序や混沌、粗暴、不合理性、あるいは統制の欠如に関することは何もない。さらに、“violence”が国家の法律への不服従を必ず意味するという主張もない。英語でのウェーバーの「正統な暴力 legitimate violence」という言葉は衝撃的ではあるけれども、論理的に矛盾しているわけではない。ＯＥＤの定義はきわめて正確に、警察や死刑執行人、看守、そして軍隊が行うことを言い表している（おもしろいことに、この辞書の定義は「個人の自由に強制的に干渉する。Forcibly interfering with personal freedom.」ととくに言及している。もちろん、このような行動が「暴力」の定義から除外されることはないが、私が参照したいかなる辞書もそれについて言及していなかった）。

ＯＥＤには「言葉の不適切な取り扱いや用法。Improper treatment or use of a word.」という別の定義がある。前述の「彼の文法はとても乱暴だ」という事例と比較してみると、この定義は興味深い。「文法」――言語の適切な用法――は「法」である。ただし、これは実定法や宗教によって、また、何らかの倫理的規則によって、必要とされているわけではない。にもかかわらず、それは「法」である。そして、それを無視することは「乱暴」であり "violence" なのである。

さらに、「何らかの自然な過程や習慣などの、自由な発展や遂行を妨げるために、それらに適用された不当な抑制。Undue restraint applied to some natural process, habit, etc., so as to prevent its free development or exercise.」という別の定義が記されている。ここには実定法や宗教に関することは再び何もない。キー・ワードは「自然な natural」である。その含意によれば、自然のうちに、すなわち、現実そのもののうちに、「不当に」抑制されるべきではない諸過程が存在するということである。自らの完全性を有する諸過程、自由に発展することを許されるべき諸過程が、自然のうちに存在する。われわれの要求がとても重要なものであり、これらの自然過程と競合するならば、われわれのなすべき最良のこととして、これらの自然過程の「不当な抑制」を決心しようとするにちがいない。だが、たとえそれらが「なすべき最良のこと」であるとしても、（ＯＥＤの定義に従えば）その行為自体は依然として“violence”なのである。

「暴力」は、「加害者」の行為を言い表す（その行為は無規律なのだろうか、粗暴なのだろうか、不合理なのだろうか、無統制なのだろうか。礼節に則った行動規範から逸脱しているだろうか。非合法なのだろうか。不道徳なのだろうか）。これに対して“violence”は、「被害者」への結果を言い表す（被害や損害はあったのか。人格的自由は干渉されたのか。ある自然過程に強制が加えられたのだろうか）。「暴力」は行為自体の性質を言い表す。“violence”は行為の結果を言い表す。

動詞形の単語である“violate”を検証するならば、違いはいっそう明確になる。ＯＥＤには、異なりながらも根本的には結びつけて考えられた定義が、いくつか記されている。第一の定義は「破ること、侵害すること、または道理に合わず踏み越えること。To break, infringe, or transgress unjustifiably.」である。越えてはならない物理的限界や境界を越えるために力を使う、というイメージがここにはある。このイメージは何か強姦のように思われるのだが、これは偶然に一致しているわけではない。正確には“to violate a woman”という言葉が強姦を意味している。

第二の定義は次のようなものである。「a．宣誓、または約束、誓約など、b．法律、戒律、規則など、c．抽象的・道徳的特質（例として真実、正義、純潔があげられている）などを、的確に維持したり遵守したりしないこと。To fail duly to keep or observe a. An oath or promise, one’s faith, etc., b. A law, commandment, rule, etc., c. Abstract and moral qualities, etc.」。これは前述した「無法」の概念に何か似ている。

第三の定義として「非礼な取り扱いをすること、冒瀆すること、恥辱を与えること、神聖なものを汚《けが》すこと、汚《よご》すこと。To treat irreverently, to desecrate, dishonor, profane or defile.」とある。他にもいくつか定義が記されているが、これら三つの定義がその単語の本質をつかみ取っている。

ここで重要なのは、この単語が世界について前提としているものである。動詞の“to violate”の意味を成り立たせるためには、世界は境界を含んだ構造として見なされなければならない。これらの境界には人工的に設けられた境界（法律、規則、契約）と自然な境界（人の身体、自然過程）とがある。これら以外の第三の種類（真理や正義、道徳などのような抽象的な原理）について言えば、それらが自然なものなのか人工的なものなのかというのが、哲学史において最も長い間の論争の主題だろう。これらのうちの何らかの境界が現実的かつ本質的存在を有するか否か、この論文で態度を決める必要性はない。私はただ次のことを指摘したい。“violence”や“violate”という単語を使用するいかなる人も、そうしたいくつかの境界の存在を前提としている。さもなければ、これらの単語は何の意味も持たない。この点についてはまたあとで述べたい。

今度はドイツ語の“Gewalt”という単語を見てみよう。ここでは（「乱暴」の場合のように）無秩序や（「無法」の場合のように）非合法性、（“violence”の場合のように）越境の強制に強調点はない。むしろ、他者の支配に強調がおかれている。“violence” のように、それは強姦を意味できる。“violence”（“a violent storm”）と「暴れる」（「暴風雨」）のように、それは自然の強制力に言及できる。両方の単語のように、それは他人に害を与えるための物理的力の使用を意味しうる。しかし、“Gewalt” は必ずしも「傷つけること」を意味するわけではない。それは、文脈によって他人の利益のために物理的力を使用することを意味するだろう。興味深いことに、*Oxford-Harrap* 標準独英辞典に最初に記された事例は「神聖な力 gottliche Gewalt」である。他に記された事例として、臣下に対する王の支配、小作人に対する封建領主の支配、被征服者に対する征服者の軍勢の支配、子に対する親の支配、そして、（とてもおもしろいこととして）感情に対する意志の支配（“seine Gefuhle in der Gewalt haben”）が含まれる。*Oxford-Harrap* 独英辞典は、この最後の事例の英訳として「To have one’s feelings under control.（ある人の感情を抑制すること）」と記している。明らかに “violence” も「暴力」もこの文には使われない。

　これらの事例に共通な主題は、自分の意志に抵抗している何かを思いどおりにするために力を使用すること、である（例外は暴風雨である。ただし、自然に関するアニミズム的見解が採られないかぎりにおいてではあるが）。だが興味深いのは、いくつかの場合には、この力の使用は秩序の崩壊ではなく、むしろ秩序の創造と見なされる。“der Lehrer hatte die Gewalt uber seine Klasse verloren.”（教師は、自分のクラスを監督しきれなくなった。The teacher had lost control over his class.）が、別の事例として記されている。ここでの含意によれば、生徒たちに思いどおりさせるとそのクラスは無秩序になり、教師は秩序を確立するため“Gewalt”を用いなければならない（私は、こんな学校の生徒にはなりたくないが）。

“Gewalt”には正当な形態と不当な形態とがある。不当な形態ははっきりしている。“die Gewalt des Bosen”（邪悪な力 the power of evil）、“Gewaltherr”（専制君主 tyrant）、“Gewaltherrshaft”（専制政治 despotism）などである。正当な形態はもっと複雑である。確かに“gottliche Gewalt”の表現を使う者は、これを正当なものと見なしている。しかし、この単語が世界の本性に関して何を前提としているのかが再び疑問となる。なぜ神は世界を支配するために“Gewalt”を必要とするのか。キリスト教的な考え方では（また、プロテスタント的な考え方では、きわめてはっきりしていることとして）人類は原罪によって汚れているから、人間が自分の思いどおりにできたとしたら、公正な社会をきちんと確立する能力を持たない。神が説得するだけでは不十分なのである。したがって、神は罪深き人間の頑迷な意志、反抗的意志に打ち勝つために、その権力を使用しなければならない。この世界像の中では、政府に関しても、親や教師に関しても同じことがあてはまる。政府は、国民の意志に打ち勝たなければ、秩序を創造できない。親や教師は、子どもたちの意志に打ち勝たなければ、規律を確立できない。私は、この世界観があらゆる“Gewalt”の使用に際してある、とは言わない。ただ、この世界観がその「正当な」形態の多くを結びつける一つの主題である、と言うだけだ。この世界観は“Gewalt”を正当だと考える推論にとって前提となっている。

以上の素描は、上層部からの強制がなければ平和と秩序は達成されえない、というホッブズの素描を思い出させる。しかし、ホッブズとは大きな違いがある。“Gewalt”という単語のもとに記された事例には、被抑圧者が同意するという指摘がない。社会契約は存在しない。かくして強制は継続する。“Gewalt”“violence”そして「暴力」という三つの単語は、互いに大きく異なる。後者の二つの単語が実際の行為――例えば人を叩くこと、人に発砲すること、人を監禁すること――に言及するのに対して、“Gewalt”はしばしばある状況に関係している。この状況の下で、人びとは自分の意志に反して、権力――物理的強制手段を持っている権力、ただし、いつもその手段を使用しているわけではない権力――によって支配されている。この違いは*Oxford-Harrap*独英辞典では、“nach langen Kampfen brachten, bekamen, sie das Land endlich unter ihre Gewalt.”（長い闘争ののち、彼らはついにその国を自らの支配下に置いた。After much fighting, they finally had the country under their power.）という事例に明示されている。“Gewalt”という単語は、闘争（これはKampfenとなる）にではなく、闘争が終わったあとの状況に対して用いられる。征服者の軍勢はもはや人びとに発砲しない。彼らの腕や足を切り落とすこともない。だが、こうした過程、そしてこの軍勢がいつでもそうしたことを繰り返すことができるという事実――これらこそがその軍勢の“Gewalt”の源である。

　これら三つの単語――“Gewalt”“violence”そして「暴力」――の違いは非常に大きなものに見える。そのために、それらの単語がただ一つの現象に対する異なる名称と見なされたり、互いの訳語として実際用いられることに、人は驚くにちがいないほどだ。にもかかわらず、これらの単語は一つの共通本質を持っている。三つともすべてある物理的力の使用について言及していることだ。そしてこの物理的力の使用によって、何か価値あるものを傷つけたり破壊したりする。「暴力」という単語の場合、破壊――秩序の破壊、規律の破壊、ある形式に則った行動の破壊、そして法律の破壊――に強調がおかれている。“violence”という単語が強調するのは、境界の侵害や、事物の完全性への敬意の欠如、とくに人間の完全性への敬意の欠如である。“Gewalt”もこれらと同様に用いられる。しかし、私が述べてきたように、“Gewalt”はまた、「人びと自身の利益のために」人びとを強制的に支配するということを意味するために使われる。例えば、原罪を犯そうとする意志を「何か価値あるもの」として考えることはむずかしい。しかしながら、いかに人びとの意志が誤りであったり邪悪であるとしても、その意志に反して人びとを支配することは、人間の自由に対する侵害であることを思い出すならば、そのような邪悪な意志であったとしても「何か価値あるもの」として考えることはあまりむずかしいことではない。“Gewalt”という単語のこれらの用法は、説得が失敗した（また試みられなかった）ために強制が用いられる状況を示唆する。それらの予測は、OEDで“violence”の定義のうち最後にあげられている「個人の自由に強制的に干渉する」に近い。

マックス・ウェーバーと国家の邪悪な契機

マックス・ウェーバーは、その小論『職業としての政治』において責任倫理と究極的価値倫理の二種類の倫理を区別した。後者は、聖人の倫理であり、ウェーバーによればその出典は山上の垂訓である。この倫理に従えば、人はいかなる状況においても罪深き行為を犯してはならない――

たとえ、罪深き行為を回避することが多くの人びとに災いをもたらす状況であるとしても。聖人は結果ではなく行為そのものの本性を考慮しなければならない。これに対して、責任倫理は結果に関連する倫理である。邪悪な行為が邪悪な結果だけをもたらし、よき行為がよき結果のみをもたらす――といったことは現実世界ではまったく嘘だ（とウェーバーは論じた）。一つの行為の道徳的特質は、現実の長い因果関係の連鎖に沿って変わらないわけではない。かくして、聖人になろうとする政治家は、最良の場合には無用であり、最悪の場合には危険である。このことにウェーバーはマキアヴェリとともに同意する。

「正統な暴力」という表現は、この倫理の区別に（おそらく正確ではないにしても）近似的に対応する。「正統な」は、責任倫理の文脈において正当な、という意味である。その意味するところによれば、行為者本人は、①法律違反もしないので、逮捕されるべきでもないし、②社会によって非難されることもない。他方、「暴力」は、究極的価値倫理に従えば決して採用されない行動を表す。言い換えれば、本来邪悪な行動を表している。ウェーバーは、“Gewalt”という単語を採用した際、親が子どもを守る場合のように、元来正当であったり博愛的であったりするものを何か指摘しようとしたわけではなかった。こういったことを、この小論『職業としての政治』は終始強調して、明らかにしている。もし、ウェーバーがそのように指摘していたのならば、「正統な」という形容詞を付け加えることは彼にとって不要であっただろう。さらに重要なこととして、講演の意義全体が失われてしまうことになっただろう。むしろ、ウェーバーはこの意義を可能なかぎり明瞭にしようとしていた。「世界がデーモンに支配されていること、そして、政治に関係する人間、つまり、手段としての権力や暴力性に関係をもつ人間は悪魔と契約を結ぶものであること。（略）これを古代のキリスト教徒たちは非常によく知っておりました」[*7]。政治家は責任倫理を選択すべきである。このようにウェーバーが論じた際、彼は究極的価値倫理が根拠薄弱だとか誤りであると言っているわけではない。二つの倫理が矛盾しあうという事実は、一方の倫理が間違っていることを意味するわけではない。ウェーバーにとって矛盾は世界の本性に結びついている。矛盾は政治的行為の「悲劇」である。国家の代表者によって採用された「暴力的な」行為は、本来いかなる個人もしてはならない行為なのである。こうしたことは、その行為がよい結果をもたらすにちがいないという事実があろうと、国家がその行為を「正統化する」という事実があろうと、変わることがない。

以上を説明するために次の事例を考えよう。仮に、一個の弾丸がある人の身体の皮膚を貫いて骨を砕き内臓を引き裂き身体の反対側へと突き抜けたとしよう。これは身体に対する侵害である。身体内部での弾丸の動きは「乱暴」そのものである。弾丸は身体の機能のあり方に付随する法（生理学的法則）に干渉する。銃の発砲は人間同士の接し方に付随する法（倫理的法）に対立する。発砲は被害者の意志に反している。弾丸を発射したのが強盗であろうと警察官であろうと狂気にとらわれた殺人者であろうと国連平和維持軍であろうと、こうしたことは「暴力」であり“violence”であり“Gewalt”である。これは研究社の和英辞典では、「暴行」という単語の用法を説明した一事例――「死体には暴行の跡は見えなかった」――において認められている。身体から見れば、公正な大義のもとで戦う英雄的兵士が弾痕をつけたからといって、弾痕は「暴行の跡」であることをやめはしないだろう。

『職業としての政治』というウェーバーの講演は、大学生に向けたものであり、二つの目的を持っていた。一方で、彼が無邪気な平和主義と考えるもの、すなわち政治に参加しながら、かつ究極的価値倫理に従いつづけることが可能であるとする立場を論駁しようとした。しかしながら、彼はこれらの若い人たちに政治的冷笑家になるように勧めはしなかった。彼のもう一つの目的は国家の相対化である。彼は、国家が完璧なものとはほど遠く、決して崇拝すべきものではないことを暴こうとした。いわば、国家にその罪を告白させようとしたのである。彼は「正統な暴力」という矛盾した言い回しによって、学生たちに衝撃を与えようとしただけではない。彼は学生たちにいつもこの矛盾の両面を意識していてほしかった。ウェーバーにとって成熟した政治活動家の証は、これら二つの真理を認めつづける能力、これらの真理の一方を忘れて他方を採用することが決してない能力であった。邪悪な一行為が必要になりうるという事実によって、その行為が邪悪でなくなるわけではない。必要な一行為が邪悪になりうるという事実によって、その行為が必要でなくなるわけではない。こうした認識はウェーバーによって「一切の行為、とくに政治的行為を実際に巻き込んでいる悲劇性に対する認識[*8]」と呼ばれた。

「国家の邪悪な契機」を万人の視界に入るようにさせることで、自分がある種の政治に貢献できるだろう——確かにウェーバーはこのように期待していた。この政治はこの「悪事」を非常に慎重に、用意周到に、謙虚に――そして可能なかぎりまれなものとして――使用する。だが皮肉なことにウェーバーの定式は、まさに彼自身が最も避けたいと望んだ仕方で用いられるようになってしまった。つまり、国家の暴力が正当であるため、国家の暴力を暴力と考えることも、それを暴力と呼ぶことも（例えば、代わりにそれを「執行」とか「実力行動」とか「後方支援」などと呼ぶことによって）、そしてそれを直視することすらも、必要ないということになったのである。ウェーバーは、国家を暴力的組織と名づけた際、決して国家をより暴力的なものにしようと思ったわけではなかった。彼はホッブズと同様に、世界中で行使される暴力全体を縮小させるために、国家がその暴力を慎重に使用してほしいと望んでいた。

二〇世紀の歴史がはっきり示しているように、この希望はまったく実現されなかった。正統な暴力という矛盾する概念は、ウェーバーが望んでいたように、国家は道徳的には疑わしく危険な組織であり、その権力は非常に注意深く使用されなければならないということを、政治活動家と公衆に常に気づかせるという役割を果たしてこなかった。むしろ、その概念はこうしたことを人びとの視界から隠してしまった。その概念は、国家が国際領域では戦争法に従うかぎり、また国内領域では「人権」規定に従うかぎり、国家の暴力を疑いの余地のない正当なものに変えてしまった。

私が右で主張したように、「政治的現実主義」が新しい土台の上に置かれるべき時期である。政治的現実主義者は、理想的で慈悲深く人びとを守る国家について夢見ることをやめるときにいる。このような国家は彼らの想像の中にしか存在しない。そして、政治的現実主義者は実際われわれが持っている国家——二〇世紀の歴史とその恐るべき死亡統計資料をもたらした国家——を直視するべき時期にいる。たとえ、われわれが国家に正統な暴力に関する同一の権利を認めつづけても、国家は二〇世紀ほど血塗られた二一世紀をもたらしはしない——こう信ずべき理由が果たしてあるのだろうか。

【註】

＊1——Max Weber, "Politik als Beruf", *Gesammelte Politische Schriften*（München, 1921）『職業としての政治』、「ウェーバー政治・社会論集　世界の大思想23（河出書房、一九六七年）三八八頁。

＊2——Thomas Hobbes, Leviathan (ed. By Micheal Oakeshott, New York: Collier Books, 1962), p. 102.

＊3——ibid., p. 141.

＊4——R. J. Rummel, *Death by Government* (New Brunswick and London: Transaction Books, 1997), p. 15.

＊5——ibid.

＊6——ibid., p. 14.

＊7——op. cit., Weber（日本語版）, p. 426.

＊8——ibid., p. 420.

（初出●「唯物論研究年誌」四号一九九九年、大屋定晴訳）

●ミニ解題●

一九七〇年だったと思うが、「外国人べ平連」としてよくデモに参加したとき、いつも私たちを監視していた私服警官がいた。私たちを監視することが彼の職務だったらしい。頻繁に会ったので、友だちではないが、話し相手になった。

ある日、私は彼に聞いた。「私たちがデモをすることが悪いと思っているの?」。彼は「デモはいいけれども、暴力がいけない」と答えた。

「お巡りさんは鉄砲を持っているでしょう」「持っている」

「鉄砲を撃てば、弾《たま》は出るでしょう」「出る」

「その弾は人の体にあたったら、止まる?」「止まらない。中に入る」

「入ると、中はどうなる?」「骨が折れて、内蔵はぐじゃぐじゃになる」

「それは暴力と違いますか?」

彼はしばらく考えてから、「違いますね」と答えた。

彼は本気で信じていたらしい。なるほど、と思った。日本語の「暴力」と英語の“violence”は違う。英語圏では政治学者の国家の定義は「正統な“violence”を独占する組織」となっているが、日本語では「正統な暴力」は矛盾に聞こえる。正統な政府がやれば暴力だと思われない。少なくとも警官はそう信じている。であるならば、警官が警棒で人を殴り、鉄砲で人を撃つというような行為はなんと呼べばいいのだろうか。非暴力とは呼べないだろう。日本語には、その行為を示す、ちょうどいい言葉はあるのだろうか。

そのような問題をある程度整理しようと思って、この論文を書いた。

戦争をするII——

イラクで考えたこと

「湾岸戦争に関する市民の調査団」（ＪＦＡＣＴ）は、イラクに調査団を派遣して、湾岸戦争と経済封鎖がイラク民衆の生活にどのような影響を与えたのかを自分たちの目で見、記録しようというアジア太平洋資料センター（ＰＡＲＣ）の呼びかけに応じてつくられた。調査団と言っても緩やかに組織されたグループだから、何かの組織を代表する人もいれば、個人として参加した人もいた。みんな初対面と言っていいような人たちが成田空港に集合して出発するという段取りだった。団長は広島修道大学の岡本三夫教授。岡本さんは「日本平和学会」の会長でもある。通訳、カメラマン、ビデオ製作者がそれぞれ二名ずつ同行した。

最初にイラク行きの提案が出されたのは一九九一年の二月、まだ空爆が行われているころだった。その後戦闘は終結したが、しばらくはまだ現地調査団にはビザが与えられなかった。やっとビザが下りて、一行がカイロ経由でアンマンに向かったのは七月一七日だった。アンマンでバスを借りイラクに向かったが、国境まで行って引き返す羽目になった。ビザの他に、アンマンのイラク大使館の推薦状がいるという。推薦状をもらうと再びバスを借りて、今度はうまくイラクに入ることができた。そこで一行は、北のモスルとキルククに向かう第一班、クト経由でバスラに向かいナシリアからデワニア経由で戻ってくる第二班、バグダッドに残る第三班の三班に分かれた。次に紹介する印象記は、バスラに向かった第二班に参加して書いたものだ。

空爆

降り注ぐ火と硫黄をテレビで見て、国連報告の中にあったように、イラクが「爆撃で石器時代に戻ってしまった」と想像している人は、今のバグダッドにさぞ面食らうことだろう。街のどこにも石器時代の暮らしを思わせるものはないし、第二次世界大戦後のドレスデンや東京ともまるで違う。通りは自動車やバス、トラックでごった返し、店には食料品、衣類、消費物資が並んでいる。繁華街を行き交う人びとを見ても、だいたいみな身なりがいい。街の建物のほとんどが、数キロにわたって建ち並ぶ近代的で洒落た家々やオフィスビル、アパートも含めて、無傷のままだ。砲火を浴びて燃え崩れた場所はほんのところどころに散見されるにすぎない。

もちろんバグダッドほどの規模を持つ街となれば、「ところどころ」ということは瓦礫や灰やねじまがった鉄の山が何百か所もあるということだ。しかし、ここを攻撃した現代の爆弾は、少なくとも第二次世界大戦当時の爆弾と比べれば、正確だという結論を下さざるをえない。爆弾は標的に命中したようだ。ただし「たいていは」と言っておくべきか。その奇跡的な精度を物語る場所がいくつかある。アメリア地区の防空壕に入ると、この壕を爆弾が二度貫通していて、一つは屋根に穴を開け、もう一つはそれとほぼ同じ直径の穴を床に開けて地下壕にいた人びとを焼きつくしたことがわかる。いったいこの爆弾が二度爆発する防空壕攻撃用ミサイルなのか、それとも爆弾が二つあって最初の爆弾が開けた穴を二発目が鮮やかに通り抜けたのか、議論が分かれるところだ。爆撃された大きなビルの中には、一見したところ損害を受けていないように見えるものもある。よく見ないと、残っているのはビルの外枠だけで、内部は屋根を貫通してきた爆弾で粉々に破壊されていることがわからない。そうしたビルが、巨大な剥製標本さながらに、内臓を取られ皮だけになってところどころに建っているのだ。

これを「ピンポイント」爆撃と呼ぶのだろうか。私たちが見た空爆地はほとんどが、ピンどころか機関車か貨物船でも落とされたように見えた。爆弾がものの見事に着弾した場合でも「たいていは」そうだったようだが、標的周辺の家々の二、三、四層を破壊するという特徴がある。国際電気通信センターに命中した一個または複数の爆弾はとくに強力なやつだったにちがいない。センタービルそのものの外枠は無傷なのに、その裏手にあるたくさんのレンガの店や住居は損傷を受けたり破壊されたりしていた。その中には歴史の古いカルデアカトリック教団所属の聖テレサ教会も含まれている。自分たちを密かに宗教戦争の戦士に見立てているパイロットたちはこのことを忘れてはならない。爆発でそのすばらしいステンドグラスは吹き飛び、屋根にはいくつも大穴が開き、古いレンガ塀には危険なひびと脹らみが入ってしまった。フランス語を話すこの教会のトマス神父は被害状況を説明し、撮影を許可してくれた。当夜眠っていたベッドにも案内してくれて、よくわかるようにわざわざ横になって教えてくれた。聖テレサ教会は電気通信センターから一〇〇メートルは離れている。こんなに鈍っていてはピンとは言えまい。

空爆の特性が喧伝されて、イラクの受けた損害はたいして大きくなかったという錯覚が生まれている。しかし、調査団の二チームは、モスルとバスラまで入った結果、途中の町で爆撃を受けなかったところがまったくないことがわかり、あらゆる地域を叩くことが多国籍軍（この小論では「多国籍軍」「国連軍」「米軍」を同義とする。他の使い方ができるだろうか）の慎重な戦略だったことは間違いないという印象を強くして帰ってきた。ある人間が、どこと言わず体中を何百か所も赤熱したアイスピックで突き刺されたとしよう。この人の受けるショックは一つの大きな重傷のショックに劣らないはずだ。同じように、もしあの一一万回の出撃で落とした八万八〇〇〇トンもの爆弾をイラクの一地域に限定して落としていたとすれば、一九四五年の広島の七倍もの惨害が起こっていただろう。そう、これらの新しい爆弾が正確であることは間違いない。たとえピン先ほどの正確さはないとしても、言ってみれば靴先ほどの正確さは備えている。だとするなら、じかに狙われたクトの市場や私たちがサフワンで目にした老夫婦の家、さらに国中の無数の何の罪もない場所のことをどう考えたらいいのだろうか。これらの場所は正常な誤差の中に含まれていたのだろうか。あれは、余分な爆弾を二つもらったパイロットの、ふざけた余興だったのだろうか。それとも、イラク人の士気を挫くための計画的なテロ政策の一環だったのだろうか。爆撃の精度が高くなればなるほど、どの空爆もすべて意図を持って行われていると考えるのが当然となる。とすれば、地上の人間が爆撃する側の意図に重大な関心を持つようになるのも無理からぬ話だ。

私によらずグループの誰もが、大勢のイラク人から同じ質問を受けた。「どうしてこの場所が攻撃されたんだ。なぜここだったんだ。こっちの軍隊は南に行ってたじゃないか」。みんな本当に困惑しきった顔をしていた。この困惑のもとには錯覚があるようだ。空戦の持つ最高の科学技術的合理性から推して、その手段が合理的だから目的も合理的であると考えるようになる。パイロットも地上部隊の兵士に劣らぬでたらめな残虐行為を行うことができるということは、なかなか納得できないのかもしれない。

逆に私たちのほうには、爆撃は計画的テロ行為でそのパターンも歴然としていると思う者が何人かいた。どの町に行っても必ずどこかが攻撃されており、標的の中には決まって市場や店、住居など軍とはまったく関係のない民間施設も含まれていたからだ。「事故」と言うが、こう規則的なパターンで起きると、だんだん事故のようには思えなくなってくる。

あるイラク人がこう言っていた。「向こうは自分たちの爆撃は正確だと言ってるが、好きなところを爆撃しただけじゃないか」。彼は矛盾したことを言っているわけではない。爆撃が正確だからこそ、地上の人びとは爆撃兵の狙いは何かと必死に知ろうとする。しかし、おそらく爆撃兵の狙いは力の誇示だろう。自分は好きなところを爆撃できる、爆撃するかどうか、どこにどれだけの爆弾を落とすかは自分の腹一つで決まる、こっちがお前を殺すことに決めたらお前は万事休すだ、見逃すことにしたらお慈悲に感謝するがいい。

多国籍軍の軍事作戦は手術にもなぞらえられてきた。「手術の空爆」だと言う。しかし、ただ精度を誇るからといって爆撃兵に外科医の資格を与えるわけにはいかない。医者なら、病気を治そうという意図がなければならない。針の刺し方なら蛙を苦しめる子どもだってまずは正確だろうし、現代では拷問も最先端技術を駆使して正しい場所に適量の苦痛を与えるものになっていよう。私たちはこんなものを手術とは呼ばない。

さらに言えば、器具の知識を持っているだけでは外科医として不十分だ。外科医は、手術しようとしている肉体やその肉体が病んでいる病気の特性を正確に知っていなければならない。いったい合州国政府の指導者にイラクの医者たる資格があるのだろうか。治療についての彼らの観念を考えれば、答えは自ずと出てくる。イラクは病気だと彼らは言う。しかし、どんな病気でどこが病んでいるのか、彼らには正確なことはわかっていないのだ。それでメスをふるってでたらめに切りまくってしまう。神経も静脈も行き当たりばったりにメスを入れ、脳細胞を破壊し、数多くの骨を折り、組織の一部を焼きつくす。患者に十分な食物を与えない。こうすることによってあてにしているのは、病気に対する憎しみから肉体が自分で病気を治す道を見つけだせるようになることだ。

こういうやり方を手術とは言わない。拷問と言うのだ。私はただ悪口を言いたいためにこの言葉を選んだのではない。どう考えてもそう言うにふさわしいからあえて使っているのだ。私たちは、コンピュータに管理されたこの新しい空戦の本質を明確にとらえる必要がある。「大量殺戮」「集団虐殺」「石器時代に逆戻りさせる空爆」などと口からでまかせに非難を浴びせるだけでは足りない。それだけでは空爆の特徴をとらえていないからだ。この種の攻撃にさらされる社会の状況は、拷問者の力に支配される人間の状況に酷似していると思う。拷問者の意図は、殺すことではなく、いつどこででも好きなだけ相手を痛めつける力があることをわからせて被害者の意志を挫くことにある。凄腕の拷問者なら、苦しめられていないときは感謝するように教え込むことだってできるだろう。イラクの兵士はクウェートの人一人一人を拷問にかけたという。かたや、合州国政府に指揮された国連軍は社会全体を拷問にかけたのだ。

封　鎖

イラク空爆に反対した人びとの間では、経済制裁の効果が出るまで空爆を待つべきだったとする意見が強かったが、イラク中をまわって実際に制裁効果を見るにつれて、この主張を支持するのは困難になってきた。「一つの国家」を弱体化するには、その国に対する制裁を始めるだけではだめなのだ。制裁によって力を失うのはその国の誰であり、誰でないかをもっと的確に知らなければならない。今さら驚くには当たらないが、イラクに対する制裁によって弱者がさらに弱い立場に追い込まれているということがますます明らかになっている。これでは強者を権力の座から追い出す効果など期待できそうにない。

イラクに到着した最初の日から私たちは面食らった。ほとんどのビルがちゃんと建っていただけでなく、商店には食料品があふれていたのだ。長い行列も見なかった。街のレストランは店先で鶏やラムを焼いていた。

それだけではない。とくに不可解だったのは病院を訪れたときだ。水が悪い上に食料・医薬品が不足して栄養失調と胃腸病が急増していると医師たちに言われたのに、見せられた患者の数は多くなかった。バスラの大学病院（集中治療室を含むその片側は大型爆弾に吹き飛ばされていた。近くの橋を狙って誤爆したのは明らかだ）では、乳幼児用ミルクの不足から栄養失調が増えていると医師は事細かに話すが、患者は一人もいなかった。「二日前は七人いたのですが」とその医師は言い訳をした。バスラで一番大きい九〇床の小児病棟があるというバスラ総合病院に行くと、ここには明らかに瀕死とわかる子どもも含めて、病気の子どもたちが大勢入院していた。黒衣の母親たちがわが子の枕元に座り絶望した目でじっとこちらを見ている。その中で、馬鹿な観光客のようにそこに立って医師から一人一人の症状について説明を受けるのはつらいことだった。一人の女性が、古典的な仕種で両手を天にあげながら、アラビア語で何か私に言っている。「この人はあなたを医者だと思っているのです。自分の子どもはどうなったのかと聞いています」とガイドが通訳してくれた。その子は鎌状赤血球貧血で合併症が出ていると、私たちは聞かされたばかりだった。医師はこのことをまだ母親に伝えていなかったのだろうか。

このつらい視察の中でも、私たちはベッドの半数が空いていることに気づかずにおれなかった。理由を尋ねた。「新しい患者が多すぎるので、退院を早めなければならないのです」という答えだったが、これでは空きベッドの説明にならない。医師たちがすべてを語っているわけではないのは明らかだった。現地調査団として私たちは、外国人に医療問題を誇大に伝えるよう医師たちが指示を受けているのではないかと考えないわけにはいかなかった。世界世論に圧力をかけて制裁を解除させるためだ。

ナシリアに着くと、私は一人で街に出た。行き当たりばったりに調査したほうが政府のガイドの下ではわからないことが発見できるかもしれないと思ったのだ。たまたま入っていったところがちょうど街の中心部で、ナシリア中の開業医が診療所を構えている地域だった。数町にわたって道の両側にびっしりとアラビア語の小さな看板が並んでいた。看板の下のほうには医者の専門と資格がアルファベットで書いてある。赤ん坊を抱いたり子どもの手をひいたりした女たちが何百人もこうした診療所の待合室に詰めかけ、通りにまであふれていた。保健衛生問題がとりわけ子どもたちにとって現実の問題となっているのは明らかだった。しかし、母親たちはなぜ子どもたちを公立病院に連れていかずに、ここに連れてくるのだろう？　それになぜ政府のガイドは超満員の個人診療所を私たちに見せようとしないのだろう？　とくにバスラでは案内してくれるようにあれほど頼んだではないか。

私はナシリアの国際赤十字社事務所を訪ねて、以上の質問をしてみた。ベルギー人の医師と看護師がいて、赤十字社で働く者として自分たちは職業以外のことでは一切情報を洩らさないよう厳しい指示を受けている、と丁寧だがきっぱりした口調で語った。二人はまた、安全な水の入手と配給および薬品の配給がナシリアでの自分たちの仕事だと言っていた。この看護師は毎週五〇か所ほどの診療所をまわるという。その中には私が見た個人診療所も入っているのかと尋ねると、ああした個人診療所はお金をとるが、赤十字社は医薬品を無料で配るようにしなければならないから巡回してはいない、けれども医者だったら午前中無料診療所で自分と一緒に働いている医者たちだからみな知っていると彼女は答えた。そして、さらに知りたいことがあればバグダッドの国際赤十字社本部に行ったらどうかと教えてくれた。

バグダッドに戻ってから、私は五つ星のアル・サデア・ノボテルにある国際赤十字社本部に行った。フロントには誰もいなかったが、折りよくホールで行き会った人物がイラクに送られた国際赤十字社派遣団団長のドミニク・デュフォーというスイス人だった。彼は私をオフィスに案内して一時間ほど話してくれた。彼は事態に憤っていて言いたいことが山ほどあった。その彼の話からはじめて、イラク社会にとって経済封鎖がどういう意味を持っていたのか私は想像がつくようになった。

デュフォーの言うバース党の（彼が「社会主義」と呼んだ）社会制度の下では、病院は無料で誰でも利用できる。医薬品も出血価格で政府が売る。私たちも行く先々の町に近代的大病院があるのに気づいていた。封鎖の前にはこれらの公立病院が大いに利用されていた。治療費の高い開業医を好む家族もあったというが、そういうことはどこの社会にもあることだ。しかし今や政府には医薬品を買いつけるドルがない。もっとも医薬品をすべて外国から輸入していたわけではない。原料を輸入して国内で薬品を合成する製薬会社もあったのだが、仕事にならないのだ。「昔は社員が一〇〇〇人ほどもいた会社が、今では三〇人でやっている始末です」。

それでも、闇市に行けば薬は手に入る。封鎖のおかげで密輸がにわか景気に沸いて大繁盛しているから、ホテルにはビールが並び、開業医は薬に不自由しない。皮肉と言おうか、公立病院のほうには杓子定規な病院制度があって、厳しい会計報告が課せられ違反は厳罰を受けるから、闇市の薬が買えないのだ。それに対して赤十字社は、栄養失調や脱水症、胃腸病、コレラ、発疹チフスなどの特定の症状に対する薬品だけなら与えることができる。これは、とくに今回のように大規模な救援作戦の性質上当然のことだ。その結果、これらの限られた病気と少しでも違う症状に襲われると、公立病院では治療できなくなる。病人は開業医のところに行って、途方もない闇値で薬を買うしかない。その医者というのは、公務員としての役目柄、朝には治療を断った当の医者たちなのだ。ちなみに、こうした医者たちを違法行為で告発するのは容易ではない。今はとくに封鎖インフレが進んでいるから、公立病院の給料だけでは暮らせない事情があるし、さらに重要なのは、とにかく手に入れた薬品で病人を治療することが医師の倫理にもとるとは言えないからだ。

公立病院が混んでいないという事実から次のことが言える。①赤十字社と赤新月社はこれまでのところ、目標とする特定伝染病の蔓延を防ぐことには成功してきた。②それ以外の目的では、イラクの公衆衛生制度は経済封鎖によって実質的に崩壊した。

公衆衛生の実情から社会全体に対する経済封鎖の影響をはかることができる。イラク政府は、オイルダラーを使って比較的有効な社会保障制度をつくっていた。医療を無料化した他にも、最低賃金制や失業保険制を導入し、生活必需品を公定価格にしていた。一例をあげれば、湾岸戦争前、政府は一トン当たり一〇〇〇イラク・ディナールで小麦を買いつけ一七〇ディナールで売っていたという。だが、この制度と並行して自由市場経済も行われていたために平等は生まれなかった。その上、外国人労働者はこの制度から除外されていた。しかしながら、この制度が大半の貧しい大衆の安全ネットとなっていたのも事実だ。デュフォーの話では、イラクではこの三、四〇年栄養失調がほぼ姿を消していたという。今の医者は経験がないためこの治療が苦手なのだそうだ。デュフォーだけでなくいろいろな人たちが口をそろえて、バグダッドは乞食や呼び売り商人やスリの群がる街ではないと語っていた。概して言えば、この国は裕福で通りも安全だった。「車にロックする必要がない」という、中産階級の最終安全テストをパスした国だったのだ。このことを理解してはじめて、去年この国に起こった事態が理解できる。

経済封鎖の結果、福祉制度は実質的に崩壊し、自由市場がにわかに景気づいた。自由市場も今では大部分が密輸品を売る闇市と化したと言える。自由市場の価格は一〇倍に跳ね上がっているのに、賃金は同じだ。金のある人間は何でも欲しい物が買える上に、闇市の仕事に投資する気があればさらに金儲けもできる。金のない人間は家財道具を売る。バグダッド中にノミの市が生まれて、食器類やら鍋、道具、電気器具、家具、衣類などを売っている。窃盗や押し込み強盗の急増に伴って泥棒市場も出現した。街頭の乞食や呼び売り、木の実の小袋やタバコを一個一個と売り歩く子どもたちの姿はバグダッドの新風景だそうだ。

ディナールは大打撃を受けた。政府は依然として公定為替レートを戦前の一ディナール＝三米ドルとしているが、強制されないかぎり誰もこんな金を払わない。私たちが滞在中の闇レートは一ドル＝七〜八ディナールだった。戦前の闇レートが一ドル＝約二ディナールだったから、ディナールの価値は四分の一に下落したことになる。

ディナールが暴落しても金持ちたちは痛手を受けないが、輸入品つまり密輸品の価格がこう高騰しては貧乏人に買えるわけがない。バグダッドの商店街から買い物客の長い行列が消えたのみか、客の姿さえ珍しくなってしまった。

政府が維持している配給制度のおかげで、食料は安く手に入る。だが、一人一日一〇〇〇カロリーでは足りないどころではない。一人当たり一か月分の配給リストを政府職員からもらった。

小麦粉	八キロ	植物油	二五〇グラム
砂糖	一キロ	お茶	五〇グラム
米	一・五キロ		

さらに、生後一歳までの赤ん坊が一か月に配給される粉ミルクはわずか三缶。これではまるで飢餓療法だということがおわかりいただけるだろう。肉や乳製品、缶詰などはすべて戦前は公定価格で売られていたのに、今では闇値で取引されている。マトン一キロは戦前なら一・五ディナールで買えたが今では一七ディナールもして、家族五人で食べるとなると、場合によって一二〇ディナールとも二〇〇ディナールともかかってしまうというが、いずれにしても暮らしていけない家族が多いだろう。

経済封鎖前のイラクには裕福な社会というイメージがあって、サダム・シティのような場所はつい忘れられてしまう。バグダッドの北東部にある巨大なスラム街だが、あるとき、イラクのさる大金持ちと話をしていた折りに、彼が自国のかつての隆盛振りを強調して譲らなかったのでサダム・シティのことを聞くと、こんな答えが返ってきた。「ああ、あいつらはシーア派ですからね。あの連中が貧乏なのは連中のせいですよ。盗みはする、乞食はする、人殺しはする、金のためなら何だってやるんです。まったく汚れきった連中ですよ」。私は調査団の一人とサダム・シティを何時間も見てまわった(先はどの大金持ちはこういう場所に足を踏み入れたことなどないだろう)。そこの人びとはやさしく人なつっこかった。どこに行っても笑い声が絶えなかった。しかし、ボロボロの服や掃きだめのような通りを見ていると、この街の貧困の文化には一年やそこらでは生まれようのない伝統の重みがあるとつくづく感じないわけにはいかなかった。私は封鎖前のこの街の様子を知らないが、いずれにしても、封鎖によって最も痛めつけられているのがこのような人びとであることは明らかだ。

　イラクは空爆で石器時代に逆戻りさせられたのではない。空爆といまだに続いている経済封鎖によって第三世界へ連れ戻されたのだ。かつて不敵にもオイルダラーをふんだんに使い、抜け出したはずの第三世界の奥の奥へと引き戻されたのである。オイルダラーはイラクの科学技術上、産業上の先進的基盤づくりに使われた。この基盤こそ、誘導爆弾が粉砕しようとしていたものなのだ。オイルダラーのおかげでイラク国民の最低生活水準は比較的高いものとなった。この豊かな生活こそ、封鎖でしめつけようとしているものなのだ。オイルダラーによってイラク国民は相応の自立心を得た。この自立心こそ、ジョージ・ブッシュの新世界秩序の中にイラクを組み入れるためには邪魔なものなのだ。私はあるイラク人に質問された。「ブッシュはわれわれに教えたいことがあると言ってますね。しかし何の授業をしていただけるのでしょうか」。国家間の道義の授業でないことは確かだ。「教えたい」のはまさに第三世界の身分の本質、先進国への従属ということだと私は思う。空爆と封鎖は己の従属状態をイラクに思い知らせただけではない。イラクを、経済的にも技術的にも先進国に依存していた以前の境遇へと物理的に追い込んだ。「動く機械なんか一つもありません」。超現代的なバスラ総合病院の女性技術者が何度も言っていた。「部品が手に入らないんです」。部品さえあれば装置が修理でき、石油を売ることさえできれば政府は部品が買えることを知っているだけに、彼女の欲求不満は募るのだ。ブッシュはこう教えたいのだ。北の諸国は、たとえイラクのように金と高度な科学技術と熟練労働力を持つ国であっても、第三世界の最貧国なみの従属状態に追い込む力があるのだぞと。

デュフォーは、次の二点を何度も繰り返した。まず、イラク救援作戦は国際赤十字社をはじめとする数多くの救援組織が空前の規模で行っていること。「数字のケタが違います。私たちが扱っているのは人口一七〇万人の地域ではなく、一七〇〇万人の一国全体です」。第二は、この救援作戦が行われている災害は人災つまり起こる必要のなかった災害であること。デュフォーによれば、来年は六二億ドルの援助費が必要だが、それとてこの社会を救うぎりぎりの費用だという。これは国連がはじいた金額で、国際赤十字社も保証する数字だ。この金はどこから出るのだろう。出すのはジョージ・ブッシュだろうか。ジョン・メージャーだろうか。もっとも二人とも出すには及ばない。戦前イラクは年間一六〇~七〇億ドル分の石油を売っていたからだ。「設備はみな揃っています。彼らはバルブを開けるだけでいい」。生涯を災害救助に捧げてきた男の憤激を想像していただきたい。災害といっても国連の管轄下で故意に引き起こされ、いつでも終わらせることができるはずの人災と闘うために派遣されて、当の国連機関と救援にあたった経験も多いにちがいない。

空爆と経済制裁を受けてもイラク全体が災害状態に陥ったわけではない。一つには、この国に熟練労働者や技術者が大勢いて、道路や橋を直したり機械を何とか応急修理して少なくとも今までは被害を最小限に食い止めることができたからだ。また、赤新月や赤十字その他の諸機関による緊急救援活動が大いに成果をあげてきたからでもある。パルプ工場などボイラーを使う工場は設備を傷めないきれいな水が必要だから、水質浄化装置を備えている。この浄化装置を赤十字の飲料水づくりに転用し、できた水はタンク車に積んだりビニール袋に入れたりして配給するのだ。持ち前の独創性を発揮して繁盛している闇市の役割も無視できない。

イラク社会はまだ災害状態に陥っていないが、その瀬戸際に立っているとは言える。機械工や技師の工夫のおかげでやっと運転再開にこぎつけた機械類もすぐにまた故障するはずだ。家財道具を売って何とかしのいでいる家族もそのうち売る物がなくなるだろう。もっとも、その前に買い手がいなくならなければの話だが。政府にしてもその最低の配給制度すらそういつまでも維持できまい。これら急場しのぎの万策が尽きたとき、イラク社会は全般的飢餓でなく選択的飢餓に陥るだろう。貧者は飢えるが、富者は例によって貧者を食い物に金儲けするだろう。自由市場・闇市は栄え、災害援助物資の横流しで大儲けした連中でバグダッドの五つ星のホテルは満員になるだろう。つまりイラクはれっきとした第三世界型依存経済に舞い戻ることになる。

民衆

「俺たちはこの戦争で負けたんじゃない」。バスラのある男が言った。「向こうは欲しい物を手に入れた。それは事実そのとおりだ。クウェートを取り戻したんだから満足のはずだ。だが、こっちは負けたんじゃない。こんなのが戦争なものか。上空三〇キロから爆撃されてみろ。あんな上からじゃ高射砲が届かない。まるでお手上げだ。地上戦だって戦争なんてもんじゃなかった。前も後ろも爆弾の雨で、こっちは地面にへばりついたままだ。こんな戦い方をする奴を卑怯者と言うんだ。こっちは三〇の国から攻撃されて持ちこたえたんだよ。俺たちの胸の中は、気持ちはだよ、変わらなかった。この点じゃ、俺たちは負けなかったんだ」

この男は、戦争を勇気や団結、試練、大義への忠誠をためす戦いとして正当化する昔の伝説——神話と言うべきか——からものを言っていた。この伝説によれば、武勇に最も優れた者が最も勝つ可能性があるのだから、戦争はそれなりに公正なのだという。このように見ると、戦争は二つの大義の優劣を決める荒っぽい方法であり、勝者は勝利を誇り、勝利によってわが正しさの証が立ったと感じることができる。

こんな戦争神話は、敵を後ろから石斧で殴り倒して勝った者がはじめて現れて以来、嘘っぱちとなった。ここでは次の二点に触れるに止めよう。①この神話は合州国の湾岸戦争宣伝でも要となっている。②このような考え方がこれほどあてはまらない戦争もかつてなかったと言ってよい。

ジョージ・ブッシュがこの戦争で証明したがっていることが二つある。一つは、一人の人間として自分が言われているほど意気地なしではないということ。二つ目は、合州国がすでに「ベトナム戦争後遺症候群」から立ち直り、大戦争を戦う勇気と気概を取り戻しているということ。しかし、三〇キロ上空から人間めがけて爆弾を投下しても決して勇気の証とはならない。そんなことは計器操作に習熟した者なら誰でもできる。飢えて、耳から血を流し、武器を捨てた、軍隊とは名ばかりの兵士たちを攻撃しても決して勇気を試すことにならない。さらにまた、命令に従って戦闘を停止し総退却している敗軍を大虐殺しても、決して武勇の証とはならない。そんなことはハイエナやジャッカルのすることだ。ライオンのすることではない。再び言おう。これらはすべて「男の勇気」を売り物にする軍国主義者の論理であって、合州国政府が持ち出さなければ問題にするに値しないことだ。肝心なことは、アメリカ人の中にはアメリカ軍の勇猛果敢ぶりを納得しあう向きがあったかもしれないが、そんな見方はイラク人、中でもイラク兵にはまったく通用しないということだ。彼らは、上空のパイロットたちに比べて、自分たちが何にどう耐えたかを知っている。まさにこの意味で、イラク人は頑として敗北を認めないのだ。「ブッシュというのはちびた木のことだろう」とあるイラク人が私に言った。そして、「ブッシュだ、ブッシュ」と馬鹿にしたように地面を指した。

だからといって、イラクの一般国民がアメリカ人を憎んでいるわけではない。イラクに行ったとき、なにしろこちらはアメリカ合州国民だから何が待ち受けているのかわからず、石か少なくとも悪口ぐらいは投げつけられる覚悟をしていた。今では、こうした見当違いの不安から無知が顔を出してしまったことを恥じている。アメリカ人だと自己紹介しても、イラク人の言葉にも素振りにも敵意はまったく見出せなかった。それどころか、人びとはいつも私たちとあたたかい握手をかわすと、今度は右手を胸に置くアラビア風の挨拶をしてくれた。少しでも英語を知っている人は、まるで言葉の原義がわかっているようにウエルとカムを離した発音で「ウエル　カム」と声をかけてくるのだった。別れるときもまた私たちの一人一人と握手して、「ハロー、ハロー」とやさしく何度も繰り返した。「ハロー」は「サラーム」にあたる英語だから人を迎えるときも別れるときも使うものと習ったらしい。

バグダッドの史跡を守っていた兵士たちは「ジャパン？　ベリーグッド。アメリカ？　ベリーベリーグッド」と言って人なつこく笑った。もちろんそこには皮肉もいく分隠されているわけだし、向こうは私たちがイラクに敵対する目的でやって来たのではないとわかっているのだから歓迎してくれるのも当然だ。しかし、街で行き会うさまざまな人びとからも同じ歓迎を受けたのだ。私はよく独りで街を歩いた。ときには二時間も歩き回ることがあったが、バグダッドだけでなくバスラとナシリアの街でも敵意のこもった言葉や視線には一度も出くわさなかった。サダム・シティで私たちは退役兵に出会った。彼の向こう脛からは大きなボルトが二本突き出ていたが、クウェートで爆撃され片方の脚を砕かれたのだという。さすがにこの男はややそっけなかったとはいえ、握手はとても丁重だった。

人びとは再三再四私たちにこう言った。自分たちはアメリカ人には反感を持っていない、敵はアメリカ政府とブッシュだけだ。むろんこれは一種のスローガンと言えるが、悪いスローガンではない。とくに民衆がそれを実践できているような場合ならなおさらだ。

こうしたイラク国内の空気は、合州国のそれとまったく対照的だ。合州国では反アラブ反イラク宣伝が悪辣で激しい。いったい一目でそれとわかるイラク代表団が合州国の都市を安全に歩くことができるだろうか。今でさえ、私がイラクの街を歩き回ったようにはいかないだろう。ましてイラク機がニューヨークを爆撃していたとしたらどんな扱いを受けるか。イラクの政治家や将軍連中がどう考えていようと、イラク民衆は自国軍のクウェート侵略が合州国に対する（まして国連に対する）宣戦布告になるとは夢にも思っていなかったし、この人びとにはこのような戦争をする意図も、このような戦争に向けてのイデオロギー的準備もなかったのだ。私はそう確信してイラクを離れた。戦争が真の戦闘なしに終わった理由の一つはここにあるのだろう。

イラクでは、自分たちの大統領やバース党を一般国民がどう思っているのかあまり聞き出すことはできなかった。その種の質問に答えた人間は非常な危険にさらされることを知っていたので、私たちが意識的に情報収集を避けたということもある。ヨルダンで私たちと同じホテルに泊まっていたイラク難民は、ヨルダンにいるというのに、私たちの質問には言葉を濁して答えなかった。仲間内でも、話題がイラク政府のことになると相手を警戒している様が傍目にわかったし、少しでも微妙な問題に触れるときは声をひそめて話していた。その一方で、とくに狂信的と言えるほどの愛国主義的訓辞を垂れる者は役人の中にさえいなかったが、イラクのクウェート併合を支持する声ばかりで、反対の声が皆無だったというのは別に驚くべきことではない。サフワンの陸軍大尉にクウェート国境までの距離を尋ねたことがある。サフワンというのは多国籍軍の最も北の前哨基地の南方にある町だ。彼はやや芝居がかった調子で「アラブの民には国境などございませぬ」と答えた。国境守備隊員のくせにおもしろいことを言うと私は思った。バグダッドの町をタクシーで走っていてロータリーを通ったことがある。警官たちが車を排除しようと、気も狂わんばかりに駆け回ったり、笛を鳴らしたりしていた。「警察はだいぶ忙しいようだね、今日は」。私がこう言うと、運転手は冷笑ともとれるような薄笑いを浮かべて答えた。「サダム・フセインですよ」。また別のおり、コプト教会の写真を通りの向かい側から撮ろうとしていると、駐車場の従業員が「だめだよ。写真はだめだよ」と叫んだ。彼は手首に手錠を掛けられた恰好をして見せて、笑いながら「ユー、ミー、両方ね」と言った。それは威嚇的な態度ではなく、こちらを庇ってくれるような態度だった（そのときふと、教会の隣に警察署があるのに気づいた。私たちのメンバーが二人、ヨルダンでたまたま警察署の隣にあった家の写真を撮り、逮捕されたことがあった）。「俺たちは政府が嫌いだ。だけど秘密にしておいてくれよ」と笑いながら言う少数民族グループの二人もいた。私が聞いた中で最も憤って反政府的な言葉を口にしたのは、友人が軍にいたという男だった。その友人はクウェートから撤退する途中、運転を任されていた政府軍車を盗まれてしまったが、その車には重要文書が積まれていたらしい。友人は大統領命令で裁判を受けずに銃殺されてしまったという。このようにクウェートと結びつく事件にかかわった者は銃殺されるのだと男は語っていた。

その言葉も知らなければ、その国について基本的知識もほとんどなく、しかも滞在期間が短すぎるというのだから、もちろん、私に書けるのはその国の政治状況についての試験的な考察にすぎない。しかもそれさえ、大変な間違いを犯す危険がある。ファシスト政権下のイタリアやナチスドイツ、相当数に上る第三世界の独裁政権からの報告で、私たちはひどい眉唾ものを読まされることが多い。そういう報告には、にこやかで友好的で幸せそうな人びとが穏やかにそれぞれの仕事にいそしみ、国のどこを見ても圧政の影すらないと書いてあるものだが、抑圧的な政権の下では穏やかに仕事にいそしむ以外しかたがないではないか。もちろん調査団には、イラクが自由な国だなどとほのめかす気にさせられた者はいないが、大切なのは、イラク国民がどこまでわれとわが自由を奪われてしまったのかを、あくまで私たち現地調査団の見地から考えることだった。

ことによるとサダム・フセインはヒトラーになりたがっているのかもしれないし、ジョージ・ブッシュにそう呼ばれて得意がっているかもしれないが、バース党がイラクをファシストの国、全体主義の国家へと変えることに成功したとは思われない。明らかに恐怖政治こそ、サダムが権力を維持していくための最大の拠り所である。しかし、狂信的な紛れもないサダム崇拝者が彼の配下にいるとしても、イラクではそういう者にまったくお目にかからなかった（私と話をした中でしきりに大統領を賞賛する人物がたった一人いた。ヨルダンのカフェで出会ったのだが、おもしろいことにこの男はチュニジア人だった。バース党支配下の生活を直接には体験したことがなかったのだろう）。バグダッドに滞在していた「インデペンデント」紙記者、パトリック・コバーンの言葉を借りれば、イラク政府はいわば「失敗せる独裁主義体制」である。独裁を行うための官僚組織は存在するが、独裁を維持するのに必要なイデオロギー、すなわち政治的文化がイラク社会に深く根づいていないのだ。サダムが権力を失えば十中八九イラクは「第二のレバノン」になるだろうと言う人たちもいた。だからといってサダムを支持するのは間違いだろうが、そんな態度は「現実的政治」の世界では別にめずらしいものではない。

算定

コバーンは、バース党支配が独裁制度としては成熟していないと主張しているが、その裏づけとなるのがクウェートで起こった事態に関する彼の分析だ。コバーンによれば、戦争が短期戦に終わったのは、米国空軍の恐ろしい攻撃の前にイラク軍が戦意を喪失したからではなく、そもそもイラク軍が戦おうとしなかったからだという。戦っても何も得るものがなかったし（大統領はすでに、喜んでクウェートからの撤退交渉に応じると明言していた）、勝つ見込みも、命を捨てるべき大義もなかったから、兵士たちは機会さえあれば逃亡して軍に対する叛意を示した。この分析が正しいとすれば、イラク兵の反抗心のおかげで両陣営の死傷者数が激減したことになる。実際コバーンの出した死傷者推計は、私が今までどこでも聞いたことがないような低い数値なのだ。イラク人死者二万五〇〇〇、うち民間人三〇〇〇。もしある推計が示すように、本当に一〇万か二〇万の死者が出ていれば、負傷者数はその何倍にも達し、バグダッドの街はイラン・イラク戦争当時のように負傷兵で一杯になるはずだ、とコバーンは言う。ところが実際は、病院にも街にもそれほどの負傷兵の姿はないのだ。もちろん、ただの一人の生存者も出さないようなある兵器がクウェートで使われ、莫大な数の兵士たちが焼け死んでその場に埋められた、という可能性は常に残る。コバーンもそれは認めていた。

米国が気化爆弾のような爆弾をトンネルに隠れた軍隊に使ったというのが本当なら、この可能性を割り引くことはできない。何人かのイラク人とヨルダンで話をしたが、彼らは戦死者を二〇～三〇万と見積もっていた。負傷者が非常に少ない理由を聞くと、クウェートで死んだり逃げ帰る途中で命を落としたりしたという。パニック状態の仲間に見捨てられた負傷兵たちは、バスラ街道やナシリア砂漠で死んでいった。みんな猫や犬に食われた。私は、この最後の表現は他にも何人から聞いた。本当のところはわからないが、事実というより伝説の臭いのする話だ。

死傷者の推計がこれほど違う戦争がかつてあっただろうか。どうやらこれは、あることを「教えてやりたくて」仕組まれた戦争だという気がするのだが、その教えてやりたいことというのはまず第一に、昔の植民地時代の命の算定法はまだ生きている、つまり、アメリカ人やイギリス人、フランス人一人の命は、アラブ人数百人分、数千人分の命に値するということだ。この姿勢が一番よく表れたのは、コリン・パウエル将軍がイラクの戦死者に触れたときである。「私は本当は数字なんかにはあまり興味がないのです」。

この戦争で次に米国が「教えてやりたい」のは、世界世論を支配する米国の恐ろしいまでの力である。この力はよく話題になるが、私たちはその規模を本当に理解しているだろうか。

＊サダム・フセインが、何の罪もない民間人を人質にとり、その人質を戦争で将棋の駒のように使ったとき、世界中が肝を潰したが、結局人質は無傷で解放された。それに対して米国は、イラク

の全民間人口を人質にしようと空軍を使い、結局罪のない人びとを数千人も殺してしまった。
＊イラク軍が生物兵器を使うのではないかと世界中が震え上がったが、実際は使いはしなかった。それに対して米国は、水質浄化装置と下水処理施設を爆撃したが、これは病気によって人間を殺害するから（赤新月の職員が私たちに指摘したように）一種の生物戦争である。現実に大勢の人びとが殺されたし、今も殺されている。
＊化学兵器を使いかねない男と、世界中がサダム・フセインを嫌った。そして、過去に化学兵器を使ったことを持ち出したが、当時は世界中がその事実を無視していたと言ってよい。実際には、イラクは今度の戦争で化学兵器を使用しなかった。それに対して米国は気化爆弾を使った。これは、全酸素を燃やし尽くす、つまり空気そのものを毒ガスに変えてしまう殺戮兵器である。
＊サダム・フセインのような「狂人」が核兵器を持ったらどうなるかと、世界中が恐怖を抱いた。それに対して米国は、実際にイラクの核施設を爆撃するという狂気の沙汰としか言いようのない行動に出た。今もまた爆撃するぞとイラクを脅している。

米国は、フセインがやりそうだと言われていた恐ろしいことをすべてやったのだ。現代世界にあっては、大罪を犯したから大罪人になるのではなく、有効な宣伝網を持たないがために大罪人となってしまうらしい。

イラクの建物は、田舎の泥小屋からバグダッドの高いビルに至るまですべて煉瓦でできている。

煉瓦とモルタルを発明したこの国では何千年も前からそうなのだ。田舎に行っても、煉瓦釜の高い煙突が見え、黒い煙が立ちのぼっていた。破壊された建物もやがて修復されるだろう。結局のところ、ここでは、廃墟と言っても別にめずらしいものではない。

イラクはまた灌漑農業発祥の地であり、最古の宗教もこの地で生まれた。さらに歴史上はじめて官僚制度による圧政が行われた国であり、法規に従って人間関係を調整しようとする最初の努力が行われたところでもある。法の中には、目には目を歯には歯をという有名な条文を持つハムラビ法典もある。この言葉は今日の私たちには残酷で原始的に聞こえるが、確かにそうにはちがいない。これは正義ではなく、復讐の言葉なのだ。だが、注意深く読めば、この条文の求めているものが復讐ではなくて、復讐の制限であることがわかる。歯を失った者は歯以外の物を奪ってはならぬ。目を潰された者は目以外の物を害してはならぬ。国連多国籍軍がもし、この古代の無骨な言葉に従ってイラク襲撃を行っていたら、どれほど多くの命が救われていただろうか。国連は、その人道主義的なおしゃべりにもかかわらず、四〇〇〇年前に書かれたハムラビ法典の域にまで自己の道徳を高めることはできないようだ。

(初出●「世界から」増刊号一九九一年一〇月、三浦清隆訳)

●ミニ解題●

このエッセイは、もう存在しない社会の描写である。私たちＪＦＡＣＴというイラク訪問団が接触した社会は、その後破壊されたらしい。

私たちがイラクにいた時間は短かったが、バグダッド、バスラ、ナシリヤなどで、自由に道を歩き、人と話し、食堂に入り、どこへ行っても危険性を感じなかった。一緒に行動したのはバスの運転手だけで、政府の関係者はいなかった。それはサダム・フセイン独裁政権がよかったという意味ではなく、その独裁政権にはイラクの伝統的な歓待社会を壊す力がなかった、という意味だと思う。どこへ行っても、出会う人たちは「サラーム、よくいらっしゃいました」と、やさしく挨拶した。

その後の二五年間の経済制裁、侵略、占領、内乱によってその歓待社会は破壊され、アメリカ人や日本人は私たちが行ったときのような旅行は不可能になり、やろうと思えば命がけだ。

戦争には勝ち負けがつく場合もあるが、この戦争には勝ちがなく、あらゆる勢力が負けたようだ。

自由を創立するI——

ラディカルな民主主義

「民主主義」といった言葉の場合は、一致した定義がないだけでなく、それをつくろうとする試みは八方から反対される。われわれがある国を民主主義国家と呼ぶとき、それを賞讃しているのだとほとんど例外なく考えられている。その結果あらゆる種類の体制の擁護者たちが、それぞれの体制を民主主義であると主張し、一つの意味に制限してしまうとこの言葉を使えなくなるのではないかと怖れるのである。

（ジョージ・オーウェル「政治と英語」）

「民主主義」という言葉は利用されつくしてきた。この言葉を使って、革命、反革命、テロ、妥協、凡庸が正当化された。代表制、自由企業経済、レーニン主義党支配、それに国民投票による独裁制に、民主主義という言葉があてはめられた。民主主義にとって安全な世界をつくるために戦争が行われ、外国に民主主義を打ち立てるために原爆が投下された。民主主義は、オーウェルが言うように、その使い手の誰一人として元の意味へ戻したがらない、貶められた言葉となったのである。民主主義は、国家、政党、党派、運動に利用され、そして裏切られてきた。にもかかわらず今なお、これを心から賞する人びとがおり、その中に不思議とそなわる無垢で真実な何かを見きわめようとする。所と時を得れば、この言葉は新鮮で明確で鋭い言葉となる。われわれがこの言葉を使いつづけるのは、習慣や郷愁からではなく、いかがわしい経歴を持っているにもかかわらず、どういうわけかいまだ汚されざる政治思想でありつづけているからなのである。

民主主義という言葉は、これを食いものにしたり歪めようとする一切の努力より一段レベルの深い簡潔な思想を含んでいる。この思想は無視されあるいは誤用されることはあっても、打ち破られることはない。それが何であるかを理解するには、われわれはまず邪心を捨てて、この言葉の根本、言語学者が根源的（ラディカル）な意味とでも言うであろうものへ戻る必要がある。この意味を実現することは簡単ではないが、理解するのは簡単だ。

民主主義とは、「人民」と「権力」を結びつける言葉である。ということは、この言葉は何らかの特定の政治体制とか制度の名称ではないことを意味する。むしろそれは一つの状況であって、ある政治体制はそれの実現を促進もすればしない場合もある。この言葉は、それを達成する方法ではなく、一つの理想を表現しているのである。ある種類の政府ではなく、政府の究極目的であり、歴史的に存在する制度ではなく、歴史的な企てである。

標準的な定義は、この第一義的概念からはずれてしまう。『オックスフォード英語辞典』によれば、民主主義とは「人民による政府」という意味であり、『コロンビア百科辞典』は、「国家の諸活動を律することに人民が共に責任を任じる（「誰と」共にかは書いていないが）政府……」であると述べている。「権力」（power）が「政府」（government）に置きかえられると、あいまいさが生じる。“government”（英語の“government”は、可算名詞としては「政府」という意味だが、不可算名詞としては「統治」という意味である）を「統治」と読みかえるならば、文字通り「権力」と同じことになる。だがここでいう“government”は政府の諸制度という意味だとすれば、われわれの前にあるのは定義ではなく一つの仮説でしかない。この仮説は、人民に権力を持たせる道は政府、すなわち国家装置を人民の手にまかせることだというのである。これは民主主義ではなく、民主《デモ》・政体《アーキイ》（アーキイの語源はギリシア語で支配するという意味のアーカイン）であり、民主・政体が広まれば必ずその後に民主主義がくるという確信に立って出された仮説である。これは賭けとしては有利だが、「アクセルを踏むこと」が「加速」の定義とならないと同様、定義とは言えない。自動車が大西洋上を航海する貨物船に鎖でしっかり固定されていれば、アクセルを踏んでも加速しないし、また（例えば）政府が同様に、法人権力という船で運ばれる一片の貨物であるなら、先の仮説は成り立たない。「人民の、人民のための、人民による政府（government）」というエイブラハム・リンカーンの弁護士らしい言い方は、この仮説の価値を高めている。しかし仮説の価値を高めることは、実際上の目的からすれば違いはどうでもいいことになるとしても、その仮説を定義にまでするわけではない。とはいえこの場合、その違いは問題である。

少なくとも、リンカーンにとっては問題であった。彼は繰り返し、政府の機構とその機構を促進するはずの原則との違いを明らかにしようと試みた（彼の有名なイメージとして、政府という銀の枠組みが自由という金のりんごを保護しているというのがある）。政府という枠組みは民主主義そのものではなかったし、国家が直ちに民主主義を樹立する権力を持っているのでもなかった。そのことはリンカーンが、連邦《ユニオン》の権力を使って奴隷制を撤廃することに不本意であった点に見られる。

ゲティスバーグ演説におけるリンカーンの有名な一節を、ほとんどの人は民主主義についての彼の定義（多くの人びとにとってはよしとされる定義）として受けとっている。事実は、リンカーンはそうとは一言もいっていないにもかかわらずである。民主主義という言葉はこの演説の中には出てこない。そして文脈上からも、またリンカーンの内戦政策からも明らかなことは、彼がいう"government"というのは、統治ではなく制度、権限を与えられた人民ではなく、人民に権力を与えるべくつくられた「枠組み」だということである。結局、"government"が統治を意味するならば、彼の言葉は「人民の……統治を地上から絶滅させないため」となり、件の一節は嘲笑に値するものとなる。

リンカーンの有名な一節を定義とするなら、民主主義は現存する国家制度ということになり、民主主義のためのたたかいは防衛的軍事行動として、ますます強大な中央政府、徴兵制、グラントやシャーマン、フッカー（いずれも南北戦争当時の北軍の将軍）といった連中が指揮する大規模な軍隊、脱走兵に対する銃殺隊などが必要となる。民主主義が一度、既存の政治体制として定義づけられてしまうと、民主主義の任務はその国家を防衛する戦い、「連邦《ユニオン》を救う」戦いとして現れる。これは決してリンカーンを向こうに回して、あの当時連邦《ユニオン》を救うことが正しい政策であったか否かを論じようというのではない。要点は、リンカーンにとっては連邦《ユニオン》は民主主義の同義語ではなかったというだけである――それは銀の枠組みであって金のりんごではなかった。その違いは小さいように見えるが、そこからもたらされる結果は大きい。言い換えれば民主主義者としてわれわれは、リンカーンがかの演説で呼びかけている「未完の事業」や「われわれの前に残されている大事業」を、民主主義をめざす長い歴史的なたたかいとして理解するのか、あるいはそれは国の内外のあらゆる敵の手からアメリカ国家を守ることだと解すべきかということになる。

民主主義という言葉を文字通りとれば、人民が権力を持つところに民主主義は存在する。こう理解すると、民主主義はすばらしい自明――「汝殺すなかれ」のように抽象的であるかぎり自明――の観念の一つであり、人類に対してどこまでもつきつめずにいられない難問をつきつけ、われわれの共同の生活の中で実現してみようという歴史的企てにわれわれをとび込ませる。しかし成功をかちえた諸制度がいかに民主主義に近づこうと、民主主義そのものは――正義とか平等あるいは自由と同じく――一切の制度を、それが現実のものであれ想像上のものであれ、きびしくはかる基準でありつづける。

今日、世界各国の政府を見ると、ラディカルな民主主義はどこの国においても現政権の打倒をもたらす。米国、ソ連、ポーランド、日本、韓国、エル・サルバドールにおいて、それは危険な主義である。ラディカルな民主主義はあらゆる種類の中央集権——カリスマ的、官僚的、軍事、法人、党、組合、テクノクラート——に対する批判そのものなのである。定義すればそれはこうした権力すべてのアンチテーゼである。権力集中を正当化する理由が他にいくらあっても——秩序、効率、たたかいの必要性など——、それはラディカルな民主主義にとって自らの批判を放棄する理由にはならない。「正当な理由によって」非民主的な権力は、いぜんとして非民主主義なのである。

根源へ——民主主義の政治哲学

ラディカルな民主主義を論じる偉大な理論家は誰だろう。ロックやルソー、ジェファーソンあるいはマルクスにその片鱗がうかがわれるが、公然と民主主義理論であるとされるものでさえその大部分は、早々と議論を制度論にもっていってしまう。そのことは貴重な仕事だが、しかしラディカルな民主主義そのものにこだわりつづけた人はいないだろうか。誰かその宣言を書いただろうか。誰の名前も思い浮かばない。

それにはいくつか理由があるだろう。一つには、おそらく誰も本当にはそれを信じていないのだ。おそらく誰しも、マディソンのように、民主主義は天使たちのためのものと信じ、われわれ欠陥だらけの人間に望みうるのはせいぜい、何らかの妥協、民主化されたリヴァイアサンのようなものと考えてきた。おそらく民主主義は無政府主義《アナーキズム》よりももっと恐ろしいものなのである。なぜなら無政府主義は人民を解放すると同時に権力を撤廃し、そうすることで自由を手にした人民が何かひどく有害なことをやらないよう保証しようとするからである。民主主義は権力を撤廃せず、それを人民に与える。大半の無政府主義者が思い描くのは、撤廃された政治空間と、「社会」という目に見えない支配の下にある人民、あるいはラディカルな個人主義によって切り離され、もはや人民ではなくなった人民である。ラディカルな民主主義が思い描くのは、公共の空間に集まった人民であり、そこには偉大で家父長的リヴァイアサンも偉大で母権的「社会」も彼らを支配するものとして存在せず、頭上にはからっぽの空しかない。人民はリヴァイアサンの権力を自らのものとし、自由に語り、選択し、そして行動する。ここで暗示される自由の規模はあまりに目をくらませるものなので、精神はその前でしりごみし、もっと御しやすいもの、集権的権威や代表としての役人、法の規則、警察などといったものの必要性を明らかにする仕事のほうに頭を向ける。

ラディカルな民主主義の政治哲学が存在しないもう一つの理由は、それが自ら正統性を主張する必要のまったくない、唯一の政治的状態だという点にある。権力が人民以外の何かを基盤にしたときはじめて、理論の必要性が生じるであろう。それが「正統化」ではないだろうか。哲学者や君主、選挙で選ばれた者、あるいは党中央委員会に権力を与えようとすれば、その理由を説明しなければならない。人民に権力をおく場合には、そうした議論は必要とされない。そのような状況がなぜ安全かつ有効で、永続性を持ち、賢明な判断を下す源になるのかという説明は求められるが、なぜそれが正統であるかについての説明はいらない。ラディカルな民主主義は正統性そのものである。

「ラディカル」という言葉は、民主主義を直接、その政体の中心にすえる。その動きは端のほうへ向かって横に（「左に」というように）行くのではなく、まっすぐ根源へ向かう。『オックスフォード英語辞典』を引くと、「ラディカル」の第一の意味をこう書いてある。

I、Radical humidity（根源的湿気）、humour（体液）、moisture（水分）、sap（活液）。中世哲学では、体液や水分はあらゆる植物、動物に自然にそなわっており、それがあることが活力が出る必要条件とされた。Radical heat（体温）も同じ。

この意味に沿うと、ラディカルな民主主義は、ラディカルな湿気と同じく、現存の政治の中心にある不可欠のエネルギーである。どの政権も全人民から権力を奪取し、それを少数者に与えているし、どのイデオロギーも、この権力委譲が何故正当化されるかを説明し、その説明に人民が納得したとき、政権は安定し、強力なものとなる。ラディカルな民主主義——人民の権力——はあらゆる政府権力の根なのである。

ラディカルな民主主義という観点に立って、他のすべての類いの政権を正当化することは、どこか裸の王さまの新しい衣裳といった性格を帯びる。政治的記憶喪失にかかった人民、すなわち政府の権力は君主の個人的性格であるとか、神が与え給う罰だとか、建国者たちの遺産、歴史の直接的命令、不可避の科学的法則、買うことのできる商品、あるいは銃身から生じた何ものかであるといったことをテロや神話で信じ込まされている人民でさえも、なおかつ権力の真の源《みなもと》は人民に他ならないことを発見しうるだろう。

最も怖ろしい兵器を持って立ちはだかる軍隊でさえ、兵隊たちが全員脱走してしまえば何の役にも立たないし、大量脱走は常に物理的には可能である。いかなる時代のいかなる政権も、崩壊して「民主主義状態」になってしまう可能性を持っているが、特定の時代、特定の場所ではそのようなことはおよそ考えられることではないこともある。大量脱走が国家権力を解体させるだろうという事実は、人民が信条によって行動を妨げられている状況では、ほとんど何も達成しないが、しかしそれと同時に、信条の違いで物理的事実が変わるわけではない。

ラディカルな民主主義は、歴史の進歩でも退歩でもなく、したがって民主主義革命は、未踏査の未来へ向かう跳躍ではなく、ロックが示したように、根源へ帰ることなのである。民主主義は根であり、すべての権力の単位元であって、そこからあらゆる政体を掛けてゆく最初の数字、政治の語彙全体がそこから枝分れする語根である。信仰がかつて「根源的恩寵（radical grace）」と呼ばれ、酢酸が「ラディカル・ビネガー（radical vinegar）」、花崗岩が「根源的岩（the universally radical rock）」と呼ばれたのと同じように、民主主義は根源的政治である。ラディカルな民主主義への呼びかけは、何かを根こぎにするのでなく、民主主義を植え込むことを意味する。根をぬくのではなく根を下すことを求めるのである。

保守主義と社会主義

保守主義の精神が命じるのは、数世紀にわたって発達してきた技法や制度、伝統、慣習はわれわれが知る以上に、また知りうる以上の知恵と有用性を内に秘めており、それ故われわれがそれらを打ちこわしはじめれば、失いたくないものまで失ってしまうし、意図したところを越えた破壊にまで進むということである。これはジャコバン主義に対抗して出てきたのだが、ジャコバン主義のほうは、世界を必要とあれば暴力を用いてつくり直し、抽象的理由にもとづく理想のパターンに従わせることは可能だとする概念から生まれた。しかし今日の支配階級の「保守主義」は、ジャコバン主義直系の歴史的継承であり、それが保守しようとする制度は、制度化されたジャコバン主義に他ならない。支配階級の保守主義者の関心は、自分たちの権力を維持し、拡張する制度を守ることなのである。テニスンが「朽ちた枝を取り払う／かの人こそ最上の保守主義者」と詠ったように。

だが支配階級の保守主義は、枝を救うのに根まで切り込む。彼らが保持しようとする経済体制は、世界史上のいかなる勢力にもまして多くの伝統的技法、習慣、制度を根絶してきたのである。この種の技術的、経済的ジャコバン主義に「保守主義」の名をつけるのは、露天掘りの鉱夫を露天掘りという制度を保護しようとしているという理由で自然保護論者と呼ぶようなものである。

近年のエコロジー運動は、保守主義精神にとってかっこうの分野を見出した。ここでは古典的な保守主義の主張が正しい。アマゾンのジャングルをパルプ用に伐採しても、少しばかり余計に放射能がもれても、あるいは食品添加物をもう一種類増やしても、ほとんど害はないことは科学的に保証されると企業家が言えば、「あなたがいう科学はそれほど多くのことをわかりえない」と答えるのは、無知蒙昧主義ではなく、保守主義の英知である。

政治的には、ここで重要なエコロジーは、未開の地の環境保護（それはそれで別の重要性を持つ）というよりむしろ、自然と生産労働にたずさわる人びととの間の、何世紀にもわたる対話の中で発展してきたエコロジーである。農民と土地や季節の間で、大工と道具・木材の間で、陶工と陶土・火の間で、漁民と海・天候の間で行われてきた対話である。こうした対話は、支配階級が直接参加することはほとんどなく、知るところも少ない。これらの対話の所産は、人民の文化であり、生産労働の文化であって、その多くが新石器時代までさかのぼれる、人類の最古の伝統を伝えており、これに比べれば現代の保守主義者が守ろうとした伝統や遺産などは新流行の改良でしかない。このエコロジーこそ、つまり大国の政府の制度、大企業、巨額の財政を結びつける「ゲームのエコロジー」ではなく、人間の生産の文化と、生産の基盤となる自然との間の無限に複雑な関係性こそ、保守主義にふさわしい領域である。この領域こそ、変化は徐々に注意深くなされねばならず、しかもまさにこの領域に、支配階級の保守主義者たちはブルドーザー部隊を送り込んでいる。だが、このエコロジーの中にひたって生きるふつうの人びとは、当然ながらこの領域を保護してきたのであり、この動機が資本主義の初期以来人びとの闘いの歴史で大きな部分を占めてきたのである。ラッダイズム（産業革命期の機械打ちこわし運動）から、工場労働者の運動、反植民地闘争を経て、今日の反開発、反公害、反核の闘いに至っている。民衆は本質的に保守的だとよく言われるが、それは真実である。本質的に民主主義的な保守主義者なのである。

ラディカルな民主主義は、社会主義とは異なるカテゴリーである。社会主義が仮説であるのに対して、それは理想的な政治状況を表す。最も単純な形態においては、社会主義という仮説は、生産手段の社会化が、搾取、抑圧、戦争の原因となる階級権力を取り除くことによって、それらに終止符を打つことである。生産の社会化はそれ自体——いわば、社会主義そのものだが——究極目的として独自の価値は持たない。その価値は、これらの結果をもたらす手段としての価値であり、もしそうでなくなれば、社会主義の仮説は危機に投げ込まれるだろう。だがこのような挫折は、決して搾取と抑圧と戦争を終わらせるための闘いに疑問を生じさせるものではなく、また民主主義をめざす闘いに疑いを抱かせるものでも決してない。

ラディカルな民主主義者は、資本主義経済体制が人民の手に握られるべき権力を少数者に与えているという点では、社会主義者と一致する。だがラディカルな民主主義者は、この問題が解決したら、民主主義闘争を放棄して、その支えとなってきた組織と伝統をすてても安全だという意見には与しない。ラディカルな民主主義者は、いかなるものにせよ制度的、社会的取り決めが、政治的徳という主要問題を自動的に、永久的に解決しうるとか、あるいは、政治学がつくり出したおそらく唯一の科学的法則、「権力は腐敗する」という法則を撤回しうるとは考えない。

権力は人民とともにあるべしという要求は、革命以後もそれ以前に劣らず理解しやすい要求である。ラディカルな民主主義者は、社会主義を奉ずる歴史家たちがいう「民主主義革命」は必然的に社会主義革命に先行し、とって代わられるべきものだという定義に対し、とくに懐疑的である。問題はむしろ逆なのだ。民主主義革命が——単なる資本主義経済への逆もどりではなく——社会主義国家において可能となるか否かが問題なのである。そうしたことが、たとえたった一国においても、現実に起きるならば、世界の人民が手にしうる政治的可能性のカタログは書きかえられたも同然となるだろうし、だからこそポーランドの「連帯」にこれほど大きな期待が寄せられるのである。

一国民主主義は不可能

われわれは「民主主義教育」についていやというほど聞かされるが、唯一の真の民主主義教育体系とは、民主主義である。アリストテレスは、民主主義の本質はくじ引きで役人を選ぶ体制であって、選挙による選択は定義すれば貴族制であると説いた。くじによる選抜は、個々の市民が誰でも全体のために立ちうる政治形態を前提とし、またこの体制を維持し、発展させる。同様にモンテスキューは、民主主義の精神は政治的徳であると説き、彼はそれを愛国心と定義する。民主主義国家では、愛国心とは人民を結びつける愛を意味し、人民を支配する制度の誤った愛ではないことを忘れるべきではない。権威主義者の愛国心は、個人の意志、選択権、理解する必要性を権力に譲り渡すことであって、その感情的基盤は、民主主義の責任から解放されたことへの感謝である。政治的徳とは、全体へのコミットメント（誓約）、全体に対する知識、全体のために立つ、それを知る能力であって、民主主義の必要条件である。それは人民を原則的に権力を握りうる一つの身体に結びつける。ラディカルな民主主義の象徴に他ならないくじによる選抜は、今日のわれわれにはほとんど思いもよらない信頼の表現であり、誰が選ばれようとも彼（もしくは彼女と、ギリシア人は言わなかったが、われわれは言う）は、扇動家にも、政治的愚か者にも、あるいは公金を横領する悪漢にもならないことになっている。

くじによる選抜はそれ自体民主主義ではないが、民主主義の象徴であり、民主主義へ向かう大きな一歩となりうるものであって、そこにわれわれは民主主義と人間の発展の間の結びつき、すなわち政治的徳の発展を見ることができる。他方、近代の代表制政体の主な性格は、『ザ・フェデラリスト』論文集（連邦憲法案を擁護し批准を求めた八五編の評論集）に明確に述べられているように、この結びつきを断ち切って、その代わりに、人民が政治的徳を有していたとしたら得られるであろう結果に近似した結果を、自動的に生み出すような政治機構を建設することにある。そうすることにより政治的徳自体を余計なものにするのである。これは見事な措置であり、アメリカ合州国憲法が手本となるこの政治体制は、もしその究極的目的が、建国の父たちが考えたように、国内に平和と秩序、国力をもたらす永続的制度を確立することにあるとすれば、そして国民はその目的のための手段であるとするならば、非常な成功を収めた。

アテネの民主主義は、われわれにとって負う所はきわめて大きいが、主人たちの間の民主主義であった。彼らは「市民のうち誰一人として非業の死を遂げないよう、奴隷や犯罪人に対し互いにボディガードとして行動し」えた（クセノフォン）。さらに、アテネの植民地にとっては、「簡単に言ってしまえば、専制主義」（ペリクレス）であり、他方女性にとってはめったに家にいない男たちのための際限もないつらい労働であったことは確かだろう。

　民主主義を普遍的に樹立するすべがわからない世界の中では、民主主義の周囲に差別の壁、とくに市民に自由をもたらす経済的基盤の提供者として搾取される人びとを差別する壁をはりめぐらし、民主主義を部分的に打ち立てようとするのは、昔ながらの戦略である。過去にこの戦略を用いた人びとに向かって今、道徳的説教をしても仕方がない。問題は今日それが有効でありうるかということだ。例えば、米国の周囲に第三世界の独裁政権を緩衝装置として並べ、市場、原料、安価な労働力など、政治にかかわる余暇を市民に与えるのに必要なものを確保して、「一国民主主義」を確立することは可能だろうか。第三世界の人民自身の自覚が高まる中で、こうした戦略が成功する機会は確実に減りつつある。だがここで問題なのはそういうことではない。たとえ帝国の保持が軍事的に可能であるとしても、帝国の中心に民主主義を樹立する、どのような見通しがあるだろうか。

　かつて、ある人びとに民主主義を、他の人びとに奴隷制を、許した分割された意識は、もはや維持しえない。それは二〇世紀の道徳の性格が昔より改善されたからではない――もちろん改善などされてはいない。こうした多数の人間を排除する基盤であった神話や自己欺まんが崩壊してしまったからである。生まれながらの奴隷の身分とか、未開状態とか、他の人種や女性が本来劣性であるといった観念は、もはや適用しない。かつてそれらは疑問の余地がないこととされた。今日では粗野きわまる偽善の中でしか復活しえない。

それでもなお仲間の人間たちの運命から自らを切り離すことは可能だが、今のわれわれにわかっているのは、この切断は、いわば自分自身の神経系統の中で起きるにちがいないということである。われわれが切り離すのは、他者ではなくわれわれ自身の感覚器官の一つであり、しかもそれはわれわれが他者の顔を見、声を聞くとき、彼らを同じ人間として認識する能力をわれわれに与えるあの特別の器官なのである。この種の自己切断の一般的な適否はさておいても、ラディカルな民主主義の本質とは真っ向から対立する。すなわちこの切断は、ラディカルな民主主義が発達させたいと願う感性そのもの、政治的徳を可能にする感性――「民主主義的感性」と呼びうるもの――に対するロボトミーなのである。ラディカルな民主主義をめざす運動は、この感性を鋭敏にし、広げようとする運動であり、同時にこれを切断するような企てに参加することはできない。ラディカルな民主主義者にとって、帝国民主主義はもはや可能性として存在しない。民主主義自身の精神を堕落させないためには、民主主義を求める闘いは一つの民主主義国家をめざすものには止まりえず、民主主義世界へ向かう闘いとなるのである。

（初出●「世界」一九八三年八月、加地永都子訳）

●ミニ解題●

私の恩師であったシェルドン・ウオーリン（Sheldon Wolin）は、一九八一年に『デモクラシー』というジャーナルを創刊した。その編集部から依頼がきた。ラディカル・デモクラシーについて書ける日本の思想家を紹介してくれ、と（そのとき、私は鶴見俊輔と加藤周一を紹介して、二人ともそのジャーナルに論文を出した）。時々言葉には不思議な力がある。「ラディカル・デモクラシー」という言い方は新鮮で、刺激的だった。なるほど、ラディカル、つまり根源的なのは社会主義ではなく、民主主義だった、と初めてはっきり理解した。

ところが、その後刊行された『デモクラシー』には、面白い論文はたくさん載っていたが、何冊読んでも、根源的民主主義とは何かというテーマについては誰も書かなかった。わかった、僕が書くよ、と思って、この論文を書き、そのジャーナルに出した（democracy, vol. 2, [Fall, 1982]）。

この論文、そしてこの論文から生まれた本（Radical Democracy, Cornell U. Press, 1996; 邦訳『ラディカル・デモクラシー』岩波書店、一九九八年）に関して反省点がある。その中で、ラディカルな民主主義は制度ではなく活動から生まれる状態だ、と論じた。それは大切な区別だと今でも思うが、その議論の中で、制度のほうを軽んじるような読み方を許したかもしれない。二〇〇一年から、米政府が「テロに対する戦争」の理由付けで国際法、米憲法、刑法などに組み込まれている根本的人権を無視しはじめたとき、そのような制度化された形の民主主義の大切さがはっきりと見えてきた。いつか書き直すキッカケがあれば、そのところをもう少しちゃんと書きたい。

自由を創立するⅡ――

意見書「天皇制・君が代について」

なぜ日本の天皇制・「君が代」について発言するのか

私は、日本にはじめて来てから三五年になりますが、日本政治、日本文化、日本社会に対する批判、とくに天皇制の問題について長い間発言してきませんでした。発言する権利はないのではないかと思っていたのです。でも途中で考えが変わった理由がいくつかあります。まずはじめに、アメリカ人である私がなぜ、日本の天皇制・「君が代」問題について発言するのかを説明しておきたいと思います。

というのは、以前、大学に右翼の人から電話があって「あなたはアメリカ人なのに日本の天皇制について発言する権利はどこにあるのか」と質問されたことがあるのです。そのときは、話し合おうと思ったらあんまり激しいことを言うんで電話を切っちゃったんですけども……。その後、彼は大学の学長に電話して、「あんな失礼な教師をどうしてクビにしないのか」と学長を脅かそうとしたのです。その右翼の質問内容、つまり「アメリカ人なのになぜ日本の天皇制について発言するのか」というのは、やはり答えるべき質問だったと思います。アメリカ人の悪い癖で、よく海外へ行ってお説教することもあるし、あなたの国のあの点もこの点も間違っているじゃないかとか、すぐ宣教師、あるいは占領軍みたいな態度になって、自分が民主主義のアメリカ人として教えようとする、そういうのがあるわけだけど、たぶんこの右翼の人はそういうふうに感じたのじゃないかと思います。私はそういう占領軍の態度は大嫌いなんで、そのことは真剣に考えなければならないと思います。

発言しなければならないと思った理由の第一は、私が最初に日本に来てからもう三五年間もたったわけで、もう私は観光客ではありません。だいぶ長い間日本社会の中に住んでいますので、まだ自分の国だとは言えませんけれども、だんだんと発言権が少しは出てきたのではないかと思うのです。

第二の理由は、私には娘がいるのですが、娘は二重国籍で日本のパスポートを持っていますから日本人なのです。アメリカンスクールは嫌だから普通の日本の幼稚園、小学校、中学校、高等学校に通わせました。そういうところで「日の丸・君が代」という形で天皇制が表れてくる場合、親としての責任のほうが優先するわけです。自分の子どもの教育に関して親は発言権がある、発言権というよりも義務があると思うのです。

私は、娘が生まれてから高校を卒業するまで引っ越しをしないと決めて、ずっと同じ所に住みました。つまり、差別されないように、地域で認められるように、一八年間同じ所に住んだわけで、PTAにも参加するし、一生懸命に地域に入ろうとしてきました。それでかなり学校の中で、地域に住む人間として認められてきたわけです。

ところが国家権力が学校に入ってきたとき、つまり「日の丸・君が代」という天皇制にかかわる儀式が学校に入ってくると、自分の娘は日本国籍もアメリカ国籍も持っていますから、どうしても他の日本の生徒、友だちとの間に壁ができてしまうのです。これはたぶん在日韓国・朝鮮の子どもたちのほうがそうした違和感を覚えているだろうと思います。

これが「日の丸・君が代」の一番重要な問題の一つじゃないかと思います。つまり日本の学校に通っている子どもたちは必ずしも日本人だけとは限らない。そのさまざまな国籍の子どもたちは、在日韓国・朝鮮人が一番多いのですけれども、これからもどんどん増えるわけです。いろんな国の子どもたちが学校に通っていて、一生懸命にこの国の社会にとけこもうとしている。けれども「君が代」が歌われるとき、それは自分とはちょっと関係がないことになってしまうわけで、せっかくの人間関係に壁ができるということがあるのではないかと思います。そんなことを私の子どもが学校へ通いはじめたときに感じました。

理由の三番目は、日本の歴史から考えても、天皇制の問題は戦争・平和とかかわる問題です。内政干渉はいけませんけれども、戦争・平和にかかわる問題は、内政干渉だとは思いません。

第四の理由は、それは私の専攻の関係です。私はもう一五、六年間も津田塾大学で政治思想史を教えていますの政治思想を教えるということは、ただ、昔の事実を教えるのではなくて、政治の意識化が目標なのです。一種の政治意識を持つために、過去の思想を勉強するのです。その過去の思想がどういう過程で今の世界をつくったかという研究なのです。つまり政治的に考えること、また政治的に考える能力を教えることが目標です。自分が住んでいる国の政治環境が、普遍的な、永遠に続くものではなくて、ある歴史の流れの中のある状況であって、人間が活動していろいろな選択をしてこれをつくったんだということです。人間の力で変えようと思えば変えられるものだという意識が重要です。それが民主主義の基本です。今のような社会は、昔からあって普遍的で、あるいは変えられないものだというように考えてしまうと民主主義は死んでしまいます。こういう自分の国の政治的な環境の相対化というのが政治思想史の目的です。

このように政治思想史という立場からも、なんらかの発言をする必要があると思います。

「君が代」強制は「愛国心」ではなく「恐怖心」を植えつける

「君が代」は、「私をいじめないで……。服従します」という屈辱の歌

日本で、政治的な環境の相対化ということを理解するのには、いろいろな障害物がありますが、その一つは天皇制の問題です。とくに今の若い人たちは、政治的に考えるのが怖いのです。政治の状況について考えましょうと言うと、途中で怖くなって、そこまで考えなくてもいいのではないか、

そこまで考えたら自分は生き方を変えなければならなくなってしまうのではないかという恐怖なのです。その「恐怖心」の中に天皇制が入っているのではないかと思います。

今問題になっている、学校での「君が代」強制は、そういう「恐怖心」を植えつける機能を果たしているのではないかと思います。確かに「君が代」を強制的に歌わせるということは言論の自由の問題ですが、ただ、そのねらいは特定の国家思想、天皇制思想を強制的に植えつけるということだけではないと思うのです。特定の考え方を強制するということについては、あまり成功していないんじゃないかと思います。むしろ「君が代」強制の狙いは、子どもたちに、「考えないこと」を教えているのではないかと思います。あるいは別の言い方をすると、「自分の考えと自分の行動とは無縁である」ということを強制的に教えているんじゃないかと思います。

「君が代」には「愛国心」を植えつける能力は当然ありません。「愛国心」には「愛」がついていますから、当然、愛情です。「愛」というのは積極的に自分から出てくる自立的な気持ちです。ところが「君が代」を強制されて植えつけられるのは、「愛国心」ではなくて「恐怖心」です。あるいは「服従心」です。

チェコスロヴァキアの劇作家にヴァーツラフ・ハーヴェル（Vaclav Havel）という人がいます。彼はチェコの反体制運動に長年参加していて、そのあとチェコの大統領になった人です。彼が反体制運動に参加していたころ、共産党の独裁下でのチェコの状況を説明するものとして次のようなことを書いています。

ある八百屋さんが、店先のタマネギとトマトの間に、短いスローガンを掲げた看板を置いています。そこには「世界の労働者よ団結せよ！」と書かれています。その看板を彼は毎朝店先に置いておくのです。

ハーヴェルがそれはどういう意味なのか分析しています。「世界の労働者よ団結せよ！」。その八百屋さんは本当に心から世界の労働者が団結してほしくてその看板を置いているのでしょうか。そうではないのです。これは政府の命令なのです。置かなければいけないから、置かなければ不審な人間にされてしまうからなのです。

ハーヴェルの説明によると、この看板を置くことの意味はこういうことです。「私は政府の指示を守る、問題を起こさない人間です。私は政府の言うことを聞いて、抵抗しません。だから私をいじめないでください」というメッセージなのです。書かれていることとはまったく関係がなく、自分がどう考えているかということではなくて、「政府の言うとおりにします」という、つまり「服従」のメッセージなのです。

「君が代」強制も同じことではないかと思います。「君が代」を歌っているときに、誰も心から天皇制が永遠に続くことを望む気持ちが湧いてきませんね。たぶん子どもたちは誰もそういうふうには考えていなくて、ただ歌っているだけなんです。しかしそれは決して害がないということではなくて、ハーヴェルが書いたように、「八百屋さんの看板」と「君が代」の意味は同じだと思うのです。「私は抵抗しません。問題を起こしません。だから私をいじめないでください」というのが、

「君が代」なのです。そういう意味なのです。だから非常に屈辱的なことですよね。政府も、「君が代」を歌っている人の心に「愛国心」が湧いてくるということは期待しても仕方がないので、期待していないはずです。そうではなくて忠実に命令に従う子どもにさえなればよいと思っているのです。

歴史がいろいろ変わるのでこれからどうなるかわかりませんが、今のところは戦前のような天皇主義、天皇崇拝が今すぐに復活することはないと思います。そういう形ではなくて、自分が天皇について内心ではどんなことを考えていても、とにかく天皇讃歌の「君が代」を歌う、つまり命令に従い問題を起こさない人間がつくられていくのです。自分の思想と行動とを無縁にする、そういう教育になっていると思います。思想は思想で、言論の自由があってどんなことを考えてもいい、けれども行動は全部統一しなければならない。これは非常に怖い状態じゃないかと思います。

チェコのハーヴェルの言葉で言うと、それは「嘘の中で生きている」ということなのです。さっきの八百屋さんは「嘘の中で生きている」「嘘を生きている」のです。つまり、世界の労働者に団結してほしくてその看板を置いているのであればそれにこしたことはないのだけれども、そうではなくて、その中味とは関係なく、つまり自分の思想と関係なく政府のメッセージを置いているのです。それは嘘をついているということではなく、「嘘を生きている」ということで、自分の行動自体が嘘なのです。

「君が代」教育にも同じ目的があるのではないかと私は思います。私の娘が日本の学校に通っていたころ、ＰＴＡとか授業参観にもときどき行きました。日本の教育がひどいとよく言われていますが、いいことを教えている先生がたくさんいました。私の教えている津田塾大学に入ってくる一年生にしても、だいたいみんないい思想を持っています。極端な右翼はいませんし、軍国主義者もいません。だいたいみんな平和を求める人ばかりです。

ところが、こうした若い学生たちに共通しているのは、自分の思想と行動とはほとんど関係がないと信じていることです。関係があるとはあまり考えていないのです。だから政府がいけないとか、再軍備がいけないとか、自衛隊海外派兵はいけないとか考えている人が多いんだけれども、考えるだけで体は動かない。それについてウンともスンとも言わない。そこなのです。それが「君が代」教育ではないかと思うのです。

つまり教師は、一年中、教室の中ではいいことを教えています。ところが卒業式のときに、その教師の思想とは関係なく、国家権力が、天皇制がドーンと学校に入ってくるのです。正面には「日の丸」が掲げてあって、普段、いろんないいことを教えてきた教師たちが、みんな起立して厳粛に「君が代は……」と歌うわけですよね。そうするとそこでその教師の一年間の教育がすべてひっくりかえってしまうのです。生徒たちはそれを見て、「あのすばらしい思想を持っている先生たちが、みんな『君が代』を歌う。なるほどそういうものか」と思うのです。生徒たちは、その瞬間に大変なことを知るわけです。国家権力が出てきたら、現れたら、われわれはどういうふうにするものかを学ぶのです。

このように「君が代」には、何かの思想を植えつけるというよりも、各人の思想を無力化する力があるのではないかと私は思います。先にも述べたように、「愛国心」は愛情なのですが、儀式の中で「君が代」を歌わされるとき、ほとんどの人は心の中に愛情が湧いてくるのではなく、たぶん「恐怖心」「屈辱心」を感じていると思います。

「村八分に対する恐怖」がつくり出す「強制」

先の裕仁天皇が亡くなったときも同じことを感じました。あれは非常に不思議な、興味深い秋でしたね。二つの世界があって、マスメディアで映されている世界と隣近所の世界と……。テレビをつけて見ると日本中みんな泣いている、みんな悲しんでいるのです。心から悲しんでいるという世界なのですけれども、マスメディアを通さないで見ると、泣いている人の姿など一人も見ませんでした。隣近所の人たちも冷静で、二つの別々の世界だったのです。

そのときたまたま新聞記者と会って話をしたのですが、彼は「私たちは誰も思っていることを新聞に書いていませんよ。みんな違うことを考えているんだけど、考えていることは誰も書いていません」と言っていました。私は「はあ、ほんとに？　思っていることを書けば……」と思いましたが、新聞記者は考えていることとまったく別のことを新聞に書いていたわけです。

そのとき、大学の三年生のゼミで、ずっと天皇のことをテーマにして、新聞とかマスコミの観察をして、資料を集めたりしていましたので、その学生たちにも聞きました。学生は素直に話してくれました。すると悲しいと考えている人はいない。彼女たちが言ったのは、「何か怖い。何か恐怖を感じる。何かわからないけれど怖い」ということでした。その恐怖は何なのかということを、いろんな角度から追及したのですが、理由のわからない、はっきりしない恐怖なのです。

それはどちらかというと、「村八分」に対する恐怖ではないかと思います。つまりマスコミが一種の「正しい日本人の常識」をつくって押しつけているわけです。みんな天皇を信じて、みんな裕仁が亡くなることを悲しんでいる。テレビでもみんなそう言いつづけている。ところが、周りはみんな悲しんでいるのに、自分の心の中にはそういう気持ちが一つもない。それを知られるのが怖いのです。もしかしたら自分だけが違うかもしれない、自分は日本人なのか、「村八分」にされたらどうしよう。そう思うと話すのが怖くなってしまう。そういう共同幻想なのです。自分の考え方はマスコミで流されている「正しい日本人の常識」と違うから黙っていたほうがいい、あまり公に言わないほうがよい、そういう恐怖なのです。

アメリカの学校での「忠誠の宣誓」

「日の丸・君が代」について話をすると、「アメリカでも同じことをやっているではないか」「アメリカでは、学校に星条旗をいつも掲揚して、生徒たちに星条旗と国家に対する誓いの言葉まで暗唱させているではないか」とよく言われます。

確かにアメリカ合州国の学校では毎日「忠誠の宣誓」をやっています。最近の学校ではどうなっているのかよく知らないのですが、私が学校へ行っていた一九五〇年代には、ときどき星条旗が出ていたというのではなくて、各教室に星条旗が飾ってありました。そして毎日少なくても一回、スポーツの試合があればそのときにも、会議などがあればそのときにも、起立して、星条旗に対する昔の日本の教育勅語のような忠誠の言葉を宣誓するのです。それは「私は、アメリカ合州国の国旗と、それが象徴する共和国、すなわち神のもとに一つの国家として不可分であり、すべての人びとに自由と正義をもたらす不可分一体の国家に対して忠誠を誓います」という宣誓です。「君が代」は「天皇の御代が永遠に続くように」という希望の表明なのですけれど、アメリカでの「忠誠の宣誓」は誓いの言葉で、もっともっと恐ろしいものです。アメリカ合州国の国歌も、戦争を描写して愛国心を讃美しているものです。

私の学生時代、それはベトナム戦争以前のことでしたが、とにかく国歌を歌わないということとか、あるいは「忠誠の宣誓」のときに黙って宣誓をしないということは、普通には考えられないことでした（もちろん君が代訴訟[*1]でも問題になっている、エホバの証人らの宣誓拒否[*2]などの動きはありましたが）。「忠誠の宣誓」と同時に徴兵制がありました。自分が徴兵される場合、それを拒否するということも考えられないことでした。徴兵された場合は戦争に行くものだ、ほとんどのアメリカ人はそう思っていたのです。徴兵の場合は、自分が本当の平和主義者であったら行かなくてもよい、拒否する権利はあるということはわかっていたけれども、それをわかりながらも、とにかくアメリカ社会の中で徴兵を拒否するということは普通には考えられませんでした。

アメリカ合州国とはそんな国なのです。普通のアメリカ人は、国家権力が出てくると、黙ってそれに従うものだと思っているのです。日本の平和運動をすすめている人たちは、「その結果を見てごらん」と言うべきです。その結果、アメリカの若者たちは、次から次へと戦争に出かけていったではないですか。朝鮮戦争に行った、ベトナム戦争にも行った、パナマ侵攻に向かった、グレナダを侵攻した、そして湾岸戦争にも出かけていった。若者たち自身は侵略するつもりはなかったかもしれませんが、別の国へ行って戦争を続ける若者たちは、こうした軍国主義的な儀式などの教育制度によってつくられたのです。国旗を掲揚し、国歌を歌い、国家に忠誠を誓うというのは、そういう効果があるのです。

「忠誠の宣誓」に関してはもう一つ興味深い話があります。一九〇五年、サンフランシスコから排日運動が始まりました。日本が日露戦争で勝ちはじめると、日本人が恐ろしくなったのでしょう。その当時たくさんの日本人がまずハワイへ来て、それからカリフォルニアにもたくさんの出稼ぎ労働者が来ていました。それに対して入国禁止法をつくろうという排日運動が始まったのです。これはアメリカの人権差別の歴史の中でも非常に暗い一章なのですが、一九〇五年から第二次世界大戦が終わるまでずっと日本人に対する人種差別がとくにウエストコーストで激しくなったのです。

私が偶然見つけた当時のサンフランシスコの新聞にこんな記事がありました。当時日本から来た若者の中には、英語やアメリカのことを勉強したいのでアメリカの学校に入った子どもたちも当然いたわけです。英語がよくできないから高校生ぐらいの年の子どもが中学校に入ったりしたこともあったそうです。当然、そこで「忠誠の宣誓」を強制されました。ところが、一人の生徒が、自分は日本国籍で、アメリカに帰化していないし、これからも帰化するつもりもないと言って「忠誠の宣誓」を拒否したのです。その宣誓は言えません、アメリカを嫌いではないけれど、アメリカを守ることを誓うことはできませんと言って断ったのです。そのころは新聞でも日本人への差別運動の材料を捜していましたから、これがアメリカ全国の新聞に大きくとりあげられたのです。こんなに日本人の性格は悪いんだ、こんな美しい言葉をなぜ言えないのかというようなことが、サンフランシスコ・クロニクルという新聞に大きな記事と写真で出されたのです。

アメリカ国民でもないのに、学校で「忠誠の宣誓」を強制されて、誓うことができないと断って差別されるということは、きわめて奇妙なことです。こういうふうに考えると、在日韓国・朝鮮の人たちとか、あるいは日本に来た外国からの出稼ぎ労働者の子どもたちとか、いろんな日本国籍を持っていない子どもたちが、「君が代」を歌わされるときの気持ちがわかるのではないかと思います。

自分の生まれ育った谷間を愛する

私は一種の「愛国心」というものはあってもいいと思っています。でもそれは、国家とか血縁とか民族縁とかと言うよりも、私の考え方で言うと「地縁」のような関係をもとにするものです。

昔のヨーロッパの伝統で言えば、本当の「愛国心」というのは、「自分の生まれ育った谷間を愛する」ということなのです。長い旅に出かけて、やがて帰ってくる。歩き疲れてやっと峠にさしかかると、その峠から自分の生まれ育った緑の谷間がひろがっているのが見える。そこに自分の村があって、自分の通った学校や教会が見える。子どものころ登った山があって泳いだ川が見える。こうした谷間を愛する心が自然に湧きあがってくる。それが「愛国心」(patriotism)の起源だそうです。

それは、目に見える具体性を持っているので、この谷間を愛するという動機にはなっても、隣の谷間を脅かすという侵略性を持っていません。目に見える具体性があるから、国家や民族のような抽象概念のように、歪められた形にはなりにくいのです。そういう具体的なものに対して愛情を感じるのは自然なことだと思います。

ところが、国家の魔術というか、そういう「自分の生まれ育った谷間を愛する」という気持ちが、いつのまにか「自分を管理している組織を愛せよ」ということにすり替えられてしまうのです。なぜ、自分を管理し、押さえつけている組織を愛さなくてはいけないのでしょう。そういう国家主義ナショナリズム、軍国主義ナショナリズムという、「自分を管理している組織を愛せよ」というのが、二〇世紀の歪められた「愛国心」だと思います。

「君が代」を強制している文部省の人たちがこういう「自分の生まれ育った谷間を愛する心」を持っているとは思えません。政府の官僚の人たちが本当の「愛国心」を持っているとも私には思えません。自分の生まれ育った谷間を具体的に愛しているなら、その愛する自然を破壊するような乱開発や原発、川を汚し、海を殺すことや、醜いダムをつくったりすることには反対するでしょう。

このような「愛国心」は、決して排他的なものではありません。自分の愛する谷間によその人が入ってきたとしても、異質なものとして排斥するとはかぎりません。血縁ではなくて、地縁をもとにするような関係であれば、入ってきた人を客人として歓待するのが自然でしょう。実際、そうしたことが、ヨーロッパでも、そして日本でも、確かにあったと言ってよいのではないでしょうか。

したがって「自分の生まれ育った谷間を愛する」という「愛国心」は、むしろ国家に対する批判を生む可能性が含まれていると思うのです。「服従」を強い、「恐怖心」「屈辱心」を植えつける「君が代」では、こうした「自分の生まれ育った谷間を愛する」という気持ちは生まれません。

【註】

＊1——一九八七年一月「『君が代』訴訟をすすめる会」が、君が代斉唱の強制に反対するため、君が代のカセットテープ購入費用等は違法な公金の支出であるとして京都市教育委員会、同事務局らを相手どり京都地方裁判所に訴えをおこした。

＊2——「エホバの証人」に属するバーネット家が、信仰上の理由から国旗敬礼・宣誓を拒否したとして公立学校を退学になったが、一九四三年、米国連邦最高裁はこの教育委員会の退学決議は違憲であるとの判決を下した。

（初出●一九九五年「『君が代』訴訟をすすめる会」主催の講演。『資料「君が代」訴訟』緑風出版、一九九九年七月、収録。）

●ミニ解題●

二〇一六年夏、明仁天皇は天皇を辞めたいという気持ちを表した。なぜ辞めたいのだろう。本人は年をとると仕事ができなくなると言ったが、他にも可能性がある。例えば、彼の仕事は日本国の象徴になることなのだが、安倍政権の下で変わってきた日本国の象徴になりたくないのかもしれない。彼はかなり平和的な人間で、平和憲法の下にあった日本国の象徴になることで居心地がよかったようだ。「戦争ができる国」になりかけている今の日本国の象徴になりたくないのかもしれない。

あるいは、自民党政府の、彼個人に関する計画を好んでいないのかもしれない。憲法第九九条には「天皇又は摂政及び国務大臣、国会議員、裁判官その他の公務員は、この憲法を尊重し擁護する義務を負ふ」となっているが、二〇一二年の自民党の『日本国憲法改正草案』には、この条文から「天皇又は摂政」が削除されている。日本国憲法は、明治憲法の下で法の枠の外に置かれていた天皇を法の枠の中に入れたが、自民党憲法草案は、また外へ戻すようになっている。明仁天皇はそんな場所に置かれたくないから辞めたいのかもしれない。あるいは彼の動機は、人間の自然な自由への渇望かもしれない。東京でもどこでも好きにブラブラ歩き、自動販売機から缶コーヒーを買い、屋台でラーメンを食べ、野球の試合を見るなど、スケジュール通りではなく、思いつきで動くこと……。その渇望に同感できる。

考えてみれば、たぶん天皇制が幻想であることが最もわかる人は天皇かもしれない。天皇を辞めるのが可能だということは、彼は天皇だったのではなく、天皇という仕事をしていた、ということだ。つまり、天皇を演技する、という仕事だ。それをバラしたから今、天皇崇拝者に嫌われているのだろう。

戦争を放棄するⅢ――

想像しうる最小の軍隊――ガンジーのインド憲法私案と日本の平和憲法*1

序言

一九三一年、ロンドンでの英印円卓会議に向かうマハトマ・ガンジーに、ロイターの記者が彼のめざすものは何かと尋ねた。ガンジーはこれに答えて「私が夢に描くインド」という簡潔で印象深い文章をまとめた。彼が理想とするインドは、自由で、国民すべてがその主人であり、階級差も女性差別もなく、酒や麻薬ののろいもなく、そして、「想像しうる最小の軍隊」しか持たないという。*2

この最後の言葉はなぞだ。「想像しうる最小の軍隊」とはどんなものだろう。だが、これがなぞというのもまたなぞだ。軍隊がそもそも存在しないという想像をしてはいけない理由が何かあるだろうか。これは修辞的疑問ではなく真正面からの疑問だ。実際、ほとんどの人が、軍隊がないという可能性をありえないことと考える。平和を願って神様に祈ったり、署名したり、デモをしたり、あるいは絶対平和主義者になって決して人を殺さないと心に誓うのは簡単だ。軍隊を持たない国家を想像するのはそれよりずっとむずかしい。

軍隊を持たないという選択をはっきりと力強く述べる数少ない言明の一つが日本国憲法第九条である。この条項についてはじめて耳にする人の中には、そこにある言葉を額面どおりに受け取るのは間違いだという人が多い。つまりは、国家が軍隊を持つのは政治における公理であり、自明の理とされているようだ。軍隊を持たず、どんな軍事同盟にも組していない国家が今日の世界では十三を数えるという事実があるにもかかわらずである。*3

「ゼロ」を想像するのはいともたやすいのに、「軍事力ゼロ」を想像するのがこうもむずかしいのはどうしてなのか。理由の一つはこういうことかもしれない。つまり、軍隊がそのために訓練され実際にやっていることというのは非常に恐ろしいことなので、そこまでやるからにはやはり絶対に、必要なのだと私たちは信じないわけにはいかず、そこにわずかでも疑問の影が射せば不安にとらわれてしまうから、ということだ。加えて言えば、もし軍事力ゼロの可能性なんぞについて語りはじめるや、その人は現実の世界からはみ出してしまった人間と見なされてしまう。「変人」とか「夢想家」とか、「反戦活動家」だとか「臆病者」だとか、あるいは（なんということか！）「ガンジー主義者」とまで言われてしまうリスクがあるのだ。

私たちの意識は現実そのものの力に制約されているのだから「軍事力ゼロ」なんぞに想像が及ばないのは当然だ、という反論があるかもしれない。そんなことは非合理で非現実的なだけで、考えるに値しないというわけだ。しかし、私はその真逆こそ真実だと思う。つまり、「軍事力ゼロ」に思い及ばない私たちの想像力の不足が、私たちが現実を見るのを妨げている。私たちの想像力の不足が、私たちを取り巻く状況の真の姿を私たちから見えなくしているのである。ガンジーが言外に投げかけた挑戦を受け止め、彼の言う「想像しうる最小の軍隊」の含意を行きつくところまで突き詰めてみることだ。軍隊という存在が生活の中に持つ意味を私たちが正面から考えられるようになるのはそれからだ。

日本の平和憲法

日本の戦後憲法はガンジーのこの挑戦を行きつくところまで突き詰めている。その第九条にあるのが、軍隊はそもそも存在しないという想像なのである。

第九条　日本国民は、正義と秩序を基調とする国際平和を誠実に希求し、国権の発動たる戦争と、武力による威嚇又は武力の行使は、国際紛争を解決する手段としては、永久にこれを放棄する。

二　前項の目的を達するため、陸海空軍その他の戦力は、これを保持しない。国の交戦権は、これを認めない。

文字どおりに受け取るなら、この第九条は国際政治の新しい原則とならんで「国家」そのものの新しい概念を鮮やかに、大胆かつ明確に示す宣言であると言っていい。これは決して「呼びかけ」などでないことに注意したい。そんな呼びかけはありふれていて二束三文の価値もない。政府は武力行使を極力慎まねばならないとか、紛争の平和的解決に向けて努力しなければならないとか言うのでもない。そもそも日本国憲法は国民主権の原則に立って書かれた民定憲法である。以前の明治憲法の前文においては文の主語は「朕《ちん》」すなわち明治天皇であり、続く憲法本文は天皇から臣民への「賜り物」であるとしばしば言われるが、事実上は天皇からの命令である。現在の憲法ではこの「朕」は「われら」すなわち日本国民に置き換えられている。それはつまり、現在の憲法が形としては国民から政府への命令であるということだ。そこには政府が持つ権限と持たない権限の両方が明確に記されている。第九条に記されているのは、政府は武力行使をしたり、武力による威嚇をしたり、戦争の準備をしたりする権限を持たないということだ。だから政府はそうした権限を持たない。法律文書としてこのことは明快で紛れない。だが、悩ましいのは、実際問題としてこのことが幾重にも積み重なった偽善によって封じ込められてしまっていることだ。この起草者たち、少なくともその何人か——つまり戦後の米国の占領軍と時の日本国政府のメンバーということになるが——は心からの信念をもって第九条を記したのだったかもしれないが、彼らの信念はそれを実行させるには十分なものではなかった。

しかし、たとえその程度であったとはいえ、彼らが心の思いにこれほど素直でありえたのはなぜだろう。第九条は政治および政治学の常識にまったく反するものである。現実的な政治家や軍人からなる人びとがどうしてこれをまじめに提案することができたのだろう。

それにはいくつかの答えが考えられる。

まず仮に、起草者たちの言葉をそのまま信じてみるとしよう。その際、この憲法が起草された歴史のタイミングと地理的場所を思い起こすことが肝要だ。それは第二次世界大戦の終戦直後、アメリカによる恐ろしい爆撃を受けて焼け野原にされた東京でのことだった。東京の真ん中から四方に地平線を望めたという。焼け焦げた死体のにおいがまだ立ち込めていたと聞くが、これは比喩ではなく大部分本当なのだろう。誰より冷徹な現実主義者（第九条の起草にあずかったと言われる二人の人物、幣原喜重郎男爵とダグラス・マッカーサー連合国軍最高司令官のような）であればこそ、変わり果てたこの国土を見て次のことを悟ったとも考えられる。すなわち、国際システムが機能不全に陥っているということ、そして、発達した今日の軍事テクノロジーを前にして国家はもはや自らの市民を暴力死から守ることができないということである。もちろん、世界が核戦争の時代に突入した歴史的タイミングでもあり、日本は真っ先にその洗礼を浴びた国でもあった。これら史上前例のない出来事を前にすれば、なにも平和主義の夢想家でなくても何かが根本的に間違っており、何か新しい原理が求められていることを見て取ることができたのではないだろうか。

だが、アメリカの動機は当初から単純ではなかった。もちろん、日本の軍事力を壊滅させることは真珠湾以来の戦争の目的の一つだった。憲法の中にそう書き込むのは、だから単に日本に対する勝利を決定づける方法の一つであるとも取れる。アメリカだけでなく他の同盟諸国（とりわけ、朝鮮、中国、フィリピンのように日本に侵略され植民地とされた国々）の間にも広がっていた日本に対する根深い不信感がこれを後押しした。この観点から見るなら、平和憲法は必ずしも軍事力そのものを悪と見なしているわけではなく、軍事力を持った日本を信用ならないと見なしていることになる。そのうえ、マッカーサーは、非武装化した日本なら攻撃されることはないだろうなどと決して考えてはいなかった。当時、一部は日本本土に、その他大部分は狭い沖縄（日本から切り離され、当時はアメリカの軍政下にあった）に建設が進められていた一連の米軍基地の存在を必須要件としてはじめて、日本の平和憲法が成立可能になると考えていたのだった。[*4] マッカーサーは特定の空間における軍事力のゼロ状態を想像することができたが、それはアメリカに管理された要塞が切れ目なくつながり合ってその空間の守りを固めていればこそのことだった。

一方の日本政府もまた、この憲法が日本から軍事力の守りをなくしてしまうものとは考えていなかった。むしろ、軍備による守りは今やアメリカが引き受けてくれるものと思っていた。だが、一九五〇年に朝鮮戦争が勃発すると、連合国軍最高司令官マッカーサーは日本政府に対し、軍隊に準じる「警察予備隊」の創設を要請した。これが前身となって、ついには現在の自衛隊となった。一九五二年、サンフランシスコ講和条約の発効に伴い日本は独立国家としての地位を回復したが、その引き換えに日米安全保障条約を同時に受け入れ（独立が望みなら、米軍基地と、同盟関係における従属的な地位を受け入れろというわけだ）、その効力は今日もなお続いている。こういう次第で、日本が軍事力によって国の安全を守る道を捨て、代わりに平和外交を手段として自らを守るという、この憲法が提案した実験は、結局試みられたことすらないのである。

だが、この物語には第三の当事者がいる。日本国民である。「憲法改正草案」が公表された際の世論調査によると、国民の八五パーセントがこれを支持したという。憲法の公布に際してはそれを祝賀する大会が各地で行われ、おびただしい数の人びとが参列した。また、新聞は新憲法を好意的に迎える読者の手紙であふれた。ちょっと前、例えば一九四四年には想像もできないことだった。日本について終戦前に書かれたものは、日本社会は根っから軍国主義的だとどれも論じていた。識者の中には、日本社会の核心にはいわゆるサムライ魂である「武士道」以外ほとんど何も見出せないという者もいた。これは一部には彼らの観察不足のせいであり、政府押し付けのイデオロギーと文化とを区別できない彼らの能力不足を示すものだ。とはいえ、日本国民の多数が憲法を支持したという事実は、歴史において集団の意思が示した偉大なふるまいの一つに数えていい事態だったと思う。戦争に総動員されていた一国の国民が一八〇度の転向を決心し、新しい方向に一歩を踏み出したのである。

日本政府が平和憲法を好ましく思ったことは一度もなかったし、アメリカ政府もまもなく当初の態度を変更した。冷戦が始まり、アメリカは日本を弱体化した旧敵国のままにしておくより、ソ連に対抗する同盟国として再武装させたほうが得策だと考えるようになった。アメリカの対日占領政策が手のひら返しの方向転換をするとともに、いわゆる「逆コース」として知られる動きが始まり、その後、日本が憲法を無視して再軍備を進める際の圧力の一つとなった。しかしなぜ、こうした逆流にもかかわらず第九条は今もまだなくなっていないのだろうか。その答えが世論の支持である。政府はずっと第九条を修正したいと考えているが、今のところ（二〇一〇年春現在）そのために必要な世論の支持が得られていない。その中で政府が頼みとしてきたのが「解釈改憲」と呼ばれる手法である。そうして、第九条は自衛権まで排除するものではないという政府解釈の下、自衛隊は世界で三番目に大きな軍事力（兵員の規模ではなく軍事支出と軍装備品による比較）にまで成長してきた。

したがって、客観的には平和憲法というのはまったくの偽善に見える。第九条は戦争を放棄し、武力による威嚇を放棄し、戦争のための戦力も保持しないと定めている。なのに自衛隊は、大砲や戦車や戦艦や攻撃機やミサイル等々でフル装備されている。そして、日米安保条約の下、アメリカは日本、とりわけ沖縄を要塞と化し、ここを拠点に朝鮮、ベトナム、アフガニスタン、イラクで戦争を繰り広げ、その他数々の国々で「特殊作戦」を展開してきた。

さらに、第九条を支持する人びとの多くについても、その支持のあり方は偽善的であると言える。どういうことかというと、次のような世論調査があるとする。「あなたは次のうちどれに賛成ですか。（A）憲法第九条、（B）自衛隊、（C）日米安保条約、（D）在日米軍基地」。すると、そのすべてに賛成と回答する人が多いのだ。これはどう考えても第九条を真実支持する立場とは言えない。せいぜい賢いプラグマティズムといったところだ。軍事的保護が必要だと思えば誰かほかの者（つまりアメリカ）にそれをやらせるし、自前の軍事力が必要だと思えば軍隊を仕立てはするが、違憲すれすれの中途半端な存在にしておいて、一九四五年以前の帝国陸軍のような不遜なふるまいをしないよう手綱を引いておくのである。そういうことだ。

しかし、平和に向けた提言としては、こんな第九条などいっそまるごと取り下げてしまうのがいちばんではないだろうか。いや、そうとは言えない強力な理由がいくつかある。驚くべきことに、これら幾重もの偽善の覆いに封じ込められていてなお、第九条は絶大な役割を果たしてきたのである。以下の点を考えてみてほしい。

（1）さまざまな矛盾に取り囲まれながらも、憲法に第九条が設けられて以来およそ七〇年にわたり、日本の交戦権の名の下に殺された人間は一人もいないという事実がある。これは途方もない記録であり、一九四五年までの半世紀間ほとんどひっきりなしに戦争をしてきた日本からは想像もできないことである。そして、これこそ第九条が第一にめざしたものだった。人殺しをやめることである。この記録の更新が続くかぎり第九条は生きていると言える。

（2）本当の意味で第九条を信奉する相当数の人びとが日本の社会の中に生まれてきた。自衛隊に反対し（違憲の存在だから）、かつ日米安保条約にも反対する（アメリカによる占領を継続するものだから）、心の底から第九条を支持する人びとである。これらの人びとこそ「想像しうる最小の軍隊」と聞いてすぐに軍事力ゼロの状態を思い浮かべる、今日の世界では最大の集団であるかもしれない。また、七〇年にわたる非戦の状態は日本社会全体に一種の「平和の常識」を醸成し、そのため、政治活動とは無縁の人びとでさえ戦争しないことこそ普通と考えている。これは、すべての世代がそれぞれに戦争をたたかい、誰でも友人や隣人や親戚の中には外国に赴き、人を殺し、そして帰還した（あるいはしなかった）者が必ずいるような国々（私の国もそうだが）とは明らかな対照をなす。日本のこの平和文化のイメージが妥当なものかどうかはさておき、それが存在するのは事実であり、この世界で平和を推進する力となっているのは間違いない。

（3）第九条は、その明確かつ決然とした言葉遣いにより、国家の「交戦権」というものを自明なものの地位から疑問の余地あるものの地位に追いやっている。

政治思想者として、私はこの最後の点を非常に興味深く思う。というわけで、これについて次にお話ししたい。

交戦権

憲法第九条を締めくくるのは「国の交戦権は、これを認めない」という文言だ。「交戦権」とはいったい何なのだろうか。

多くの人がそれは侵略戦争を行う権利のことだと信じているようだ。一九五五年から現在まで権力の座をほとんど独占してきた自由民主党政権は長らくこの解釈を採用し、日本には交戦権はなくても自衛権はある（なので自衛隊の創設に問題はない）という「解釈改憲」の立場を正当化してきた。

だが、交戦権の意味はそうではない。現代の国際法の下、「侵略戦争を行う権利」などというものはそもそも存在しない。厳密な話、一国が交戦権を行使してよいのは自衛の場合にのみ限られる（国連憲章第二条第四項ならびに第五一条を参照）。交戦権とは、戦争行為そのものを合法なものとするため筋を通すべき「道理」（right）なのだ。『ブラック法律辞典』が定義する「交戦中」とは「適法な戦争行為に従事している」ということだ。ありていに言ってしまえば、「交戦権」とは、人殺しと見なされることなく兵士たちが殺人行為を行う権利である。そして、この場合、殺人行為が人殺しとは見なされないということには次の二つの意味合いがある。一つは法的な意味合いで、兵士は戦時国際法に反する行為（必然性のない民間人の殺りく、略奪、婦女暴行など）を働いて捕らえられたのでないかぎり検挙されることがない。もう一つは倫理的な意味合いで、交戦中のあらゆる殺人行為のあとも兵士は罪悪感を覚える必要がない。

　交戦権はマックス・ウェーバーが「正統な暴力を行使する権利」と呼んだものの一つに数えられる（その他は警察権と司法権）。ウェーバーは正統な暴力を独占することこそ近代国家の決定的な特徴だと考えた。[*5]「正統な暴力」などという尋常でない価値判断の負荷を帯びたウェーバーのこの定義を、「価値自由」をもって任ずる政治学者たちが何世代にもわたって疑問も抱かず受け入れてきたのはまったく興味深く、驚くべきことでさえある。何かがかくかくしかじかのものと定義されてしまうと、それが実際にかくかくしかじかのものかどうかは検証を要する問題でなくなってしまい、ただとにかく「定義上真」とされてしまうということのようだ。いずれにせよ、正統な暴力なるものに疑いを挟むというのはばかにならないことだ。政治学、国際法、正戦論、国際システムの全体、ひいては国家という存在の前提そのものを支える基盤を危険にさらすことになるからだ。

交戦権は私が「国家の魔術」と呼ぶものをもたらす。国家は、この魔術を使えば、普通なら背筋が凍るような恐ろしいこと（例えば、爆弾で人体をばらばらに吹き飛ばすとか）の見え方を変えて、ほとんど気にも留まらないありふれた出来事にしてしまえる。この魔術は私たちの意識の中深くに潜り込んでいる。正直、私自身の意識の中にもだ。新聞で、どこかの若者が、例えば学校のキャンパスに侵入し、見ず知らずの人を六、七人撃ち殺したという記事を読んだとしよう。私たちはぞっとして気が滅入り、いったい何があって犯人はこんなことをしでかしたのだろうと思う。だが今度は、例えば一人の空軍将校と知り合ったとしよう。彼はF－16戦闘機のパイロットで（どこの国のかは問わない）、人を六、七人殺すなど日常茶飯にやっていることだ。にもかかわらず、「へえ、パイロットなんておもしろそう。空を飛ぶってどんな感じですか」などと、私たちはつい口走ってしまうのではないか。

「国家の魔術」が効き目を持つ心理学的な仕組みは私にはわからない。だが、「私たちはなぜこんな力を国家に与えているのか」という問いにになら、私たちの誰もがその理由を答えることができる。政治理論の古典文献に詳しく書いてあるし、ほとんど常識ともなっているからだ。理由は二つあり、それらは互いに関連し合っている。第一に、正統な暴力を行使する権限を国家に与えれば、国家は私たち国民を守るためにその権限を行使するはずだ、と私たちが思い込んでいるからである。国家は、暴力の犠牲となって死ぬ人びとが社会からいなくならないまでも、とにかく減るようにこの権限を使ってくれるだろう、というわけだ。この論旨を最も強力に展開しているのはホッブズの『リヴァイアサン』と思われるが、先ほどの問いに対してはほとんど皆が同じように答えるのではないか。第二に、国家は私たちが「われわれの自由」と呼ぶところのもの、すなわち当の国家自体の主権を守るためにその権限を行使するはずだ、と私たちが思い込んでいるからである。

もし、これら二つの私たちの思い込みが真実であるなら、それは実際強力な説得力を持つことだろう。だが、多くの人が自明の理のように考えているこれらの思い込みは、自明の理などではまったくない。「XをすればYという結果が得られる」という形の仮説でしかないというのが本当のところだ。しかし、Yという結果が本当に得られるかどうかは現実の中でしか確かめるすべはない。

この観点から見ると、二〇世紀はこれらの仮説を検証するための一〇〇年だったとも言えそうだ。世紀の初めに主権国家の数は世界で五五を数えた。それが世紀の終わりには一九三になっていた。主権国家のこの飛躍的な増大は、主に人びとが次の仮説を信じていたがゆえに生じたものだ。すなわち、もしわれわれがそれぞれ一つの国家にまとまって各領土内で正統な暴力を独占すれば、われわれはこれまでより安全で自由となり、暴力も減少していくだろう、という仮説である。

そして、世紀末に検証の結果が明らかとなった。それは惨たんたるものだった。人類史上これほど多くの人びとが暴力の犠牲となった一〇〇年はなかったのである。しかも、最大の殺りく者は誰だったか。マフィアではない。麻薬密売組織でもない。嫉妬に狂った夫たちでも、狂気の連続殺人犯たちでもなかった。言うまでもない、それは国家だったのだ。R・J・ラムルが『政府による死』にまとめた統計によると、二〇世紀に国家は二億人以上にも上る人びとを殺害したという。[*6]驚いてはいけない。国家に殺しの免状を与えたのは私たちであり、国家はその権限を行使しただけだ。また、当然ながら、群を抜いて多数に上る犠牲者は兵士たちではなく民間人だった。これにも驚いてはいけない。民間人は兵士の何倍も殺害しやすい（身の守り方を知らず、撃ち返してきたりすることもないのだから）。だが、驚くべき統計が一つある。群を抜いて多数に上る犠牲者は、外国人ではなく、当の国家の市民たちだったということだ。[*7]もしも、より多く犠牲となったのが外国人であったなら、少なくともこう考えることができただろう。国家はやっぱり最初の約束どおり、自国民たちの安全と自由を守るため戦ってくれているのだ、と。しかし、実際にはどうやらそうではないらしい。ラムルの統計には確かに歪曲された面がある。ナチスによるユダヤ人の大量虐殺を政府による自国市民の殺りくに数え入れているのがその一つ。また、ソ連や中国において政府の措置が引き金となって餓死した農民たちなども統計の数に含めているが、それらの政府措置は厳密には軍事行動ではない。しかし、ラムルの示した数字を半分あるいはそれ以下に減らしてみても、事の核心は変わらない。国家は最大の殺りく者であり、その犠牲者の多くは自国民なのである。これがまだ信じがたいと思われるなら、どんな新聞でもいいからその国際面に目をやってみるといい。世界で行われている戦争のほとんどは、国家とその国民の一部との間で行われているのがわかるだろう。実際、世界中の多くの軍隊は自国民以外を相手に戦ったことがなく、事実上、自国民と戦うことがそれらの軍隊の唯一の目的であるとさえ言っていい。「市民を守る」という国家が主張するタテマエの陰にある、闇に包まれた秘密がこれである。国家が行う戦争の根源的な形は、国家が自身を立ち上げ、自身の存立を守るために、自身の国民を相手に戦うというものだ。国家による正統な暴力の独占は、暴力によって確立し、暴力によって維持されている。

ガンジーと暴力国家（一）

私がガンジーについて何か語ろうとするなど向こう見ずなことと承知している。彼についてはすでに無数の言葉が費やされてきた。それを書いたのは、ほとんどが私などよりよほど彼をよく知る人びとである。この向こう見ずをいくらか埋め合わせるため、私は分析するというよりも物語を語ることにしたいと思う。ほかにいくつもある分析と張り合うのはゼロサム・ゲームだ。自分の分析こそ正しいと証明するには他の分析が間違っていることを示さねばならない。だが、物語であればいくつもの語り口が許され、その展開のしかたは語り手の視点によりさまざまであっていい。そして、私の視点はといえば、「交戦権を持たない国家など国家ではない」という西洋思想の土台石を否定する憲法を持つ国で、長年にわたってその西洋思想を教えてきた者の視点である。この矛盾を含む、したがって居心地の悪い立場のおかげで、たぶん私なら従来の語り手たちとはいささか異なる切り口でこの物語を語れるかもしれない。しかも、従来の語り手たちの解釈の妥当性を否定することは一切ないだろう。物語に一応次のタイトルを付けておきたい。「ガンジー的非暴力と主権国家インドの創設」である。

テキストとしてマキアヴェリの『君主論』と『政略論』(『ディスコルシ』)を取り上げる。このテキストの選択は、私が現実政治の厳しさを知らない無知な夢想家だというそしりから私自身を守るためというのもあるが、その動機の大半は、マキアヴェリが国家の創設という主題に関する第一級の政治思想家だからである。この事実はおおかた忘れ去られるか、マキアヴェリといえば「目的は手段を浄化する」という格言を残した思想家としてのイメージが先に立って、はっきり意識されなくなってしまっている。しかし、マキアヴェリの著作が放つ主要なメッセージというのは、新国家の創設ないし衰亡した既存国家の再興は、マキアヴェリが「君主」と呼び、現代の政治学者ならば「カリスマ的指導者」と呼ぶだろう一人の男(「男」は意識的に使っている)のリーダーシップの下でこそはじめて成し遂げられる、というものだ。この観点から見ると、二〇世紀はまさにマキアヴェリの世紀だったと言えるかもしれない。かつてこれほど多くの新生国家が、しかもこれほど短期間のうちに創設されたためしはなかったからである。そして実際、それら新生国家の多くは、その創設にあずかった一人一人の指導者の名前と切り離して考えるのがむずかしい。中でもとりわけよく名の通った何人かをあげてみよう。アタテュルク、レーニン、ナセル、スカルノ、ケニヤッタ、サンゴール、エンクルマ、毛沢東、ウー・ヌ、ホー・チ・ミン、チトー、金日成、カストロ、……。そしてインドの場合、あげるべき名前は当然ガンジーということになる。

だが、この中でガンジーだけは特別だ。他のすべての指導者たちは、その政治的才気といい、またその政治的非情さといい、マキアヴェリが『君主論』で描いた類型にほとんどぴったり当てはまる。ガンジーだけはその中で浮いているように見えるのだ。ガンジーと他の指導者たちとの違いをはっきりさせるには、新政の樹立に伴うジレンマについてマキアヴェリが語った言葉を思い出すとよい。それはそのまま新国家創設のジレンマについても当てはまる。

ところで、一国の政治体制を再編するには、高潔な人物が必要だ。一方、力ずくで共和国の支配権を手中に収めるには、悪知恵の働く男でなければならない。しかしながら、高潔な人物が君主になるために、その志がどんなに立派でも、感心できない手段を用いることは、きわめてまれにしか見られない。またこれとは反対に、君主になった一人のよこしまな人物が急に気が変わって善行を施したり、不正の手段で手に入れた権力を、今度は正しく用いようと思い立つような例も、きわめてまれである。*8

国家の創設ないしは革命の暁にその立役者自らが「君主」となるため彼らがやっておかねばならない（と彼らが考える）ことと、国家の創設ないし革命の動乱が収まったあと彼らに求められる統治のあり方との間には矛盾があり、先ほど名前をあげた人物らがどの程度この矛盾を解くのに成功したか、あるいは失敗したかについて語るべきことは多く、実際多数の著作が著されてきた。しかし、ガンジーにとってこのジレンマは他の人物の場合とは逆転したものになった。つまり、マキアヴェリに対する彼の否定は徹底していたが、そのあまりの徹底ぶりゆえに、国家創設に伴うジレンマはいわば逆立ちした形で舞い戻ってきて彼を苦しめることになった。つまり、こういうことだ。ガンジーは、マキアヴェリが絶対必要だと考えた暴力的犯罪など犯さなくてもインドを植民地支配のくびきから解放して独立に導くことが可能であることを世に明らかにした。彼の計り知れない意志の力でそれを可能にした、と言うべきかもしれないが。だが、独立インドの創設が成功すると、それは結局また一つの新しい暴力国家を生む結果を招いてしまったのである。

ガンジーはインドの国父ないしインド国民の父と目されているが、インド国家の父となったりその君主となるのは彼の本質にまったくそぐわないことだった。英国からインド人の手へ権力が移譲される日が近づくと、ガンジーはうしろへ身を引いて、新政府にも憲法制定会議にもどんなポストも求めることがなかった。その後の事の成り行きを見て、彼はしばしば深い失望感を言葉にした。独自の憲法案（これについては後述する）をまとめさえした。だが、彼はあくまで現実的で、自分の憲法案が採用されるはずのないこともわかっていた。こうして、かのマキアヴェリのジレンマは、ガンジーにおいては次のとおり順序があべこべのものとなる。すなわち、善なる手段のみを用いて国民を独立に導いた人物が、独立後に生まれる暴力国家の用いる悪しき手段を受け入れることはいかにして可能か。ガンジーは気質的にこうした変ぼうを遂げることができなかった。多くの政府指導者たちにとって相談役であり父親のような存在でありつづけた彼だったが、インド国家そのものにはそんな彼を受け入れる余地はなかった。

サティアグラハと交戦権

マックス・ウェーバーによる国家の定義は「正統な暴力を独占していると主張する社会組織」というものだが、ここにいう暴力の独占が完全だったためしはこれまでなかった。民族解放運動や革命運動の闘士たちもまた、自分たちには交戦権がある、と多くの場合考えてきた。ある意味これは、国家が主張する交戦権の論理を拡大解釈したものにすぎない。それらの運動は、国家がないところではそれ自身が国家になろうとし、国家がすでにあるところではその実権を握ろうとして、普通はその成功を信じて疑っていない。そうして前倒しに主張される正統性に基づいて、それらの運動は国家が独占するはずの交戦権を自らにも遡及的に当てはめるわけだ。しかも、これは国際法においてもある程度まで認められている。例えば一九四九年の俘虜の待遇に関するジュネーブ条約は、「組織的抵抗運動団体の成員」が敵に捕らえられた場合、一定の条件を満たせば戦争俘虜としての身分が認められるとしている。戦争俘虜の身分が認められるということは、彼らがそれまで働いてきた殺人行為は人殺しでなく戦争行為だったと認められ、交戦権の名の下に正当化されることを意味する。

サティアグラハ〔サンスクリット語で「真理の把握」。ガンジーが主導した非暴力不服従運動の中心概念〕はこうした論理をきっぱりと退ける。その概念を私が正しく理解しているとしたら、サティアグラハを実践する非暴力運動家たちは人を殺す権利など主張するはずもなく、むしろあらゆる殺人行為を人殺しと見なすはずだ。このことが相手側の兵士らに与える効果については、普通は道徳的ないし宗教的な観点から語られるが、正戦論の観点から語ることもできる。正戦がなにゆえまさに正しく、犯罪行為ではないのかを説明する際の論法の一つは、こちらが殺そうとしている相手側も同様にこちらを殺そうとしているから、というものだ。両方が同じゲームをプレイしているのであり、こちらが相手を殺そうとしている事実は、逆に相手がこちらを殺したとしても文句はないということが前提となっている。この論理は激しい身体的接触を伴うスポーツの論理に似ている。ボクサーが、もしもリング外であれば警察ざたになるような仕方で対戦相手に立ち向かうのは、対戦相手もまたボクサーであり、時に死を招くほどの試合の過酷さと危険とを承知のうえでこちらに立ち向かってくるからである。こうして、ノックアウトされたボクサーは、撃ち殺された兵士と同じで、自分が相手にしてやろうとしたのと同じ目にあったにすぎないことになる。それをどう思うかにかかわらず、この論理こそが正戦論の核心にあり、国際法の中にも、個々の兵士たちの道義心の中にも同じ形でこれが作用している。

サティアグラハはこのゲームを無効にする。敵を殺そうとする権利を放棄することは、相手が暴力に訴える正当性の根本を否定してしまう。正戦論のルールそのものに照らして兵士たちの行いはもはや正戦ではありえず、犯罪行為の相を呈してくるのだ。これは兵士個人個人にとっても彼らの指揮官らにとっても恐ろしいプレッシャーになる。サティアグラハの陣営が一つでもいいから暴力行為を働いてくれれば、と兵士や指揮官らが熱望するさまが想像できる。そうすれば状況は、戦争はかくあるべしという彼らの固定観念にぴったり当てはまる姿に戻ってくれるのだ。ローラット法〔反英運動の弾圧を目的としてインド政庁が一九一九年に制定した治安法令〕に反対してガンジーが始めたサティアグラハ運動だが、彼は運動の陣営に暴動化の動きが兆すのを見るやそれを打ち切った。それがなぜだったかを説明する鍵《かぎ》はここにあるのかもしれない。暴力をできるだけ少なくするというような程度問題ではない。たとえどんなささいなものであっても、サティアグラハの陣営がひとたび暴力に訴えてしまうと、正戦というゲームの論理がたちまちよみがえり、相手方の行使する暴力が再び正統性を帯びてしまう。「人殺し」が再び「戦争行為」に逆戻りしてしまうのだ。

〔「サティアグラハの有効性」を論証するのは本論の主たる目的ではないが、この点に関して毎度持ち上がる異論にここでひとこと言っておくべきかと思う。それは、インドにおいてサティアグラハが成功を収めたのは、ひとえに相手が良心的な英国人だったからではないかという意見である。そんな疑念を持つ人に、ガンジー自身は、かつて世界に存在したどんな体制より人種差別的と言ってよい南アフリカのアパルトヘイト制度を前にしてもサティアグラハが功を奏した事実を語った。その際ガンジーは言わなかったけれど、彼とは別の立場からはこう言える。「良心的な英国人」というイメージは、英国のインド支配の実態をつぶさに見ていくとすっかりかすんでしまう、と。アムリットサルの虐殺事件、「四つんばい令」〔英国軍の発砲により激高し暴徒化した一部の独立運動家たちが英国人女性を襲撃し、その後、現場となった通りをインド人が行くときは四つんばいになれという命令が出された」、ぐったり倒れている無抵抗の非暴力運動家らを時にまたさらに打ちのめすその無慈悲さなどがその例だ。また、「さすがにヒトラーに対してはサティアグラハも無力だったろう」という主張も事実に反する。ハンナ・アーレントらが指摘しているとおり、ヒトラー政権下においても非暴力の抵抗運動が成功を収めた例はあったのだ。[*9]けれど最後に指摘しておかねばならない。一〇〇パーセント成功するのを見てからでないとサティアグラハなどまじめに受け取れない、というのは無理な注文というものだ。リアルポリティクスの世界では、軍事行動を含むどんな紛争解決手段も一〇〇パーセントの成功を収めるということはない。戦争には勝者がいれば他方に必ず敗者がいる。戦争の成功率は高々五割でしかないのだ。）

ガンジーと暴力国家（二）

しかし、インド独立運動に徹底した非暴力を求めて一歩も譲らなかったガンジーだが、彼はインド国家に対しても同様に妥協することなく非暴力を求めたのだったろうか。

そうではなかったと多くの論者たちは言う。この主張の一部は演繹的推論による否定とでもいうべきものだ。日本の憲法第九条について「一国の憲法が戦争放棄を宣言するなんてばかげている。だから第九条はそんなこと言っていない」と多くの人が言うのと同じ論法で、「ガンジーがインドに武力の保有を認めなかったなんてばかげている。だからガンジーはそんなこと言っていない」と彼らは言うのだ。実際、ガンジーの長い生涯にわたる折々の発言の中には、彼が国家の軍事力を容認していたと取ってよさそうな発言も確かにあるのもまた事実だ。中でもいちばん有名なのは次の発言だ。

おのれの不名誉を目にしながら臆病にも何もできないでいるよりも、インドにはむしろ武力に訴えてでも自らの名誉を守ってほしい。[*10]

さらに次の発言もある。

ありのままの事実はこうだ。パキスタンがカシミールに侵攻した。インドはカシミールに派兵したが、それはカシミール侵攻を狙ったものではない。インド軍はかの地のマハラジャ（藩王）と首相のシェイク・アブドゥラーからの至急の招待に応じただけである。[*11]

だが一方、ガンジーはこうも言っている。

もし、私に政府が任されたならば、私は別の道を行く。なぜなら、私の下では政府は軍隊も警察も持たないからだ。[*12]

どちらがガンジーの真意だったかを確かめるのに、彼の発言をいくら引用しても埒《らち》はあくまい。二つの解釈それぞれを導く発言がいくらでも見つかるからだ。評判の「鉄の意志」にもかかわらず、ガンジーは心を決めかねていたのだろうか。この明らかな矛盾を解明する一つの方法として、「自らが夢に描く国」で行われる理想の政治と自らが住む現実の国家で行われつつある「殺伐たる政治」との間を行き来したもう一人の人物とガンジーとを比較してみてはどうかと思う。トマス・モアである。『ユートピア』という架空の物語の作者としてご存じだろう。ユートピアという島への旅から帰ったヒュトロダエウス（英語名ヒスロディ）なる人物が、そこで得た見聞についてモアや彼の友人らに話して聞かせる。物語の中にモアがヒュトロダエウス（ちなみにこの名前は「ナンセンスの分配人」を意味する）に尋ねる場面がある。完璧な秩序を保つ国を訪ねて得た知識がありながら、なぜ王の助言者となってその知識を生かさないのか、と。これに対しヒュトロダエウスは、彼に耳を貸す者は王宮には一人とおるまいと答える。彼がまさにできるような類の助言を望む王はどこにもいないと言うのだ。モアはこれに食い下がってこう言う。なるほど、ユートピアで行われている政治そのものについて聴く耳を持つ王はいないだろうが、それでも王の参事となれば人の役に立てて、「物事を最善の状態にすることはできないまでも、せめて最悪でない状態に導くことができるではないか」と。[*13] ヒュトロダエウスはこれに、そんな企てをしようものなら殺されてしまうのが落ちだと答えるのだった。[*14]

このくだりを書いていた当時、モア自身がヘンリー八世から申し出のあった大法官の職に就くべきかどうか思いめぐらしていた。結局申し出を受けることにしたモアだが、彼には国王を説得してユートピア的政策の一端たりと採用させるつもりなどまったくなかっただろう。ただ、国王の政治に影響を与え、それを「最悪でない状態」に導こうという希望は抱いていたと思う。しかし、そのあげくヒュトロダエウスの予言（それはつまりモア自身の予言だが）が的中した。良心の人モアがヘンリー八世の行う政治をもはや支持しえなくなったとき、彼は裁判にかけられ、大逆罪で有罪とされ、斬首された。

モア同様にガンジーは「ユートピアを視《み》た」、ないしは彼自身が呼ぶところのラーマラージャ（古代インドの神話的叙事詩『ラーマーヤナ』の主人公ラーマが統治する理想の国）を視た覚者だった。モア同様に、彼は一方また現実の日々の政治でも敏腕を振るう実際家だった。しかし、政治の現実を理想の姿に近づけようとしてはるかに首尾よく成功を収めたのはガンジーのほうだった。モアは暴力国家の大法官となるだけで、サティアグラハに匹敵する企ては何もしていない。かくして、ガンジーは当然二つの倫理的価値を認めていたはずだ。一方にはアヒンサー（非暴力）、真理、そしてラーマラージャの倫理的価値があり、それはガンジー自ら繰り返し語ったとおり、彼が人生の指針としたものだった。だが、彼はそれ以外のもの一切を何の区別もなく唾棄《だき》したわけではない。同じ殺伐たる政治の世界の中のことであっても、彼は無為に対して行動を、怯懦《きょうだ》に対して勇気を、逃げ出してしまうよりも信念のために立つことを評価した。新生インド政府で働く友人や弟子たちのやり方に賛成できないときでさえ、物事を最善の状態にすることはできないまでも、せめて最悪でない状態に導こうする彼らの努力を認めていた。また、彼の絶対平和主義は、侵略戦争と防衛戦争の違いや、戦時法規に則った戦争行為と、虐殺、レイプ、略奪などの形をとる無法な戦争との違いを無視するものではなかった。絶対平和主義の立場に立つということは、オーウェルの言うような、「どんな戦争でもその当事者間に違いはなく、どっちが勝っても変わらないとうそぶく不毛で誠実さに欠ける立場に立つ[*15]」ことを決して意味しない。（一九四七年にカシミールに兵を進めたパキスタン軍は侵略者であり、一方のインド軍はそうではないというガンジーの判断が正しいものだったかどうかという問題に私は答えるつもりはない。ここで重要なのは、聞き知った情報すべてを前提にして彼はそう判断したということである。）

だが、こんなふうに言うだけではガンジーが晩年に抱いた苦悩と失望を説明しきれない。現実のイングランドにおいてユートピアを立ち上げることができるなどと考えもしなかったモアとは違い、モアが夢にも思わなかったような政治的成功をいくつも収めてきたガンジーは、驚くべき希望を胸に温めていた。

> 私は一二五歳まで生きながらえ、もう少しこの国に尽くせるよう今まで神に祈ってきました。そして私が安息を得ることができるのは、神の王国すなわちラーマラージャがこの国にあまねく行き渡るときをおいてほかにありません。そのときこそはじめて、インドは真に独立したと言えるのです。しかし今日、それはただの夢となってしまっています。……私のような人間は、

こうした状況の下でどうすればいいのでしょう。もし状況が好転しなければ、私の心は泣き叫んで神に祈るほかありません。直ちに私を召されよと。なぜこれらのことを私に見届けさせようとなさるのか。*16

「これらのこと」というのはもちろん、インド・パキスタン分離の過程で生じた数々の悲惨を主に指している。だがガンジーの失望は、当時の世界では最大の非暴力勢力だったインド国民会議が、独立とともにいとも簡単に変質してしまい、「普通の」暴力国家の建設者に変わり果ててしまったことにも理由があった。先に引用した一節を、そのあとに続く言葉とともにもう一度読んでおこう。

もし私に政府が任されたならば、私は別の道を行く。なぜなら、私の下では政府は軍隊も警察も持たないからだ。しかし、その道を行くのは私一人だけでしょう。いったい誰が好き好んで付いてきてくれなどするでしょう。*17

ガンジーの自由インドのための憲法私案

憲法制定会議がガンジーを「国父」としてまつり上げようとしながら、また一方で通常の暴力国家としてのインドに似合いの憲法案を起草しつつあったころ、ガンジーその人はそれとは別の憲法案を温めていた。だが、憲法制定会議はこれにまったく目を向けようとしなかった。このガンジーの憲法案を最も体系的に紹介しているのが、シュリーマン・ナラヤン・アガルワルがガンジーのさまざまな発言を整理して一冊にまとめた『自由インドのためのガンジー的憲法案』[*18]だ。政治体制の一つの理想の姿を示す重要な提案として、この本はモア、モリス、オーウェン、フーリエ、クロポトキンらの著作に並ぶべきものだが、驚いたことに今では絶版となっており、図書館で見つけるのもむずかしく、ガンジー関係の本として取り上げられることもまずない。それはどうしてかと思うに、たぶん、その内容が常識人の想像を絶するほど過激であるため、この本について人びとが極力考えないようにしているためではないか。

ガンジーの憲法案の核心は、一九四七年のインド独立直前に彼が書いた次の単純な言葉の中にある。

独立は下から始まらねばならない。そうして、村々の一つ一つがあらゆる権限を備えた共和国ないしパンチャーヤットとなるのだ。[*19]〔パンチャーヤットは村自治体。本来は村の長老で構成される自治機関のこと〕

この単純な言葉を真剣に、書いてあるとおりに受け取ることから始めよう。そうすることは簡単でないらしい。書いてあるとおりの内容が言語道断のことだからだ。ガンジーの崇拝者たちは、これが実際彼の言葉であるのを信じがたいと思うか、またはとても不都合なことに感じるようだ。だから時々、彼が言ったのはそうじゃないということにしてしまう。例えば、著書『ガンジーの政治哲学』の中でビク・パレックは、ガンジーが「自己決定権を持つ村落共同体」を単位とする政治体制を提案したと書いた。[*20] だが、ガンジーが言ったのは「共和国」だ。彼は注意深くこの言葉を選び、その含み持つ意味も十分理解していたことだろう。共和国は「共同体」でもなければ「行政単位」でもない。主権国家だ。ところで、インドには七〇万の村々があると、ガンジーは好んで言った。つまり、彼の言葉を書いてあるとおりに受け取ると、彼は世界の主権国家の数を一九四七年当時の七六か国ばかりから七〇万七六か国にまで増やす提案をしていることになる。そのすべてが国連に大使を送り込んだならどうなるか。彼らを一堂に集めるホールはおろかスタジアムもないばかりか、ニューヨーク市全体の人口が一割ほども増える勘定になるのだ。

だが、ガンジーの提案は国連を超満員にする計略などではなかった。七〇万の村落共和国は一つの連合体にまとめられることになる。それぞれの村のパンチャーヤットの議長たちが結束して（およそ二〇の村々）一つのタルカ・パンチャーヤットを構成し、それらの議長たちが今度は地域パンチャーヤットを組織する。さらにその議長らが州のパンチャーヤットを組織し、最後にその議長らが全インド・パンチャーヤットを構成するという算段だ。国連総会に代表を送るのはこの全インド・パンチャーヤットということになるのだろう。

しかし、だからといって、主権はやはり中央にあるというわけではない。結局ガンジーは国家を受け入れたのだと多くの論者たちは言う。だが、ガンジーとアガルワルのイメージでは、村のパンチャーヤットより上のレベルの組織は国連のようなものだ。つまり、相当な権威はあるがそれ自体に主権はなく、加盟国の主権には立ち入る権利のない国際機関のような存在である。アガルワルは「主権」という言葉を使っておらず、この点に関する彼の記述は時にあいまいだが、次の一節を読めば彼の伝えようとする意味は誤解の余地なく伝わる。

> これらの上位組織の機能は助言的なものであり強制的ではない。下位のパンチャーヤットの相談に乗り、助言を与え、監督するが、命令するものではない。*21

通説となっている西洋の国家論では主権在民が建前だが、国民にあるというその主権とは、実際には、定期的に行われる選挙で一票を投じる権利にほぼ限定されている。ガンジーの憲法案は、主権を「国民」というあいまいな存在にではなく、はっきりした輪郭を持つ多数の社会組織、つまり個々の村々に託すことによって、主権在民というもののあり方をすっかり変えてしまう。これなら主権在民は国家権力を正統化する神話などではなくなり、政治社会の構造にしっかり組み込まれた現実となる。投票用紙とともに人びとの手を離れ、首都にかき集められて再び姿を見せる習いだった主権が、もはやそうではなくなり、まさに民が生きる村にこそあり、民がいつまでも手にしつづけることのできるものとなるのだ。

こうしたガンジーの思想をテオドール・シャニンが呼ぶところの「後期マルクス」の思想と比較

するのは興味深い理論的研究となろう。シャニンは、日本の歴史学者・和田春樹の研究に主にもとづいて、晩年のマルクスが次のようなナロードニキの見解を受け入れるようになっていたと論じている。すなわち、もしロシアの革命勢力が、村落共同体の中にまだ息づいている「原始共産制」を基礎として彼らの考える新しい社会を建設すれば、暴力国家の下での工業化の進展に伴う悲惨をバイパスできるという見解である。[*22] 恩師マルクスがこうした見解を抱くようになっていたのをレーニンとボリシェヴィキの彼の同志たちがついに知らぬままだったのは、大きな歴史の皮肉であり悲劇であると言わねばならない（こうした見解を記したマルクスの書簡は強硬派のマルクス主義者らによって長らく発表が差し止められ、公になったのはようやく一九二四年のことだった）。だが、ここでこの問題にこれ以上立ち入るべきでないだろう。

本論で重要なのは次の問題だ。すなわち、全インド・パンチャーヤットはいったい武力を持つのかどうか。ガンジーの答えは明確に「ノー」だと私は思うのだが、アガルワルの見解はもっとあいまいだ。一方で彼は、先ほどの引用のとおり、全インド・パンチャーヤットが持つ権能は「助言的なものであり強制的ではない」と書いている。だが他方、『自由インドのためのガンジー的憲法案』と対をなすもう一冊の本『インドのためのガンジー的経済発展計画』の中では、ガンジーが構想する機構の下で「軍事費は劇的に削減され、少なくとも現在のおよそ半分にまでカットされることになるだろう」とも書いている。[*23] これは、「想像しうる最小の軍隊」のなぞに対するおそらく最悪の解と言っていい。当時のインド軍を半分の規模にしてもそれはまだ相当な軍事力ではあろうが、世界中の軍事組織のうちインド軍がまともに戦える相手というのはぐっと数が減ってしまうことだろう。「絶対的な必要を超えない」規模にまで軍事力を減らそうという提案は欺まんだ。なぜなら、戦争が始まってしまえば「絶対的な必要」とは敵を相手に勝利を収めることなのだから。アガルワルの言うとおりにインド軍を文字どおり「小さな」軍隊にするのは、それを軍事的に意味のないものにしてしまう一方でまた、サティアグラハの戦略が持つ優位性を放棄することを意味している。

だが、こうした戦略的な不利益はさておき、軍隊を創設し維持するのは、パンチャーヤット連合の構造を考えると土台無理な話なのだ。軍隊の大小の問題ではない。ガンジーの構想にある全インド・パンチャーヤットが国家としての交戦権を持つのか否かが問題だ。村落共和国の連合体に対して助言的な権能しかない組織が、兵士を徴用して軍隊を作ったり、ましてやその軍隊を指揮することなどできるはずがない。そして、指揮権のないところに軍隊はありえない。指揮を執り、従わない者は処罰する権利こそ、軍隊という組織の本質だ。武装して訓練も積んだ部隊を派遣すれば、それは助言するためではなかろう。

もし全インド・パンチャーヤットに指揮権がないとすれば、他のほとんどの国の国民とは異なり、人びとは中央からの命令に従うよう教育されるということがないだろう。これが侵略軍にどんな不利な事態を招くかを考えてみるとよい。ほとんどの戦争は中央の政治的・軍事的指揮権を押さえてしまえば勝ったことになる。権力者に服従するのを当たり前としてならされてきた国民の少なくとも大多数は、新しい権力者をも容易に受け入れて服従するだろう。しかし、七〇万の共和国を擁する領土ということになれば、それをいったいどうやって制圧するというのか。しかも、各共和国の人びとはサティアグラハの訓練を受けていることだろう。こんな、まるでヤマアラシのような敵を捕まえようとする愚かな侵略者がいるだろうか。

ガンジーの使った語彙《ごい》の中に「交戦権」という表現がなかったのは残念だ。この言葉を用いてなら彼の真意がもっとはっきり伝わったかもしれない。だがとにかく、その結果わかるのは、ガンジーの憲法案と日本の平和憲法がある興味深いしかたで相互補完的な関係にあるということだ。どこにでもいる主流の政治家や政治学者たちと同様に、国家というものが本来暴力的な組織であることをガンジーも疑わなかった。

> 国家とは暴力が濃縮され組織されて形を取ったものだ。個人には情があるが、国家は無情な機械である。その存立自体を暴力に依拠しているため、国家は決して暴力から乖離することができない。[*24]

ガンジーが提案する解決法は、だから、国家でないばかりか、「平和が濃縮され組織されて形を取ったもの」であるような、国家とは根源的に異なる政治体制を築くことだ。この提案の中には日本の憲法第九条ほど明確で雄弁な戦争放棄の意思表示は見当たらない。代わりに、彼が提案する憲法の下にある政治体制からは、その体制自体の構造ゆえに、戦争に向かおうとする傾向や武力行使の可能性が排除されているのだ。本論冒頭で私は軍隊のない国家というものを想像してみるよう読者にお願いしたが、ガンジーの憲法案はるかにその上をいき、警察の強権力や強制的な刑罰をも含むあらゆる形の「正統な暴力」が完全に締め出されているような政治体制をその想像の視野に収めている。一方、日本の憲法第九条は確かに耳には雄弁に響くが、あくまで普通の国家を基礎づける憲法の一部であるにすぎない。その国家はといえば、よくできた警察組織もあれば監獄もあり、その背後には死刑制度が控えている、まさに「無情な機械」の権化であり、「暴力が濃縮され組織されて形を取ったもの」そのものなのである。日本国の支配者たちが半世紀以上にもわたって第九条の制約からなんとか逃れようと骨を折ってきたのはなぜか、これで少しは説明がつくのではないだろうか。

ガンジーと「可能性の技術」

先ほども書いたが、トマス・モアやウィリアム・モリスらが著した理想の政治体制についてはよく知られており、今でもそれらの本は版を重ねているというのに、いっぽうガンジーの提案は、それを記した本も絶版で、インド以外では何も知られていないに等しいというのは不思議なことだ。その理由はいくつも考えられる。このテーマをめぐるガンジーの説明はおおまかなものだし、ほかのユートピアの思想家たちのような微に入り細に入る記述はアガルワルの本にさえない。モアの

『ユートピア』やモリスの『ユートピアだより』のような娯楽小説として書かれているわけでもない。だが、もっと別の理由も考えられる。モアは、『ユートピア』のペンを執りながら、そこに記したアイデアを当時の英国で実現したいなどという望みは露ほども抱いていなかった。政治家としての手腕も人並みならず長けていた彼だが、そのために何かをするということは一切なかった。モリスの『ユートピアだより』は至福の社会を未来に設定して物語り、最後は（一九世紀当時の）現在に戻ってきた主人公の深い悲しみを伝える調子で終わる。シャルル・フーリエがめざした生活共同体ファランステールは変哲な「科学」を理論的根拠とするものだった。私たちは、これらのユートピアのモデルが今の時代に実現する可能性があるとも、当時実現する可能性があったとも思わない。今日、あれこれのユートピア思想家たちの著作はそれぞれの理論的な興味深さから読まれているのであり、それらをわざわざ「非現実的だ」と言って退けるまでもないのである。それらは現実を脅かすものではないのだ。

それに対してガンジーは、自ら構想するパンチャーヤット共和国連合がインド亜大陸の将来像として現実的な可能性を持つことを信じて疑わなかった。国民会議のリーダーたちがその実現に向けて政治的意志を結集させればいいだけのことだ、と。だが、リーダーたちはそうしなかったので、ガンジーの失望はいっそう深かった。ガンジーは「理論的に興味深い」ユートピア的提案を書こうなどと意図したのでは決してなく、インドの地で実際に効力を持つ憲法の姿を提示しようとしたのだった。それゆえガンジーの構想は、人びとの人間性が根本から変化したり、歴史上かつてない高みにまで意識が突然進化したりというようなことをまったく前提としていない。むしろ、当時の歴史段階におけるインドの村の現実に足場を置いていた（ここでガンジーはヘンリー・サムナー・メインの『村落共同体の東西比較』*25から示唆を得ているが、一方この本自体は、長い年月をインドで暮らした著者メインの経験にもとづいて書かれている）。だから、ガンジーの構想を実現するために人びとの意識や習慣を変える必要は、新生インド国家を創設する場合に比べてはるかに少なくてすんだことだろう。さらに、あらゆるユートピアの構想を悩ましてきた難問、すなわち、いったいどんな変化の担い手がその構想の実現を可能にするのかという難問が、この場合はすでに解けていた。担い手はガンジーその人だ。ないし、もう少し正確に言えば「ガンジー現象」ということになる。ガンジー自身とガンジーを支持する国民会議ならびに民衆の中の人びとだ。その理由はまだ誰もちゃんと説明できていないが、国民会議とガンジーのタッグが発揮する力が、誰の目にも明らかな不可能を可能性に変え、さらに既成事実化してしまうことは、世界がすでに何度も目撃した証明済みのことだった。ガンジーにおいて「可能性の技術」としての政治は、ビスマルクにおいてとは別の意味を帯びていた。彼が指導するところ、それまで政治の世界では不可能として片づけられてきた事柄が現実になった。彼の「非現実主義」をあざ笑う者たちは、自分たちのほうこそ間違っていたのを知って何度も繰り返しほぞをかんだ。ほかのユートピアの構想と違い、彼の憲法案が不穏な気分を抱かせる理由はきっとこれだ。彼の憲法案が今日のインドで実現できるとは考えにくいが（全土に散在するいくつかのアシュラムでならいざ知らず）、当時それは可能性の一つだった。いや、もし国民会議のリーダーたちがガンジーを見捨てず、普通の（暴力）国家を選択しなかったなら、可能性の一つであったはずだった。

しかし、ガンジー的憲法の実現など今日ではとても想像できないというのに、私たちが今でもそれを前にどこか落ち着かない気分にさせられるのはなぜか。それは、それほど遠くない過去に、その憲法案が現実化する明白な可能性があったという事実が、私たちが自明の理として受け取っている政治的信念をひっくり返してしまうからである。（暴力的）国民国家は不可避にして必須の存在であり、それについて疑いを抱いてはならず、その代わりとなる別の選択肢は存在せず、インドの場合も含めて国家の樹立は人間による選択の結果ではなくて（インド独立に際してのネルーの演説「運命との約束」が語るような）運命なのだ、という信念をである。私の机上にあるぼろぼろの、無視されてひもとかれたことすらほとんどないこの本が示してるのが、インドの「選ばれざる道」（ロバート・フロスト）だったとは、痛恨の思いがする。

ホッブズ的戦争状態、根源的平和

だが、起きる可能性があったことをあれこれ考えるのはこれくらいにして、ここからは実際に起きたことに再び目を向けよう。実際に起きたこと、それは国民会議もイスラム連盟も、指導部はどちらも近代国家の枠組みを選んだということだった。そして、その直接の結果、かつての宗主国が無理やり一つにまとめた旧植民地地域に近代国家の枠組みを持ち込む際にありがちなことだが、国を分けろという分離への要求が生じ、宗教対立が流血の惨事をもたらした。ガンジーは打ちひしがれた。そして、国民会議が実際にパキスタンの分離を承認したときから、彼は執拗《しつよう》に自らの死について語りはじめた。「いったい私がどんな罪を犯したからといって、神は私にこうした悲惨を生きて見届けさせようとなさるのか」と彼はパテルに問うた。[*26]

ガンジーが慄然《りつぜん》とした理由は一つではなかった。暴力的な宗教対立は、それ自体がおぞましいだけでなく、彼の政治的な夢を決定的に打ち砕こうとしていた。インド社会は急速にホッブズ的な「自然状態」へと向かっていた。そうなってしまえば、ホッブズが強力な説得力をもって説いたように、国家による支配こそ唯一の解決策となってしまう。もちろん、宗教間の暴力はホッブズのいう「万人の万人に対する闘争」とは厳密には異なるものだ。しかし、完全な混とん状態によほど近いために、それに比べれば警察や軍隊の組織立った「正統な」暴力がまるで平和そのものに見えてしまう。そして実際、これが国家がやった対策だった。警察と軍隊を送り込み、暴力をより大きな暴力で抑え込もうとした。ネルーはビハール〔インド北東部の州。宗教暴動が絶えず、インド・パキスタン分離独立の前年一九四六年には約七〇〇〇人の死者が出る事態となった〕を空爆するとまで言って威嚇した。[*27]宗教間の暴力という冷厳な事実を前に、非暴力国家をめぐるガンジーの言葉はまったくの世迷いごととしか思えなくなりはじめていた。

この状況の中で見ると、ガンジーが次にやったことというのは、かつて発想された突拍子もない政治的行動の中でもいちばん並外れたものの一つだった。宗教間の暴力という事実が暴力国家の存在を正当化する圧倒的な根拠となるのなら、その事実を変えればよい。ガンジーはそのためにたった一人のキャンペーンを始めたのである。徒歩でノアカリ州の村々を訪れ、カルカッタでいちばん暴動の激しい地区に泊まり込み、再び徒歩で暴動の荒れ狂うデリーの各地区を彼は巡り回った。常につきまとう命の危険を一切顧みることなく、全身全霊をかけて彼は人びとに殺し合いをやめるよう訴えたのだった。手ひどい失敗もあり、見事な成功もあった。カルカッタに平和をもたらした「奇跡的な」成功をたたえてマウントバッテン総督がガンジーに宛てて書いた次の手紙を読むと、総督は何が問題の核心にあるのかをある程度理解していたようだ。だが、ガンジーをたった一人の軍隊と見なすことによって、その核心をあいまいにしようとしている。「パンジャブ地区では五万五〇〇〇人の兵士たちがまだ大規模な暴動に手を焼いています。ベンガルではわれわれの勢力は一人だけだというのに暴動はありません。任に当たる一将校として、また行政官として、この一人だけの国境警備隊に敬意を表するのをお許しください」[*28]。しかし、ガンジーは「国境警備隊」などではないし、手をこまねいている兵士たちに代わってただ平和を回復しようとしていただけでもなかった。彼は、兵士たちがいくら首尾よく暴動を鎮圧できても、彼らには決して実現することのできない、まったく別の種類の平和を打ち立てようとしていたのだ。ガンジーがデリーで行った生涯最後の断食は、暴動の当事者たちが和解を約束する誓約文に署名することにより終わったが、ガンジーは平和の種類の違いにこだわって、その誓約文に次の条項を入れるよう強く求めたほどだった。「以上すべてはわれわれ個々人の努力により実現されるべきものであり、警察や軍部の助けを必要とするものではないことを確認する」[*29]。以上からわかるように、村から村、あるいは都会の地区から地区を回りながらガンジーがめざしていたのは、ホッブズ的な世界観を論破することだった。それは言葉による論破ではなく、その世界観に矛盾する事実を、つまり、暴力国家に頼ったりしなくても平和は実現できるという事実を作り出すことによる論破である。もちろん、そんなことは国家にとって破壊的な行為だ。そのような平和が実現するのなら、暴力国家の必要性は消滅してしまうのだから。もちろんガンジーはこれをよく理解していた。すなわち、ガンジーが暴徒たちを非難したのは、彼らが生み出していると思われた国家による軍事支配の「必要性」を掘り崩すことも同時に狙ってのことだった。カルカッタで彼はこんなふうに話している。

兵士たちが足並みそろえて行進するのはなんと恰好よく見えることでしょう！　しかし、私は軍事力には反対です。結局人を殺すことにつながるからです。その軍事力を打ち負かすにはたった一つの方法しかありません。それがこれです[*30]。

カルカッタで実現した平和をインド全土に及ぼすことは彼にはできなかった。国民会議からの支持も得られぬまま、できるはずもなかっただろう。しかし、地方レベルでの彼のいくつかの成功例は、原理上はそれが可能であることを人びとに示した。今一度彼は不可能を可能に変えつつあった。

今回は、この上なく激しい暴力的状況の中にあってさえなお、平和を打ち立てることができることを身をもって示しつつ。その平和は非ホッブズ的な、根源的平和と言っていいものだ。そして同時にまた彼は、パンチャーヤット・ラージ憲法の大本を一つ一つの村ごとに築こうとしていた〔パンチャーヤット・ラージはパンチャーヤットによる統治。ガンジーにとっての理想の社会のあり方〕。まさにこの取り組みのさなか、彼は暗殺されたのだった。

もう一つの憲法

一九四八年一月三〇日の朝、インド国民会議全国委員会（ＡＩＣＣ）の当時書記長だったアチャルヤ・ジュガル・キショールは、ガンジーがインド国民会議に提案するために書き上げたばかりの新しい憲法案を手渡された。ガンジーの秘書ピアレラールによると、ガンジーは疲れ切っていたにもかかわらず、前夜遅くまでかかってこれを完成させた。やがて何が起きようとしているのか、まるで知っているかのように振る舞っていたという。一月三〇日当日の朝のことだった。姪孫のマヌベーンが夜に飲む薬を支度しようとするのを、彼はこう言ってやめさせた。「夜までに何が起こるか、私がまだ生きているかどうかさえ、誰にもわからないんだ。夜になって私がまだ生きていたら、薬の支度はそのときに頼むよ[*31]」。

ガンジーの新憲法案は爆弾文書だった。いや、もしナツルム・ゴドゥセがその信管を外す処理をしなければ爆弾文書となっていたはずだ。愛する国民会議が国家への執着ゆえに変質していくのをいたたまれない思いで目にし、またその当の国家の改革能力に失望していたガンジーは、国民会議が完全に国家から手を引き、村々へ戻るように提案しようとしていたのだ。

分裂という仕儀にはあいなったものの、インド国民会議が考えた方法でともかくもインドは独立を勝ち取った。現在の姿かたちのインド国民会議、すなわち政治的宣伝の媒体ないし議会内の機関としての国民会議は、したがってもはやその役割を終えたことになる。これからのインドは、都市や町とは明確に異なるその七〇万の村々において社会的・精神的・経済的な独立を勝ち取っていかねばならない。インドが民主主義の目標に向かって前に進んでいくためには、市民が軍の上に立ってコントロールするようになるための闘いが避けられないだろう。諸々の政党や共同体組織といたずらに競合し合っている場合ではない。その他あれこれの理由で、AICCは現在の国民会議の組織を発展的に解消し、以下の規則に従う人民奉仕者同盟（Lok Sevak Sangh）を立ち上げることを決議する。[*32]

このあとに続く一連の規則は、国の「なりたち」（constitution）に関してガンジーが長年温めつづけたモデルに従うものだ。すなわち、村ごとに五人からなるパンチャーヤットを土台にして、その上に第二、第三のパンチャーヤットを積み上げ、インド全体をカバーするという階層方式である。

どうやらガンジーは、パンチャーヤット・ラージが成立しても国家に取って代わることができないとしたら、国家の内側にパンチャーヤット・ラージを打ち立てようと考えたようだ。そういう位置づけであれば、パンチャーヤット・ラージは「建設的な仕事」に力を振るって自治のために実効のある経済的・社会的基礎を村々に築き、同時にまた「市民が（国家の）軍の上に立ってコントロールするようになるための闘い」に取り組むことができるだろう。

起草者が考えるとおりの真剣な政治的提案としてこれを見ると、その内容は度胆を抜くものだった。もしガンジーの構想が実行されていたらどうなったか、考えてみるとよい。当時はインドの政治階級そのものとさえ言ってよいほどの国民会議が、もし政府を空にして全国の村々に散っていったなら、いったいどれほど巨大な権力の移動が生じたことだろう。水平移動ではなく、上から下への権力の垂直移動だ。それは、かつてない形の革命をもたらしたことだろう。底辺の人びとが立ち上がって国家権力を握るのではなく、国家権力を握ったばかりの人びとがそれをあとにして立ち去り、底辺の人びとに合流するのである。こうした動きにはもちろんそれなりの危険が伴う。例えば、国民会議の党員らがいなくなったあとの行政府の建物は、すぐにも軍の将校たちに乗っ取られてしまうかもしれない（ガンジーの案には軍をどうすればよいかは書いてなく、ただ、その存在に反対して闘っていかねばならないとあるだけだ）。しかし、革命組織が国家権力の奪取を慎重に回避しつつ社会の隅々にまで自らを浸透させていこうとする革命のモデルの一つとして見るなら、この案は一九八〇年代にポーランドをはじめとする東欧諸国で実践が試みられた「自己限定的革命」の概念を（いくつか重大な違いもあるとはいえ）四〇年も先取りするものだ。

ガンジーの提案に魅力を感じる国民会議の党員は少なかっただろう。だが、いずれにせよ、すぐに問題は現実的な意味を失った。この新憲法案がＡＩＣＣ議長の手に渡ったわずか数時間後にその起草者が死んでしまったからだ。

国家の創設と犠牲

犠牲　神または霊的存在にささげるため動物または人間を殺すこと（また、多くの場合、その後燃やしてしまうこと）

最期の日の二日前の朝、ガンジーはインディラ・ガンジーと彼女の息子ラジーヴの訪問を受けた。いずれも暗殺に倒れた現代インドのビッグネームが最後に集った異例の機会だった。その際、当時四歳だったラジーヴがガンジーのはだしの足元を飾るように花で包もうとすると、ガンジーはラジーヴの耳を引っ張って彼をしかった。「そんなことしちゃいかん。それは死人の足にすることだ」と言って。*33 子どもは時に未来を見通すのだろうか。

ガンジーの暗殺については多くの人が違和感を抱いている。暗殺の日の一〇日も前、ガンジー主催の祈とう会で爆破事件を起こした男が警察に捕らえられ、男は自分が加わっていたガンジー暗殺の共謀について自白した。にもかかわらず、警察はいかにもやる気のないふうで事件の処理に当たり、ほかの共謀者を突き止めることもできず、一月三〇日の当日に銃を携えた暗殺者ゴドゥセがビルラー邸の庭に侵入するのを阻止することもできなかった。警察のこの異様な無気力さをつまびらかにしたロバート・ペインは、「上層部には、遂行が許されているはずの謀議に自分たちが干渉するのは筋ではないと言わんばかりに振る舞った人びとがいた」[*34]と結論づけている。そして、こうした事態を呼ぶのに「黙認暗殺」という新しい表現を考え出した。政府内でガンジーの身の安全に最も責任のあった最上層部の人物といえば内務大臣のサルダル・パテルだった。ガンジーの最も忠実な信奉者の一人だったが、当時、ガンジーと最も激しく対立していたのも、新政府の「鉄の男」の異名をとる彼だった。ガンジーが暗殺されたあと、彼は「不手際」を責められた。それを気に病んだパテルは二か月後に心臓発作を起こし、結局それがもとで死ぬことになった。同じ政府閣僚だったマウラナ・アザードはそう考えている。[*35]

ガンジー暗殺の不自然さを示す証拠を一つ一つ検証するのがここでの目的ではない。それはよそで行われてきた。アシス・ナンディは、このテーマに関する秀逸な論文の中で、ガンジーが多くの人びとにとって、それも彼を「マハトマ」とか「国父」とかたたえてきた人びとにとってさえ我慢ならない存在となったのは、ガンジーがインド社会の深層を流れるヒンドゥー的伝統の本流に異を唱えたためだったと論じている。暗殺者ナツルム・ゴドゥセは、決して社会からのはみ出し者などではなく、「社会の中心部を代表する人物だった」とナンディは指摘する。[*36]この主張に文句はない。

だが、一点だけ、これではガンジー暗殺のタイミングの問題が説明できないことを指摘したい。つまり、新生インド国家が創設されつつあり、その憲法をめぐる議論が続いていたそのときにガンジーが暗殺されたのはなぜなのか。もし対立がガンジーと中産階級に根を張るヒンドゥー主義との間のもので、その種が当の中産階級による社会の支配の問題であったり女性の社会的役割や意味をめぐるものであったのなら、それはそのときに始まったものではなく、表立った形でなくとも一九二〇年代あるいはもっと以前から続いてきた対立だ。だが、もしも対立が国父ガンジーと輪郭を現しはじめた国家との間のものだったとすれば、それは直ちに解決が求められる国家的危機だったと言えるのではないだろうか。

ガンジーの死は、暗殺に先立つだいぶ前から公のテーマとなっていたようだ。「ガンジーに死を！」と叫ぶ人びとがいた。ガンジーが断食を続けると、「そのまま死なせろ！」という声も聞こえた。レンガや石が彼に向かって飛んだ。だが、ガンジーの死というテーマにいちばん取りつかれていたのは、おそらくガンジー自身だった。彼は繰り返し自らの死について語った。その際は絶望した様子のこともあり（「いったい私がどんな罪を犯したからといって、神は私にこうした悲惨を生きて見届けさせようとなさるのか」）、謎めいた様子のこともあった（「私が死んでしまうほうが人類にとっては有益かもしれない」[*37]）。また、死の瞬間を人生の頂点であるかのように語ることもあった（「もし何者かが私に向けて銃を放ち、私がその弾《たま》をこの裸の胸に受け、ため息も漏らさず、ただラーマの名を唱えるのみであれば、そのときこそあなた方は私が真のマハトマであったと言えばいいのです」[*38]）。それだけではない。ガンジーの死を公の話題に仕立て上げ、国民の関心の的としたのもまたガンジー自身だった。彼最後のものとなった「死ぬまでの断食」について、彼は「当事者一人一人に対するもの」[39]と言ったが、その最中、要求が聞き届けられなければ彼は本当に死ぬつもりだということを疑う者は誰もいなかった。注目に値する一節で、ラジニ・コタリーはガンジーが人生の最後に「英雄的行為」を三つ行ったと書いている。ノアカリ州の行脚、デリー政府に反対して行った「死ぬまでの断食」、「そして最後に、狂信的ヒンドゥー主義者の凶弾に倒れたこと」である。[40]ガンジーの暗殺が彼の行為とされている。これではまるで銃弾が彼を襲ったのではなく、彼自らが銃弾に向かって身を投げ出したと言っているようだ。

新生国家インドの建設に直接携わっていた人びとの状況を考えてみよう。その主なリーダーはガンジーの最も近しい仲間や弟子たちだった。彼らが心からガンジーを敬愛していたのは間違いない。ガンジーは政府に公式のポストを何も持たなかったが、彼らは事あるごとにガンジーと相談し、事実上の閣僚会議にガンジーを出席させていた。だが同時に、ガンジーはまた彼らの計画に対する最も腹立たしい障害でもあった。何回も何回も、国家権力の論理からするととんでもない提案や時に要求さえガンジーは繰り返した。いわく、「政府を丸ごとムスリム連盟に渡してしまえばいい」「警察と軍を暴動地域から引き揚げなさい」「戦争とは関係なく国庫の分け前をパキスタンに渡すべき」(そして、例の「死ぬまでの断食」のおかげで政府はこの要求をのむほかなかった)、などなど。「死」などという言葉は口から漏らすまいとはしていても、彼らはふと思うことがしばしばあったのではなかろうか。ガンジーがいなくなってくれないかなあ、と。

ヒンドゥー教徒の中産階級についてナンディはこう書いている。「はっきり意識していないまでも、彼らの原始的な自我はガンジーの血を欲していた」[*41]。この言葉にははっとする。国家創設の節目には血、それも近しい者の血を求める原始的な欲求が呼び覚まされることは、最も目の利く理論家たちが繰り返し指摘してきたところだからだ。フロイトによれば父親殺し（息子たちが父王を亡き者にする）、ハンナ・アーレントによれば兄弟殺し（カインはアベルを殺し、ロムルスはレムスを殺した）、マキアヴェリによれば……。いや、マキアヴェリについてはあらためて少し詳しく見るとしよう。

マキアヴェリならこの物語をどう読むだろう。反逆者ブルータス（シーザーを暗殺したブルータスとは別人）が共和制ローマ樹立の立役者となったいきさつを彼がどう理解したか、その中にヒントがある。歴史家リヴィウスによると、ブルータスはタルクィニウス王を追放したが、その後ブルータスの息子たちは元国王を頂いて王政復古をもくろむ陰謀に加担した。それを知ったブルータスは息子たちに死刑を宣告し、その執行に立ち会った。そのとき、彼の表情には父親としての苦悩と国家元首としての冷厳な決意の両方が表れていたとリヴィウスは伝えている。マキアヴェリはブルータスのこの行動を「有効であるだけでなく必要」だったと評価し[*42]、その理由をこう説明している。

古代史を学ぶ人ならよく知っているように、政体の転換が行われた際は、それが共和制から専制へであれ専制から共和制へであれ、新体制に敵意を持つ者に対して恐ろしい刑罰が必要だ。したがって、専制を樹立してからブルータスを殺さぬ者、また共和制を樹立してからブルータスの息子たちを殺さぬ者は権力の座に長くはとどまれないだろう。[*43]

これは、新政の樹立には不可欠とマキアヴェリが考える根源的な政治的犠牲である。現在の敵と将来敵になりうる者たちを国家から一掃するというだけの話ではない。それはせいぜい犠牲の一部だ。もっと深いレベルで、国民の意識に国家とは何かをたたきこむことにこの犠牲の意義がある。この場合の国家というのは、自らを立ち上げ、また守るためにはためらわず暴力を行使する文字どおり暴力的な組織のことだけを言うのではない。主権という神秘の衣で暴力を覆い隠している国家もまた国家だ。その場合、国家は人知による判断が及ぶ領域の外に置かれ、普通の人間には許されないことが国家の代行者には行う権限が与えられる。かくして、国家は友情や愛情や血縁などのきずなによる妨害を許さない。国家の名の下に行動するとき、人は友を、父を、兄弟を、あるいは息子を殺す覚悟が必要なのだ。マキアヴェリによると、これを言葉で説明するだけでは足りない。血に染まった儀礼的な犠牲という形で演じられねばならないのだ。そして、犠牲のこうした目的のためには、殺す相手は親しければ親しいほどいい。

ナツルム・ゴドゥセは国家の代行者などではないと反論があるだろう。彼は違法行為を働いた暗殺者で、国家によりその罪を裁かれ死刑にされたではないかと。もちろんそれは正しい。したがって右のテーゼが彼の行動に当てはまるためには、少なくとも次の二つのことを明らかにしなければならない。(1) ゴドゥセが自分は国家に成り代わって行動していると考えていたこと、そして、

（2）自ら進んでガンジーの血を求めたりはしないまでも、彼の存在に困って、暗殺のもくろみをくじく万全の対策をとる気になれなかった者たちが国家の代行者らの中にいたこと、である。

第一の点について、ゴドゥセの言葉は明確で、雄弁でさえある。すべての暗殺者同様、ゴドゥセについてもまた正気をなくした狂信者という人物像ができている。だが、彼の行動の詳細とその動機について彼自身が書いた説明を読むと、そこには知的で弁が立ち、頭のさえた、愛国的で勇敢なゴドゥセが姿を現す（一致した証言によると、国父ガンジーを銃で撃つに当たって、彼はまず両手を合わせて恭しくあいさつしたという。また、彼自身の証言では、撃ったあと彼は拳銃を持つ手を高く上に伸ばして「警察！」と叫んだそうだ）。ナンディが主張するように、ゴドゥセは「ほかの誰よりもよく」自分のやっていることの意味を理解していた。[*44] だからこそ、彼の言葉はまじめに受け取る必要がある。英語で書いた法廷での声明で彼はこう述べている。

簡潔にお話しすると、ガンジー師を殺した場合どうなるか、私がひそかに考えて予測したのは、私個人を待つのは完全な身の破滅であり、国民からは憎しみ以外の何物も得られず、命より大切な名誉まですべて失ってしまうだろうということでした。しかし、同時にまた、ガンジー師がいなくなれば、インドの政治は間違いなく現実的になり、軍隊で報復することもできる、大きな力を手にするだろうとも思いました。確実に私自身の未来は破滅を迎えるが、この国は救われる……。[*45]

さらに、ガンジー暗殺後の事の成り行きに「完全に満足しています」と彼は言った。すべてがまったく彼の思い描いたとおりとなったからだ。例えば、

ハイデラバード藩王国の単独独立問題は解決が無駄に先延ばしされてきましたが、ガンジー師が亡くなったあと政府が軍事力によって適切に解決しました。パキスタン独立後の現インド政府は現実的な政治路線を歩んでいると認められます。内務大臣〔パテルか〕はインドが近代的な武器や装備を備えた軍隊を持つべきだと発言したそうですね。発言の際、彼はこうした施策がガンジー師の理念に沿うものだとも言いました。それで彼自身が満足できるなら、そんなふうに言うのも許されるでしょう。*46

ガンジーがいなくなった今、政府は誰に遠慮することもなく軍備を整え、「現実的な」政治手法に則って軍事力を行使することができた。こうした行動が「ガンジー師の理念に沿うものだ」と政府の代表が発言してもゴドゥセは驚かなかった。ガンジーが死んだからこそ、今ではあたりまえのようにこんな発言もできるのを彼は知っていた。ゴドゥセの立場からすれば、暗殺は狙いどおりの大成功だったと認めざるをえないのではないか。

第二の点について、決定的な証拠はない（ただゴドゥセだけが硝煙の立ち上る銃を手にしていた）。だが、

かなりの状況証拠があり、その多くについてはすでに述べたとおりだ。無情なダブルバインドに彼らは捕らえられていた。国益を主眼とする国家理由からの要求と自分たちが敬愛するリーダーからの要求という身を引き裂くような矛盾。これを考えれば、ガンジー暗殺ののち彼らが抱いたさまざまな思いの中には、安堵《あんど》感もまた強くあったにちがいない。これでやっと自分たちがやろうと思った仕事ができる。強力に武装した国家を築き、内外の敵に兵を送り、パンチャーヤット・ラージを「地方行政」と呼び替え、そのすべてにガンジーも賛成したはずだと国民に説き、あちこちに彼の記念碑を建てる。何かにつけ邪魔立てしてくるあの偏屈なじいさんはもういないのだ。

マキアヴェリはあのブルータスの物語から彼の考える政治の一般法則を導いた。専制を樹立したいならブルータスを殺さねばならず、共和制を樹立したいなら彼の息子らを殺さねばならない、という法則である。もしマキアヴェリが二〇世紀半ばのこのインドでの出来事を目撃したなら、ひょっとして彼はもう一つ別の、もっと基本的な一般法則を定式化したのではないだろうか。すなわち、

暴力国家を樹立したいならガンジーを殺さねばならない。

「暴力国家」というのは、専制国家とか軍事国家のことでもなければ、戦争挑発国家のことでもない。「正統な暴力の独占を主張する組織」というマックス・ウェーバーによる国家の定義に合うような、まったく普通の国家のことだ。ゴドゥセがめざした国家は過激主義的とか原理主義的なも

のではなかった。ガンジーの死後、ネルーやパテルの下でそうなったようなインドの国家で十分満足していると言明していたし、自分の行動がそれを可能にしたと彼は信じていた。つまり、少なくとも彼個人は右の一般法則を了解していたし、彼の行動はそれに従うものだったのである。

おそらくガンジーもこの一般法則を理解していたのだろう。独立インドがどんな国家になろうとしているのかはっきりしてくるにつれ、彼は自らの影響力の衰えについて繰り返し語り、その際「古雑誌」とか「無駄玉」に自分を例えた。そして、先に見たとおり、死にたいという思いをさまざまな言葉にして口にした。いっそ殺されたいとさえも。新国家の建設にまい進する男たちをわが子同然に愛し、その仕事に干渉したくないと再三語っていたガンジーだったが、彼は彼であり、自分を抑えることができなかった。分離独立前の国庫から相応の分け前をパキスタンに渡すのがインド政府の義務と考え、ガンジーはその義務を果たすよう政府に求めて「死ぬまでの断食」を行った。相手との戦争の最中に、国家の論理からすればまったく馬鹿げたふるまいでしかないが、この「死ぬまでの断食」にこそかの一般法則がほぼ純粋な形でその姿を現していると見てよい。「その種の現実政治をしたいのなら、その前に私を殺しなさい」というわけだ。このときは、政府は引き下がり、金を払った。その出来事があって、ナツルム・ゴドゥセは暗殺の実行を決意したと言われる。

だが、反論もあろう。インド以外のいったいどこで同様の出来事があったというのか、と。二〇世紀には一〇〇を超す新しい国家が生まれたのに、その一つ一つで犠牲となるはずだったガンジーたちなどどこにもいないではないか、というわけだ。たった一つの事例を根拠とする一般法則などありえようか。この反論に答えるのはごく簡単だ。平和な世界を求めてひたむきに闘う善意の人びとはどの国にもいたし、今も現にいるのは確かだが、精神的であれ政治的であれガンジーに匹敵する力を持つ者はその中にもいまだ一人として現れていないということである。したがって、この一般法則が唯一インドの事例において目に見える姿をとったとすれば、それはインドが殺すべきガンジーを身中に見出した唯一の国家だったからではないか。

ロバート・ペインは歴史の「皮肉」と評しているのだが、ガンジーの葬儀は軍部が仕切った。[*47] ペインによる伝記の一章「火葬」にその描写がある。遺体は大きな兵器運搬車の上に置かれ、陸海空の兵士二〇〇人が引くことになった。「陸軍四〇〇〇、空軍一〇〇〇、警官一〇〇〇、そして海軍一〇〇の兵士たちがその前後を行進し、加えて総督の護衛隊から派遣される騎兵までがつき従う手はずとなった」。空軍機が上空を飛び、バラの花を降らせた。[*48]「政府が防衛省に葬儀の指揮をとらせたのは賢明だったかどうか、多くの人が疑問を感じた」とペインは書いている。[*49] しかし、ナツラム・ゴドゥセにとってこのお膳立ては、果たしえぬはずの夢がかなったような完璧なものだったにちがいない。一〇〇万人の目の前で軍部はマハトマ・ガンジーを連れ去り、焼いてしまったのだ。ペインによると、この行進は凱旋《がいせん》パレードのようだった。なるほど——。

ガンジーのなきがらが荼毘《だび》に付されると、「インド全土に広がっていた宗教暴動はぴたりと収まった」[*50] という。暴徒たちが恥じ入ったからだろうか、それとも満足したからだろうか。

追記

バーナード・ショーが戯曲「聖ジャンヌ」に描いたのは、平和主義者であるどころか文字どおりの戦士だが、同じように祖国の独立を求めて闘ったもう一人の敬けんな人物の物語である。戦いに勝利したのち、彼女の場合は魔女としてやはり火刑に処された。終幕の舞台、彼女の働きで王位に就いたシャルル七世の夢の中にジャンヌが姿を現す。劇の主だった役どころも一人一人再登場する。声高に彼女の死を求めた者、不本意ながらも彼女を有罪と断じた者、遠巻きに見るだけで一切彼女を助けようとしなかった者らである。おのおのがおのれの過ちを告白し、悔い改め、これからはジャンヌを敬うと誓う。そのとき、夢の中という設定が許す特別なからくりで、ショーは舞台の上に一九二〇年代から使者を遣わし、ジャンヌが聖人に列せられたとの知らせをもたらす。聖女ジャンヌの前にたちまち皆がひざまずく。するとジャンヌはいかにも彼女らしい機知をきかせてこう言う。

空恐ろしいことだわ、みんなで、あたしを褒め称えるなんて！　忘れないでちょうだい、あたしは聖者、そして聖者は奇蹟が行なえるということを。さあ、聞かせて、みなさん。どうでしょう、あたしが死の世界からよみがえって、生きた娘としてあなた方のところへ戻って来ましょうか？[*51]

ジャンヌを敬ってひざまずいていた者たちは困惑して皆が立ち上がり、おのおのぼそぼそといとまごいをして、一人また一人と舞台から消えていくのである。

【註】

＊1――二〇〇四年から〇五年にかけて私を民主主義論におけるラジニ・コタリー記念教授のポストに招聘してくれたデリーの発展社会研究所（Centre for the Study of Developing Societies）に感謝したい。本論はその在職中に書いたものである。とりわけ、数々のご親切をいただいたスレシュ・シェルマ研究所長にお礼を述べたい。もちろん、研究への励ましと、ガンジーならびにインドの政治についてご教示をいただいた研究所スタッフの全員にたいへんお世話になった。研究所のアシス・ナンディ教授、カリフォルニア州立大学サクラメント校のR・ジェフリー・ラスティグ教授、また歴史家のフランク・バルダギ氏の皆さんは本論の草稿に目を通し貴重なコメントをくださった。ミータ・ナート教授には研究資料を探し出すのを大いに助けていただいた。とはいえ、本論の内容が読者のお気に召さないとしても、それはもちろんこの方々のせいではない。

＊2――The Hindustani Times, 5 Sept., 1931. *Collected Works of Mahatma Gandhi*, Electric Book version, New Delhi: Publications Division, v.53, p.312. 以下の引用では「全集」(Collected Works) をCWと略記する。

＊3――その一三の国は以下のとおり。コスタリカ、ドミニカ、キリバス、リヒテンシュタイン、モーリシャス、モルジブ、モナコ、セントクリストファー・ネイビス、セントルシア、サンマリノ、セントビンセント・グレナディーン、ソロモン諸島、パナマ。なお、『軍隊の

ない国家』（前田朗著、日本評論社、二〇〇八年）によると、二〇〇八年現在、軍隊のない国は二七か国。新たに加わった一四か国は以下のとおりである。ルクセンブルク、ヴァチカン、アンドラ、アイスランド、グレナダ、パラオ、ミクロネシア、ナウル、マーシャル諸島、ヴァヌアツ、サモア、トゥヴァル、クック諸島、ニウエ。

＊4——Koseki Shoichi, *The Birth of Japan's Postwar Constitution*, Ray A. Moore, tr. Westview, 1997, p.201.（古関彰一『日本国憲法の誕生』岩波現代文庫、二〇〇九年、三一六-三一七頁）

＊5——Max Weber, "Politics as a Vocation", in H.H. Gerth and C. Wright Mills, tr. and ed., From Max Weber, New York: Galaxy, 1946, p.78.（脇圭平訳『職業としての政治』岩波文庫、一九八〇年、一八頁）

＊6——R.J. Rummel, *Death by Government*, Transaction, 1997, p.14.

＊7——前掲書

＊8——Niccolo Machiavelli, *The Prince and The Discourses*, Max Lerner, intro., New York: The Modern Library, 1940, p.171.（永井三明訳『ディスコルシ』第一巻（一八章）、ちくま学芸文庫、二〇一一年、一一五頁）

＊9——ジーン・シャープがナチスの支配に対する非暴力の抵抗例（成功したものばかりではないが）をあげている。そうした例はオランダ、ノルウェー、デンマーク、ブルガリア、イタリアおよびフランスにまたがっている。Gene Sharp, *Civilian-Based Defense; A Post-Military Weapons System*, Princeton: Princeton University Press, 1990, p.9.

＊10——*Young India*, 8 Nov., 1920; CW, v.21, p.133.

＊11——Speech broadcast on All India Radio. CW, v.98, p.113.

＊12——Speech at a prayer meeting, 27 Sept., 1947. CW, v.97, p.5.

*13――Thomas More, *Utopia*, New York: Everyman, (1910) 1992.

*14――ヒュトロダエウスが実際に言ったのは、そんなことをすれば彼は間諜か謀反人とされ、その報いは当然死罪であろうというものだった。

*15――George Orwell, "Reflections on Gandhi", in Orwell, *A Collection of Essays*, San Diego: Harvest, 1981, p.182.

*16――Speech at Prayer Meeting, 4 Oct., 1947. CW, v.97, pp.36-7.

*17――注11参照

*18――Shriman Narayan Agarwal, *Gandhian Constitution for Free India*, forward by Mahatma Gandhi, Allahbad: Kitabistan Press, 1946.

*19――*Harijan*, 21 June, 1946. CW, v.91, p.325.

*20――Bikhu Parekh, *Gandhi's Political Philosophy*, Notre Dame, Indiana: University of Notre Dame Press, 1989, p.114, 強調引用者

*21――Agarwal 前掲書 p.85, 強調原文

*22――Theodor Shanin, ed., *Late Marx and the Russian Road*, New York: Monthly Review Press. 1983.

*23――Shriman Narayan Agarwal, *The Gandhian Plan of Economic Development for India*, Bombay, Padma Publications, 1945(?).

*24――*The Hindustani Times*, 17 Oct., 1935; CW, v.65, p.318.

*25――Henry Sumner Maine, *Village-communities in the East and West; six lectures delivered at Oxford to which are added other lectures*, addresses and essays by Sir Henry Sumner Maine. H: Holt, 1889. ガンジーはメインに示唆を受けたことを明らかにして次のように述べている。「メインによると、インドはかつて村落共和国の集合体だった。都市のほうが村落に対し従属的な位置

にあり、村からもたらされる剰余生産物や上質な産品が交易される場としての意味を持っていた。これが、私が思う独立インドが手本とすべきイメージの骨格です」。"Speech at Meeting of Deccan Princes", *The Hindu*, 1 Aug., 1946. CW, v.85, p.79.

＊26——Pyaralel, Mahatma Gandhi: The Last Phase, v.10, Part II, Ahmedabad: Navajivan Publishing House, 1958, p.457. CW, v.97, p.475.

＊27——Louis Fischer, *The Life of Mahatma Gandhi*, New York: Harper, 1950, p.447.

＊28——Pyarelal 前掲書 p.382.

＊29——Robert Payne, *The Life and Death of Mahatma Gandhi*, New York: Datton, 1969, p.565.

＊30——Manubehn Gandhi, *The Miracle of Calcutta*, Ahmedabad: Navajivan Publishing House, 1951, p.50.

＊31——Pyarelal 前掲書 p.767.

＊32——*Harijan*, 15 Feb., 1948. CW vol.98, pp.333-5.

＊33——Krishna Nehru Huthseeing, *We Nehrus*; New York: Holt, Rinehart & Winston, 1967, p.222. Payne 前掲書より引用 p.577.

＊34——Payne 前掲書 p.630.

＊35——Maulana Abul Kalam Azad, *India Wins Freedom; An Autobiographical Narrative*, Bombay: Orient Longmans, 1959, p.225.

＊36——Ashis Nandy, "Final Encounter; The Politics of the Assassination of Gandhi", in Nandy, Exiled at Home, Oxford, 1988, p.76.

＊37——Vincent Sheean, Lead, Kindly Light, New York: Random House, 1949, p.183. Nandy 前掲書より引用 p.576.

＊38――Manubehn Gandhi, *Last Glimpses of Bapu*, Delhi: Agarwala, 1962, p.297-8.

＊39――前掲書 p.144.

＊40――Rajni Kothari, *Politics in India*, New Delhi: Orient Longman, 1970, p.75.

＊41――Nandy 前掲書 p.91.

＊42――Machiavelli 前掲書 p.405.

＊43――前掲書。訳はC・ダグラス・ラミス『ガンジーの危険な平和憲法案』集英社新書、二〇〇九年、一二九頁に掲載の著者によるもの。一部改。

＊44――Nandy 前掲書 p.87.

＊45――Nathuram Godse, *May it Please Your Honour*, Delhi: Surya Bharti Prakashan, 1987, pp.154-5.

＊46――前掲書 pp.155-6.

＊47――Payne 前掲書 p.593.

＊48――前掲書 p.594.

＊49――前掲書 p.597.

＊50――Kothari 前掲書 p.75.

＊51――Bernard Shaw, *Saint Joan; A Chronicle Play in Six Scenes and an Epilogue*, Penguin, 2003, p.163.（中川龍一・小田島雄志訳「聖女ジョウン」『バーナード・ショー名作集』白水社、二〇一二年、五二五－五二六頁）

（原典● The Smallest Army Imaginable: Gandhi's Constitutional Proposal for India and Japan's Peace Constitution. *The Asia-Pacific Journal*, Jan. 2010 (vol.8, issue.3, no.2. http://apjjf.org/-C.-Douglas-Lummis/3288/article.html) / Copyright *Alternatives* 31 (2006)、北川久訳）

●ミニ解題●

二〇〇四年、私はインドの「発展社会研究所」(Centre for the Study of Developing Societies: CSDS)に民主主義論の講座を担当するように呼ばれた。その一年間の任期の主な義務は、一つの論文を書くことだった。最初考えたテーマは、インドの憲法だった。日本の平和憲法ができた同じ時代、非暴力で独立を勝ち取ったインド国民会議が平和憲法を選ばず、普通の交戦権を許す憲法を作った。きっと興味深い議論があったはずだと思い、CSDSの図書館にあった憲法作成委員会の議事録を読みはじめた。しかし驚いたことに、議論がなかった。作成委員会の委員にとって、それは当たり前だったようだ。テーマをどうしようと悩んだとき、研究所のメンバーが教えてくれた。あまりよく知られていないが、ガンジーはまったく別の憲法案を持っていて、それは無視されたということで、彼はとても悲しんだ、と。それで論文のテーマが決まった。

ガンジーについてのいろいろな本や論文を読むと、面白いことがわかった。ガンジーの憲法案は「知られていない」というよりも、多くの著述家が知っているが触れたくない、ということだった。ガンジーを、国の創立者、独立したインドの父として持ち上げるためには、その国の憲法をいやがったという事実は大きな邪魔だろう。だから、その困った事実からなるべく目をそらし、ガンジーの神話を作っている。

あとがき

一九六三年、二年間関西で日本語などを勉強してから、カリフォルニア大学バークレー本校政治学科の修士課程に入った。政治思想を専攻に、アジア（主に日本）研究を副専攻にするつもりだったが、当時の政治学科には両方の分野に特徴があった。日本研究の研究者は二人いたが、一人は元日本占領軍で、彼にとって「日本研究」は「日本をアメリカの利益に合うようにする政策を探す研究」との意味だった。彼のゼミの雰囲気は植民者訓練という感じだった。もう一人は大学教授以外にＣＩＡの顧問を務めていた。当時私たち院生はそれを知らなかったが、彼の雰囲気で伝わった。私はもし、いつか日本でもう一度住んでみる（占領するのではなく）つもりなら、そのような「日本研究」に近づかないほうがいい、とわかった。結局私は日本研究者にならず、政治思想に集中した。

しかし、政治思想という分野にも特徴があった。たまたま私がバークレーで勉強した六三年から六八年の五年の間は、ちょうど「バークレー学派」と言われるぐらいの変わった政治思想の捉え方が生まれた時期だった。シェルドン・ウオーリン（Sheldon Wolin）、ジョン・シャー（John Schaar）、ノーマン・ジェイコブソン（Norman Jacobson）の三人の教授の間の思想的交流によって、学派とまで言えなくても、「バークレー・スタイル」の政治思想ができた。私はそのスクール・スタイルの代表的なメンバーになったとは言えないが、代表的なメンバーの下で政治思想を学び、影響を受けたのは確かだ。

ところが、家族の都合で日本の大学に就職して、東京に住み着いた。予測した通り、アメリカ流の「日本学者」になれなかったお陰で、日本に住めた。そして日本研究の専門家でなくても、住んでいる以上、いろいろな政治や社会問題について書きはじめた。だから、その分析のしかた・書き方には、「アメリカ日本研究スタイル」ではなく、「バークレー政治思想スタイル」の影響が入っている（バークレー・スタイルの欠点の一つとしては、その代表的なメンバーのうち、日本・アジアのことを取り上げる人がほとんどいない、というのがある。大きな例外は国際キリスト教大学の千葉眞先生だ）。

したがって、もしこの本に収録された文章に変わった視点や捉え方があるとしたら、それは著者の変わった教歴・経験・立場に理由があるだろう。例えば英会話のイデオロギーの分析やルース・ベネディクトの『菊と刀』分析は、植民者の立場の居心地の悪さという経験から生まれた。日本の平和憲法に対する興味は、大阪外大の六〇年安保世代の学生の激しい教えから始まったが、書きはじめると政治思想のパズル（交戦権のない国家がなぜ「国家」か）になった。憲法を「制度」ではなく「行動」として取り上げるところが、バークレー・スタイルらしいだろう。「暴力国家」は憲法研究の延長戦だろう。また、日本に暮らしていなければ、ガンジーの非暴力の思想を日本の平和憲法と比べることは考えつかなかっただろうが、バークレーで政治思想を学んでいなければ、ガンジーをマキアヴェリの思想の枠の中で分析することは想像しなかっただろう。

社会主義よりラディカルな民主主義のほうが政治の根源だと、ウオーリン先生から思想として学んだが、一九六四年のバークレーの言論の自由運動や七〇年前後のべ平連の政治活動に参加して確認できた。天皇制・君が代についての文章は、日本の小学校や中学校の入学式・卒業式に参加した経験がなければ、書きたくなかった。また、アメリカの大学にも日本の大学にも働いた経験から、学生が現状を見えなくする教育があるとわかり、影の学問について書きたくなった。近代化論のイデオロギーの分析を書いたとき、私は日本の高度経済成長時代の終わりごろ、つまり日本がそのイデオロギーに最もとらわれていた時代、その日本に住んでいた。サンダーソン中将の話は会話の記録である。私には日本の平和憲法の研究から「交戦権」という用語が自分の語彙に入ったが、軍隊の経験がなかったら、専門兵士である彼と「交戦権のない自衛隊」についてうまく会話できなかっただろう。湾岸戦争についての文章も記録の形だが、日本からの調査団に加わって日本で学んだ戦争の感覚を持ちながら、バークレー・スタイルの冷静さを生かして、イラクは「石器時代へ戻された」という大げさな言い方を避けて、福祉制度の整ったある程度豊かな国から、福祉制度の崩壊した貧しい、つまり「第三世界の国」に戻された、という、もっと正確な分析ができたと思う。

バークレーで学び、見えていなかったことが見えてきた。日本で暮らし、アメリカでなかなか見えなかったことが、見えてきた。同じように、二〇〇〇年ヤマト日本から沖縄へ引っ越し、またヤマトからなかなか見えなかったことが見えてきて、その一部が「要石」という文章になった。そのようにこの本の文章のすべては、著者の何らかの経験にもとづいている。

C・ダグラス・ラミス

二〇一七年三月

C・ダグラス・ラミス（Charles Douglas Lummis）

一九三六年米国カリフォルニア州サンフランシスコ生まれ。一九五八－六一年米海兵隊将校。その後、カリフォルニア大学バークレー本校で西洋政治思想を学び、米日両国でベトナム戦争反対運動に関わり、一九七二年博士号を取得。UCサンタクルーズ、西ワシントン州立大学、ディープスプリングズ大学、津田塾大学などで教える。

現在、沖縄キリスト教大学客員教授。「平和を求める退役軍人の会琉球・沖縄国際支部」（VFP-ROCK）代表。

著作は『イデオロギーとしての英会話』『内なる外国』『ラディカル・デモクラシー』『憲法は政府に対する命令である』『ガンジーの危険な憲法案』ほか多数。翻訳書に『もし世界が一〇〇人の村だったら』など。

〈ダグラス・ラミスの思想〉自選集
「普通」の不思議さ

二〇一七年五月一〇日初版第一刷発行

著者 C・ダグラス・ラミス
訳者 北川久ほか
装幀 臼井新太郎
発行者 神谷万喜子
発行所 合同会社 萬書房
〒二二二-〇〇一一 神奈川県横浜市港北区菊名二丁目二四-一二-一〇五
電話 〇四五-四三一-四四二三 FAX 〇四五-六三三-四二五二
yorozushobo@tbb.t-com.ne.jp http://yorozushobo.p2.weblife.me/
郵便振替 〇〇二三〇-三-五二〇二二
印刷製本 モリモト印刷株式会社

ISBN978-4-907961-11-4 C0031

萬書房の本

ＡＩＤで生まれるということ
精子提供で生まれた子どもたちの声
非配偶者間人工授精で生まれた人の自助グループ（ＤＯＧ）・長沖暁子編著　四六判並製二〇八頁／本体価格一八〇〇円

精神医療の現実　処方薬依存からの再生の物語
嶋田和子著　四六判並製二二四頁／本体価格一九〇〇円

沈黙を越えて
知的障害と呼ばれる人々が内に秘めた言葉を紡ぎはじめた
柴田保之著　四六判並製二三二頁／本体価格二〇〇〇円

節英のすすめ
脱英語依存こそ国際化・グローバル化対応のカギ！
木村護郎クリストフ編著　四六判並製二八八頁／本体価格二〇〇〇円

発見と創造の数学史　情緒の数学史を求めて
高瀬正仁著　Ａ５判上製二八八頁／本体価格二七〇〇円